Aristide Baragiola

# Italienische Grammatik

Mit Berücksichtigung des lateinischen und der romanischen Schwestersprachen

Aristide Baragiola

**Italienische Grammatik**
*Mit Berücksichtigung des lateinischen und der romanischen Schwestersprachen*

ISBN/EAN: 9783743426061

Hergestellt in Europa, USA, Kanada, Australien, Japan

Cover: Foto ©Thomas Meinert / pixelio.de

Aristide Baragiola

**Italienische Grammatik**

# ITALIENISCHE GRAMMATIK

MIT

BERÜCKSICHTIGUNG DES LATEINISCHEN UND DER ROMANISCHEN SCHWESTERSPRACHEN

VON

DR. ARISTIDE BARAGIOLA.

STRASSBURG.
VERLAG VON KARL J. TRÜBNER.
1880.

A MIO PADRE

# GIUSEPPE BARAGIOLA

DIRETTORE

DELL' ISTITUTO INTERNAZIONALE OMONIMO

IN RIVA S. VITALE, CT. TICINO, SVIZZERA.

# VORWORT.

Das vorliegende Buch wendet sich vorzugsweise an solche Leser, welche beim Erlernen des Italienischen ihre sprachlichen Vorkenntnisse, namentlich des Lateinischen zu benutzen wünschen.

Dabei fasst es sowohl diejenigen in's Auge, welche nur das Neu-Italienische sich anzueignen gedenken, wie diejenigen, welche sich zugleich mit der älteren italienischen Sprache bekannt machen und die Grundlage zu tieferen wissenschaftlichen Studien auf diesem Gebiet legen wollen.

Mit Rücksicht auf diese beiden Klassen von Lesern ist das zur Erlernung der neueren Sprache gebotene Material von dem zur Erlernung der älteren Sprache stets getrennt. Ersteres wird oberhalb des Striches behandelt, unterhalb desselben wird theils die alte Sprache behandelt, theils werden Eigenthümlichkeiten der neueren eingehender erörtert und Vergleiche mit den Schwestersprachen angestellt. Der Lernende kann also, je nach seinen Bedürfnissen und seinen Zwecken, nur den einen oder beide Theile nach Belieben durcharbeiten.

Wortschatz und Beispiele für den neueren Sprachgebrauch sind aus neueren Schriftstellern [1] und vorzüglich aus dem *Vocabolario italiano della lingua parlata* von Rigutini und Fanfani geschöpft. Auch Sprichwörter, auf welche wegen ihres culturhistorischen Interesses mit Recht Werth gelegt wird, sind benutzt worden. Hier war besonders die Düringsfeld'sche

[1] Wo hier Beispiele aus älteren Schriftstellern vorkommen, entsprechen sie dem modernen Sprachgebrauche.

vortreffliche Sammlung **Sprichwörter der germanischen und romanischen Sprachen vergleichend dargestellt** eine schätzbare Quelle. Im Ganzen war ich bemüht, die jetzige toscanische Umgangsprache der Gebildeten, die *lingua parlata toscana* (toscanische Mundart) mit der *lingua letteraria* (Litteratursprache) zu vereinigen. Allzu speciell florentinische oder toscanische Ausdrücke habe ich entweder nicht aufgenommen oder durch flor. (florentinisch) od. tosc. (toscanisch) gekennzeichnet. Poetische Formen sind entweder durch p. (poetisch) oder durch m. p. (meist poetisch) hervorgehoben. Die in der Umgangsprache selten vorkommenden und mehr der Litteratursprache angehörigen Ausdrücke sind mit s. (selten) bezeichnet.

Beispiele zum älteren Sprachgebrauche sind natürlich aus älteren Schriftstellern geschöpft. Von den älteren Formen wurden nur solche aufgenommen, für welche sich Belege fanden.

In den Tabellen zu der Lautlehre sind die alte und die neuere Sprache gleichmässig berücksichtigt.

Weitere Beispiele zur Grammatik werde ich in einem besonderen Bande sammeln, welcher auch als Uebungsbuch wird benutzt werden können.

Der Darstellung der Aussprache wurden das *Vocabolario della pronunzia toscana* von Fanfani und das schon erwähnte *Vocabolario italiano della lingua parlata* von Rigutini und Fanfani zu Grunde gelegt.

Eine Hauptschwierigkeit im Italienischen, namentlich für Fremde, ist die richtige Betonung der Wörter. Diese Schwierigkeit habe ich dadurch zu beseitigen gesucht, dass ich in Wörtern, welche Ungeübtere schlecht zu betonen pflegen, die Tonsilbe durch ein Accentzeichen (′) angedeutet habe. Derartige Wörter sind u. a. die *paròle sdrúcciole* (mit betonter drittletzter Silbe) wie *chiúdere, bévere;* und *bisdrúcciole* (mit betonter viertletzter Silbe) wie *esáminano* von *esamináre, ánimano* von *animáre* (vgl. § 13). Fällt die Betonung auf offenes *e* od. *o*, dann steht der Gravis (`) st. des Acutus (′); also *bévere, conóscere* mit geschlossenem Laute, und *chièdere, fòdera* mit offenem Laute (vgl. § 2). Alle unbezeichneten Wörter sind Paroxytona; sie haben also die Betonung auf der vorletzten Silbe, z. B.: *saracino (= saracíno), pupillo (= pupíllo), cavallo (— cavállo)* etc. Der offene Laut ist auch bei den Paroxytona angegeben: *chiòdo, chiòstro, guèrra, albèrgo;* der geschlossene nur in Zweifelfällen. Unbezeichnete betonte *e* und *o* sind also geschlossen: *meno, egli, legge, ove, colmo, dono* etc. Ein Punct unter *s* und *z* (*ṣ, ẓ*) deutet den weichen Laut *(suòno dolce)* dieser Consonanten an, wie *miṣura, aẓẓurro* im Gegensatze zu dem scharfen Laute *(suòno aspro)* in *sale, scala, vizio, sacrifizio* (vgl. § 5). Die Hülfszeichen der Aussprache fallen für den alten Sprachgebrauch weg, denn hier könnten sie nur einen hypothetischen Werth haben.

# INHALTSVERZEICHNISS.


Seite

EINLEITUNG . . . . 1
Bestandtheile . . . . . 2

LAUTLEHRE 4

DAS ALPHABET . . . . . . . . . 4
Eintheilung der Buchstaben nach den Sprachorganen 4

VOCALE . . . . 5
Zu den Vocalen . . . . . 5
Entstehung der Vocale . . . 6
Betonte Vocale (Tabelle) . 6
Tonlose Vocale (Tabelle) . 7
Diphthonge und Triphthonge . . 8
Entstehung der Diphthonge Tabelle) 8
Hiatus . . . . . . . . 9
Aufhebung des Hiatus (Tabelle) 10—11

CONSONANTEN . . . . 12
Dentale Spiranten (S, sc, Z) . . . . . . 12
Quellen der dentalen Spiranten (Tabelle) . 13
Dentale Mutae (T, D) . . . . . . . . . 13
Quellen der dentalen Mutae (Tabelle) . . . . 14
Palatale und gutturale Mutae (C, G, gn, gu, Q) . . 14
Quellen der gutturalen u. palatalen Mutae (Tabelle) 16
Gutturale Spirans J . . . . . . . . . . . 17
Quellen des J (Tabelle) . . . . . . . . 18
Gutturale Spirans H . . . . . . . . 18
Labiale (B, P, V, F) . . . . . . . . . . 19
Quellen der Labiale (Tabelle) . . . . 19
Liquidae (L, M, N, R) . . . . . . . . . 20
Quellen der Liquidae (Tabelle) . . . 21
Zu den Consonanten . . . . . . . . . 22

ARTEN DES GRAMMATISCHEN LAUTWECHSELS . 23
Tabelle . . . . . . . . . . . . . 24—25

Aphärese it. *Afèreşi* . . . . . . . . 24—25
Prosthese it. *Protèşi* . . . . . . . . „
Gemination it. *Geminazione* . . . . . . „
Vereinfachung it. *Semplificazione* . . . . . „
Assimilation it. *Assimilazione* . . . . . . „
Dissimilation it. *Dissimilazione* . . . . . „
Synkope it. *Sincope* . . . . . . . . „
Epenthese it. *Epèntesi* . . . . . . . „
Apokope it. *Apòcope* . . . . . . . „
Epithese it. *Epìteşi* . . . . . . . . „
Metathese it. *Metáteşi* . . . . . . . 25

ACCENT . . . . . . . . . . . . 26

*Paròle tronche* . . . . . . . . . . „
*Paròle piane* . . . . . . . . . . „
*Paròle sdrúcciole* . . . . . . . . . „
*Paròle bisdrúcciole* . . . . . . . . . „
Einfluss des Accentes auf die Vocale . . . . . 27

## ANHANG ZUR LAUTLEHRE 28

ALLGEMEINES ZUR ORTHOGRAPHIE . . . . . . . . 28
ACCENTZEICHEN . . . . . . . . . . . 29
DER APOSTROPH . . . . . . . . . . . 30
TRENNUNG DER SILBEN BEIM SCHREIBEN . . . . . . 31
GROSSE BUCHSTABEN . . . . . . . . . 32
INTERPUNCTIONSZEICHEN . . . . . . . . . 32

## FORMENLEHRE 33

FLEXION . . . . . . . . . . . . . 33
GENUS . . . . . . . . . . . . . . 33
NUMERUS . . . . . . . . . . . . . 34
NOMINALBILDUNG . . . . . . . . . . 34
SUBSTANTIVA . . . . . . . . . . . . 35
Ableitung . . . . . . . . . . . . 35
Substantiva griechischen Ursprungs . . . . . . 37
Substantiva germanischen Ursprungs . . . . . . 38
Genus . . . . . . . . . . . . . . 38
Substantiva mobilia . . . . . . . . . 38
Communia . . . . . . . . . . . 39
Epicoena . . . . . . . . . . . . 40
Substantiva, welche für jedes Genus ein Wort verschiedenen Stammes haben . . . . . 40
Substantiva, welche die beiden Genera durch eine Form desselben Stammes darstellen . . . . 40
Das natürliche Genus . . . . . . . . . 40
Endungen der Substantiva (Tabelle) . . . . . 41
Masculina . . . . . . . . . . . 41
Feminina . . . . . . . . . . . . 42

Declinationen (Numerus) . . . . . . . . 43
Erste Declination . . . . . . . . 44
Zweite Declination . . . . . . . . 45
Dritte Declination . . . . . . . . 46
Reste lateinischer Neutralflexion . . . 47
Substantiva mit dem Plural auf *-i*, *-a*, *-o* . 47
Plural von *tempo* . . . . . . . . 48
Indeclinabilia . . . . . . . . . . 48
Defectiva . . . . . . . . . . . 49
Singularia tantum . . . . . . . . . 49
Pluralia tantum . . . . . . . . . 49
Heteroclita . . . . . . . . . . 50
Heteroclita, welche nur eine Veränderung der Declinationsform erleiden . . . . 50
Heteroclita, welche Form, Genus und Bedeutung verändern . . . . . . 52
Composita (Pluralbildung) . . . . . . 52
Tabelle zur Pluralbildung der Substantiva . . 53
Feminina . . . . . . . . . 53
Masculina . . . . . . . . . 54
Nomina propria . . . . . . . . . 55
ARTIKEL . . . . . . . . . . . . . 56
Der bestimmte Artikel . . . . . . . . 56
Anmerkungen . . . . . . . . . . 57
Der unbestimmte Artikel . . . . . . . . 58
Anmerkungen . . . . . . . . . . 58
VOLLSTÄNDIGE DECLINATION DES SUBSTANTIVUMS . 58
Declination eines Substantivums mit den Casuspartikeln . 59
Zusammengesetzte Partikeln, it. *Preposizioni articolate* (Tabellen) . . . . . . . . . . . . 59–61
Erweiterung der Declination des Substantivums . . 60
Der unbestimmte Artikel mit den Casuspartikeln . . 61
Partitiv . . . . . . . . . . . . . 61
Beispiele mit dem Theilungsartikel wie im Französischen . . . . . . . . . . 62
ADJECTIVA . . . . . . . . . . . . . 63
Ableitung . . . . . . . . . . . 63
Genus . . . . . . . . . . . . 63
Declinationen (Numerus) . . . . . . . 64
Erste Declination . . . . . . . . 64
Zweite Declination . . . . . . . . 64
Dritte Declination . . . . . . . . 65
Adjectiva Heteroclita . . . . . . . 65
Tabelle zur Pluralbildung der Adjectiva . . 67
Comparation . . . . . . . . . . . 67
Analytische Comparation . . . . . . 68
Reste synthetischer lat. Comparation . . 69
Vergleichung bei gleichen Graden . . . 71

NUMERALIA . . . . . . . . . . 73
Cardinalia . . . . . . . . . . 73
Anmerkungen . . . . . . . . 74
Ordinalia . . . . . . . . . . 74
Anmerkungen . . . . . . . . 75
Collectiva . . . . . . . . . . 76
Proportionalia . . . . . . . . 77
Multiplicativa . . . . . . . . 77
Distributiva . . . . . . . . . 78
Bruchzahlen . . . 78
Numeralia indefinita 78
Zeitrechnung . . . 79
PRONOMINA . . . 81
Personalia . . . 82
Tabelle . . . . . 83–84
Anmerkungen . . . . . . . . 85
Pronomina personalia mit einander verbunden . 85
Pronomina personalia in Verbindung mit dem Verbum 86
Pronomina Personalia der Anrede . . . 87
Possessiva . . . . . . . . . . . . . 90
Demonstrativa . . . . . . . . . . . 91
Adjectivisch u. substantivisch anwendbare Demonstrativa . . . . . . . . . . 91
Anmerkungen . . . . . . . . 91
Bloss substantivisch anwendbare Demonstrativa 92
Relativa . . . . . . . . . . . . 94
Anmerkungen . . . . . 95
Interrogativa . . . . . 97
Indefinita . 98
Asseverativa . 104
VERBA . . . . 105
Flexionsarten . 107
Auxiliaria . 108
*Avere* . . . . . . . 109
Anmerkungen zu *Avere* . 111
*Èssere* . . . . . 112
Anmerkungen zu *Essere* 114
Conjugationen (Schwache Flexion) 115
1. A-Conjugation — *amare*
2. E-Conjugation — *crédere* u *temére*
3. I-Conjugation — *dormire*
Alte und neue Conjugation. . . . 116
Paradigmata der drei Conjugationen (Activum) 118
Anmerkungen zu den Paradigmata . 127
Orthographie und Aussprache einiger Verba . 130
Erste Conjugation . . . . . 130
Zweite Conjugation . . 131
Dritte Conjugation . . 132

Inchoativform . . . . . . . . . . . . 132
Verba, welche nur die reine Flexion haben . . 133
Verba, welche beide Flexionen, die reine und die gemischte resp. die inchoative, annehmen . . 133
Verba, welche nur die inchoative Flexion haben 133
Passivum . . . . . . . . . 134
Paradigma . . . . . 134
Reflexiva . . . . . 136
Paradigma . . . . . 136
Diphthongirung und Vocalwechsel 138
Schwache Anomala . . . 138
Erste Conjugation . 138
Zweite Conjugation . 139
Dritte Conjugation . . 141
Starke Flexion . . . . . . 143
Erste Klasse . . . . . 145
Herangezogene Verba . . 149
Aus der dritten Klasse . 149
Zweite Klasse . . . . . . 151
Erste Gruppe . . . . 151
Herangezogene Verba . . 153
Aus der ersten Klasse . . 153
Aus der dritten Klasse . . 155
Lat. Perfecta durch Reduplication . . 156
Lat. Perfecta ohne bestimmten Charakter . 157
Zweite Gruppe . . . . . . . . 158
Herangezogene Verba . . . . . . 160
Dritte Gruppe . . . . . . . . 160
Herangezogene Verba . . . . . 163
Aus der ersten Klasse . . . . 163
Aus der dritten Klasse . . . . 164
Lat. Perfectum durch Reduplication . 164
Lat. Perfecta ohne bestimmten Charakter . 165
Vierte Gruppe . . . . . . . . 167
Herangezogene Verba . . . . . . 170
Aus der ersten Klasse . . . 170
Dritte Klasse . . . . . . . 170
Starke Anomala . . . . . . . 170
Erste Klasse . . . . 170
Zweite Klasse . . . . . 171
Erste Gruppe . . . . 171
Zweite Gruppe . . . . 172
Dritte Gruppe . . . . 172
Vierte, Gruppe . . . 174
Dritte Klasse . . . . . . . . 176
Verba defectiva . . . . . . . . . 178
Zweite Conjugation . . . . . . . 178
Dritte Conjugation . . . . . . . 180

Impersonalia . . . . . . 181
Heteroclita . . . . . . . 182
PARTIKELN . . . . . . . . 183
Adverbia . . . . . . . . 184
Adverbia loci . . . . . . . . . 186
Adverbia temporis . . . . . . . 187
Adverbia des Grades . . . . . . . 189
Adverbia der Vergleichung . . . . . . 189
Adverbia der Bejahung, der Verneinung und des Zweifels . . . . . . . . . 190
Adverbia der Art und Weise . . . . . . 190
Comparation der Adverbia . . . . . . . . 190
Praepositionen . . . . . . . . . . 191
Ursprüngliche Präpositionen . . . . . . 192
Neugebildete Präpositionen . . . . . . 192
Zusammensetzungen aus verschiedenen Präpositionen . . . . . . . . . 192
Substantiva, welche eine regierende Präposition abgestossen haben . . . . 192
Neutral gefasste Adjectiva od. Participia . 193
Präpositional gebrauchte Adverbia . . 193
Adverbiale Redensarten . . . . . . 193
CONJUNCTIONEN . . . . . . . . . . . 193
Ursprüngliche Conjunctionen . . . . . . . 194
Neugebildete Conjunctionen . . . . . . . 194
Bildungen mit *che* . . . . . . . . 194
INTERJECTIONEN . . . . . . . . . . 195

## WORTBILDUNGSLEHRE. 197

ABLEITUNG . . . . . . . . . . . 197
Behandlung der Suffixe . . . . . . . 198
Nomina (Nominalsuffixe) . . . . . . . 199
1. Lateinische Suffixe . . . . . . . 199
a. Productive Suffixe . . . . . . . 199
b. Unproductive Suffixe . . . . . . . 211
2. Neugeschaffene Suffixe . . . . . . . 213
a. Mit Anlehnung an lateinische . . . . 213
b. Germanischer Herkunft . . . . . 214
c. Iberischer Herkunft . . . . . . 214
d. Unbekannter Herkunft . . . . . . 215
VERGRÖSSERUNGS- UND VERKLEINERUNGSSUFFIXE oder AUGMENTATION UND DIMINUTION . . . . . . 215
Vergrösserungssuffixe . . . . . . . . . 216
1. *Aumentativi* . . . . . . . . . 216
2. *Aumentativi peggiorativi* . . . . . . 217
Verkleinerungssuffixe . . . . . . . . . 217
1. *Diminutivi* und *diminutivi vezzeggiativi* . . 218
2. *Diminutivi peggiorativi* . . . . . . 220

ABLEITUNG DER VERBA . . . . . . . . . . . 220
Unmittelbare Ableitung . . . . . . . . . 221
Mittelbare Ableitung . . . . . . . . . 221
Mittelbare Suffixe . . . . . . . . . 221
Inchoative Suffixe . . . . . . . . . 223
ZUSAMMENSETZUNG (Composition) . . . . . . . . 223
2. Nominalzusammensetzung . . . . . . . . 223
a. Mit Substantiva . . . . . . . . . 223
b. Mit Adjectiva . . . . . . . . . 224
2. Verbalzusammensetzung . . . . . . . . 224
3 Partikelzusammensetzung . . . . . . . . 225
a. Präpositionalpartikeln . . . . . 225
b. Qualitative Partikeln . . . . . . 228
c. Quantitative Partikeln . . . . . . 229
d. Negations-Partikeln . . . . . . 230
4. Zusammensetzung von Phrasen . . . . . 230
REGISTER ZU DEN VERBA . . 231 - 238

# ABKÜRZUNGEN.

## I.

ahd. = althochdeutsch
altfr. = altfranzösisch
altit. = altitalienisch
altpr. = altprovenzalisch
altsp. = altspanisch
Anl. = Anlautend
arab. = arabisch
Comp. = Composita
conj. = conjugirt
d. u. deut. = deutsch
f. = für
fem. u. f. = femininum
flor. = florentinisch
fr. = französisch
germ. = germanisch
Geschltsn. = Geschlechtsnamen
griech. = griechisch
gew. = gewöhnlich
Inl. = Inlautend
it. u. ital. = italienisch
lat. = lateinisch
lomb. = lombardisch
m. u. masc. = masculinum
mhd. = mittelhochdeutsch
m. p. = meist poetisch
mtlat. = mittellateinisch
Neug. = neugebildet
npr. = neuprovenzalisch
Ortsn. = Ortsnamen
p. = poetisch
port. = portugiesisch
Pos. = Position
pr. prov. = provenzalisch
s. = selten
s. = Seite
S. = siehe
s imp. = s impura
sp. u. span. = spanisch
splat. u. spätlat. = spätlateinisch
st. = statt
tosc. = toscanisch
vgl. = vergleiche
vlt. = veraltet
zuw. = zuweilen

* bezeichnet hypothetische Formen.

## II.*

Blanc L. G.: Grammatik der Italienischen Sprache von Dr., Halle, 1844.

Brachet A.: Grammaire historique de la langue française par.., Paris, Hetzel.

Buonmattei. Della lingua toscana. 1759.

Caix N. Sul Pronome italiano, Giorn. di Filol. rom. N. 1. p. 43—50.

Cinonio. Osservazioni della Lingua italiana, 1722.

Demattio F. Origine, formazione ed elementi della lingua italiana IIª Ed., Innsbruck, Wagner, 1878.

Id. Fonologia italiana, pagine dettate giusta i risultati delle più recenti investigazioni linguistiche, sopratutto germaniche, Innsbruck, Wagner, 1875.

Id. Morfologia italiana con ispeciale riguardo al suo sviluppo storico dalla lingua primitiva latina, Innsb. Wagner, 1876.

Diez F. Grammatik der romanischen Sprachen von . ., 1—3. B., Bonn, Weber, 1870, 3. Auflage.

Diez F. Etymologisches Wörterbuch der romanischen Sprachen, dritte Auflage, 2 Bd., Bonn, Marcus, 1869.

Düringsfeld. Sprichwörter der germanischen und romanischen Sprachen vergleichend zusammengestellt von Ida von Düringsfeld und Otto Freiherrn von Reinsberg-Düringsfeld, Leipzig, Hermann Fries, 1872, 2 B.

Fornaciari R. Grammatica storica della lingua italiana estratta e compendiata dalla Grammatica romana di F. Diez per opera di ., Tor. Loescher 1872.

Fornasari L. v. Verce. Italienische Sprachlehre, Wien, 1860.

Gröber G. Zeitschrift für romanische Philologie von . ., Halle, Niemeyer, 1877—1878.

Manzoni L., Monaci E., Stengel E. Rivista di filologia romanza diretta da . ., 1 v. Imola Galeati 1872, 2 v. Loescher 1875.

Monaci E. Giornale di Filologia romanza diretto da . ., Loescher, 1—III, 1878

Muratori. Antiquitates italicae

Nannucci V. Analisi critica dei verbi italiani investigati nella loro primitiva origine dal Prof., Fir., Le Monnier, 1844.

Id. Saggio del Prospetto generale di tutti i verbi anomali e difettivi sì semplici che composti, Fir., Baracchi, 1853.

Id. Teorica dei nomi della lingua italiana. Fir., Baracchi, 1858.

Pesavento. Manuale per apprendere la logica struttura delle due lingue italiana e latina, Padova 1867.

Reinhardstoettner. Grammatik der portugiesischen Sprache auf Grundlage des Lateinischen und der romanischen Sprachvergleichung bearb. von Dr. Carl von, Strassburg, Trübner, 1878.

Rigutini G. e Fanfani P. Vocabolario italiano della lingua parlata compilato da . ., ed. emendata, Fir., Tip. Cenniniana, 1875.

Rönsch H. Itala und Vulgata. Das Sprachidiom der urchristlichen Itala und der katholischen Vulgata unter Berücksichtigung der römischen Volkssprache durch Beispiele erläutert, Marburg und Leipzig, Elvert, 1869.

Schuchhardt H. Der Vocalismus des Vulgärlateins von . ., 1 3 Bd., Leipzig, Teubner, 1866—1868.

**Stünkel L.** Verhältniss der Lex Romana Utinensis (oder Curiensis) zur schulgerechten Latinität in Bezug auf Nominalflexion und Anwendung der Casus von Dr., Jahrbücher für classische Philologie v. Alfred Fleckenstein. Leipzig, 1875—1876, Teubner, achter Supplementband.

**Valentini.** Italienische Grammatik, Berlin, 1824.

**Wölfflin E.** Lateinische und romanische Comparation v. Dr. phil., Erlangen, Deichert, 1879.

## III.*

**Alamanni.** Coltivazione
**Ariosto.** Orlando furioso
**Bentivoglio**
**Boccaccio.** Decamerone (giornata, novella)
Id. Filocopo
Id. Fiammetta
**Carcano.** Angiola Maria (Prologo)
**Casti.** Novelle
**Cesari Antonio.** Bellezze di Dante
**Dante.** Divina Commedia (Inferno, Purgatorio, Paradiso)
Id. Convito
**D'Azeglio** Ettore Fieramosca
**De Amicis.** Pagine Sparse
Id. Olanda
**Fanfani.** Lettere precettive
**Firenzuola.** Asino d'oro
**Foscolo** Ugo
**Goldoni.** Burbero benefico
Id. Tutore
**Gozzi** Osservatore
**Leopardi** Epistolario
Id. Storia del genere umano
Id. Dialogo di Plotino e Porfirio
Id. Dialogo di un Venditore d'almanacchi e di un Passeggere.
Id. Dialogo della Terra e della Luna
Id. Dialogo di Torquato Tasso e del suo Genio familiare
Id. Dialogo di un Folletto e di un Gnomo.
Id. La scommessa di Prometeo.
**Manzoni.** Promessi Sposi
**Marini** Pastor Fido
**Novelle Antiche**
**Paradiso degli Alberti**
**Passavanti**
**Petrarca.** Canzoni
Id. Trionfi
**Pulci.** Morgante
**Sonzogno.** Proverbi scelti, Milano 1877.
**Tasso.** Gerusalemme liberata
Id. Aminta
**Thouar.** Le favole di Luigi Clasio spiegate ed annotate [ed esposte in prosa] da . ., Fir., 1869.
**Villani** Giovanni. Croniche
**Verri.** Notti romane
**Varchi.** Ercolano

* Die Abkürzungen werden hier durch fettgedruckte Buchstaben angedeutet.

# EINLEITUNG.

Schon in sehr früher Zeit bestand in Rom neben dem gebildeten Latein der höheren Stände und Gelehrten eine Volkssprache, *lingua vulgaris* genannt. Diese Volksmundart verbreitete sich nach und nach mit der Macht der Römer und entwickelte sich dermassen, dass der Unterschied zwischen Volks- und Schriftsprache mit der Zeit immer stärker hervortrat. Ihr natürlicher Entwicklungsprocess ging um so rascher voran, als durch die germanische Invasion mit der Auflösung des weströmischen Reiches (476 n. Chr.) auch der allmäliche Untergang des gebildeten Lateins erfolgte. Es entstand so eine neue Sprache, von den germanischen Völkern *lingua romana* genannt, welche sich, mit verschiedenen Färbungen, über das ganze römische Gebiet erstreckte, und aus welcher nachmals die einzelnen romanischen Sprachen entstanden sind. Der Uebergang des Romanischen ins Italienische lässt sich nicht stufenweise verfolgen, weil man sich dieser neu entstehenden Sprache niemals zu schriftstellerischen Arbeiten bediente, sondern vielmehr eines sogenannten Lateins. Die scheinbar lateinischen Sprachdenkmäler verrathen aber die deutlichsten Spuren der in der Bildung begriffenen italienischen Sprache. Diese Spuren beruhen auf einer uns immer stärker entgegentretenden Neigung des Synthetischen zum Analytischen, welche sich übrigens von jeher in der römischen Sprache gefunden und geäussert hat.

Das älteste bis jetzt bekannte Monument der italienischen Sprache ist eine in der Domkirche zu Ferrara gefundene gereimte Inschrift, welche zuerst 1713 von Baruffaldi[1] bekannt gemacht wurde. Sie lautet:

*Il mile cento trenta cinque nato*
*Fo questo templo a S. Gogio donato*
*Da Glielmo ciptadin per so amore*
*Et ne a fo l'opra Nicolao sculptore.*

Eine wahre Literatur, theils in den Mundarten, theils in der Schriftsprache, taucht erst im 13. Jahrh. auf, in welchem

[1] Rime scelte de' poeti ferraresi antichi e moderni, Prefazione.

die Sicilier durch den Kaiser Friedrich II. und seinen Dichterhof sich zuerst Ruhm erwarben.

Durch die unsterblichen Werke der drei grossen Florentiner Dante, Petrarca, Boccaccio. wurde später Toscana als die Hauptquelle der italienischen Schriftsprache und das 14. Jahrh. *(il trecento)*, in welchem die genannten Dichter blühten. als ihr goldenes Zeitalter anerkannt. Zur Verschönerung und Ausbildung der Sprache trug der Einfluss des klassischen Lateins wie auch der vieler vorzüglichen Schriftsteller aller Provinzen Italiens bei.

Die italienische Sprache erstreckt sich über ganz Italien (mit Einschluss von Corsica). Ausserdem noch über den Canton Tessin und einen Theil von Graubündten, Tyrol und Illyrien.

Italien hat viele Mundarten, welche den Wortschatz der Schriftsprache bereichert haben und von denen die meisten eine ältere und neuere Literatur aufweisen können. Sie werden nach ihrer geographischen Lage eingetheilt. Wir unterscheiden drei Sprachprovinzen: die unter-, mittel- und oberitalische. Zur unteritalischen gehören die neapolitanische, die calabresische, die sicilianische, sowie die sardinischen Mundarten; zu der mittelitalischen rechnet man die toscanischen Mundarten und die römische, auch Corsica und ein Theil von Sardinien gehören hierher; die oberitalische enthält die genuesische, die gallischitalische, die venetianische Mundart.

Der Hauptunterschied zwischen unter- und oberitalischer Sprache besteht darin, dass jene die Tilgung der Consonanten, diese aber die der tonlosen Vocale vorzieht.

---

## Bestandtheile.

Aus dem Obigen erhellt, dass die italienischen Wörter vorherrschend lateinischen Ursprungs sind, wobei die meisten einer volksthümlichen, die übrigen aber einer gelehrten Sprachschicht zukommen. Die volksthümlichen Wörter sind dem lateinischen Sparchschatze entflossen und romanisch umgeformt; sie gehören daher der bildenden Sprachperiode (vor dem 12. Jahrh.) an und sind bestimmten phonetischen Uebergangsgesetzen unterworfen. Die gelehrten Wörter wurden von den Dichtern aus dem klassischen Latein entlehnt, gehören meist der gebildeten Sprachperiode (nach dem 12. Jahrh.) an und leben in der lateinischen Gestalt fort. Man vergleiche folgende Wörter:

| Lateinische | Gelehrte | Volksthümliche |
|---|---|---|
| clavum | *claro* | *chiòdo* |
| claudere | *cláudere* | *chiúdere* |
| claustrum | *cláustro* | *chiòstro* |
| primarius | *primario* | *primièro* |
| balneum | Adj. *balneario* | *bagno* |
| plateam | *platèa* | *piazza* |
| flebilem | *flèbile* | *fièvole* u. s. w. |

Einige dieser und ähnlicher Formen sind nur poetisch: *cláustro, flèbile* neben den gewöhnlicheren *chiòstro, fièvole*. Andere, *doppioni* genannt, haben eine verschiedene Bedeutung: *platèa* Parterre im Theater und *piazza* Platz; oder bezeichnen die verschiedenen Abstufungen eines und desselben Gedankens: *fávola* Mährchen, *fiaba* Aufschneiderei, *fòla* Possen, alle aus fabulam. Viele andere, *dittologie* genannt, sind überflüssige Varietäten, die nach und nach verschwinden: *bérere* (bibere), *bòve* (bovem), *natiro* (nativus) neben *bere, bue, natío*. Der auffallende Umstand, dass eine Menge feiner Ausdrücke der Römersprache sich nicht im Italienischen finden, dagegen die entsprechenden Volksausdrücke sich erhalten haben, beweist zur Genüge, dass das Italienische sich aus der lateinischen Volkssprache und nicht aus dem gelehrten Latein, wie von vielen behauptet wurde, herausgebildet hat. So sind nicht pulcher, equus, domus, magnus u. s. w., sondern die entsprechenden Volksausdrücke bellus, caballus, casa, grandis u. s. w. in die neuere Sprache übergegangen.

Die unlateinischen Wörter, welche nach Diez' Schätzung Gr. 1³. 60 „noch nicht den zehnten Theil“ ausmachen, gehören der germanischen, der griechischen und der arabischen Sprache an, welche durch die Invasion und Herrschaft der Gothen und Longobarden im Norden, und die Herrschaft der Byzantiner und Araber im Süden in die italienische Sprache eingedrungen sind. Germanischen Ursprungs sind z. B.: *alabarda* mhd. helmbarte, *guèrra* ahd. werra,[1] *albèrgo* ahd. heriberga, *guatare* ahd. wahtên etc. Griechischen Ursprungs: *abisso* ἄβυσσος, *átomo* ἄτομος, *biasimare* βλασφημεῖν u. a. — Arabischen Ursprungs sind: *albicòcco, alcòva, álgebra* u. a. Wenige Wörter

[1] Der pistojeser Bergbewohner sagt noch *verra* st. *guerra*.

gehören dem Persischen, dem Celtischen und dem Slavischen an; andere sind noch unbekannter Herkunft: vielleicht sind sie Reste altitalischer Sprachen, wie der etruskischen, umbrischen, oskischen.

Was das Französische durch die romanisirten Normannen im Süden, was das Catalanische im Norden dem Italienischen zuführte, ist kaum in demselben Sinne als fremdes Element zu betrachten, da alle romanischen Sprachen einen gemeinsamen Grund im Lateinischen haben (Vgl. Diez Gr. 1³. 74).

# LAUTLEHRE.

## DAS ALPHABET — L'ALFABÈTO.

§ 1. Das italienische Alphabet besteht aus 22 Buchstaben, deren üblichste Aussprache folgende ist:

| | | | | |
|---|---|---|---|---|
| **A a** | **B b** | **C c** | **D d** | **E e** |
| a | bi | ci (tschi) | di | e |
| **F f** | **G g** | **H h** | **I i** | **J j** |
| effe | gi (dschi) | acca | i | je (i lungo) |
| **L l** | **M m** | **N n** | **O o** | **P p** |
| elle | emme | enne | o | pi |
| **Q q** | **R r** | **S s** | **T t** | **U u** |
| cu | erre | esse | ti | u |
| **V v** | **Z z** | | | |
| ve (wc) | zeta (dseta) | | | |

§ 1. Dante (Convito), Giov. Villani (lib. 2 cap. 13), Boccaccio (g. 6. n. 5) nennen, nach der florentinischen Aussprache der ersten drei Buchstaben, das Alphabet *l'Abbicci*. Die Autorität dieser Classiker des goldenen Zeitalters ist wichtiger als die Meinung derjenigen Italiener, welche *be*, *ce*, *de*, *pe*, *te* lesen wollen.

Eintheilung der Buchstaben nach den Sprachorganen.

| Buchstaben | Liquidae | Mutae tenues | Mutae mediae | Spiranten | Vocale |
|---|---|---|---|---|---|
| dentale | n | t | d | z s | |
| gutturale | — | c q | g | h | a } e } o |
| palatale | — | c' | g' | j | i } e } o |
| linguale | r l | — | — | — | } o |
| labiale | m | p | b | f v | u } o |

Die Palatalen c' und g' unterscheiden sich von den Gutturalen c und g durch die Aussprache.

Es fehlen also die Buchstaben K *(cappa)*, X *(ics)*, Y *(ipsilon)* und W *(ve doppio)*, welche der Italiener seiner Aussprache gemäss und ohne die Etymologie zu berücksichtigen, durch vorhandene Buchstaben ersetzt hat. Hierüber unter den Buchstaben (i, c, s, v) im Einzelnen.

Die grossen Buchstaben heissen *lèttere majúscole* oder *iniziali*, die kleineren *minúscole* oder *píccole*.

---

## VOCALE — VOCALI.

§ 2. **A** wird hell und rein ausgesprochen: *ánima* Seele. **E** und **O**. Betontes *e* und *o* sind nach der Mundöffnung, mit der sie hervorgebracht werden, offen und geschlossen. Offenes e *(e apèrta)* lautet wie e in sterben, das geschlossene *(e chiusa)* wie e in legen; offenes o *(o apèrta)* lautet wie o in Wonne, das geschlossene *(o chiusa)* wie o in Lohn: *affètto* Zuneigung, *tèrra* Erde, *còsa* Sache, *meno* weniger, *sopra* über. Der richtige Gebrauch dieser verschiedenen Laute ist noch nicht festgesetzt; die Etymologie kann dabei einige Hülfe leisten. (S. Entstehung der Vocale). Unbetontes *e* und *o* sind meist geschlossen.

**I** hat dieselbe Aussprache wie im Deutschen; es vertritt das y: *giro* (gyrus), *stigio* (stygius).

**U** lautet wie das deutsche u: *uno* ein, *puro* rein.

---

§ 2. Zu den Vocalen. Vocale haben sich im Italienischen theils behauptet, theils vielfach verändert. Hervorzuheben ist die Abschwächung des *i* in *e*, welche in weitem Umfang schon in dem Vulgärlatein Platz gegriffen hatte, und der Reichthum an Diphthongen, auf deren Entstehung die Betonung der Wörter stark eingewirkt hat. Einfache Vocale sind kaum hinzugekommen, denn die Unterscheidung von offenem und geschlossenem *e* und *o* kommt vom Lateinischen her. *E* hat ae und oe ersetzt; bereits das Lateinische, namentlich die Volkssprache, hat diese Laute mit einander und mit kurzem e verwechselt. Der Laut *ü* für *u*, den man in Oberitalien hört, ist nur dialectisch.

Die Aussprache des *e* und *o*, meistens der Etymologie gemäss, unterscheidet oft die Homonyma: *èsca* (exeat) und *esca* (esca), *tèma* (thema) und *tema* (v. timere), *vènti* (venti) und *venti* (viginti) etc.; *còlto* (collectus) und *colto* (cultus), *fòsse* (fossae) und *fosse* (fuisset), *òra* (aura) und *ora* (hora) u. a.

Die Verwechslung des geschlossenen *o* mit dem *u* ist in älteren Zeiten häufig: *foi* und *fui*, *dimora* und *dimura*, *dono* und *duno*. Und noch jetzt *scolpire* und *sculpire* (sculpere) u. a. Ar. Orl. 3. 40, im Reim, sogar *groppo* f. *gruppo*.

# ENTSTEHUNG DER VOCALE.

**Abkürzungen: a. = alt (italienisch), Pos. = Position, m. attrh. = mit attrahirtem, erw. = erweichtes.**

**BETONTE VOCALE — VOCALI TÒNICHE.**

| A | a | e | i | o | ea | au | |
|---|---|---|---|---|---|---|---|
| | *cámera*<br>cameram* | a. *sargia*<br>sericam | a. *sanza*<br>sine | *saldo*<br>solidum | *Nápoli*<br>Neapolis | *Pésaro*<br>Pisaurum | |
| **E apèrta** | ĕ | e in Pos. | ae | a m. attrh. i | in den Suffixen | | |
| | *crèma*<br>crĕmor | *affètto*[1]<br>affectum | *ègro*<br>aegrum | *ciriègio*<br>ceraseum | *ello*<br>anèllo | *enza*<br>potènza | |
| **E chiúsa** | ĭ | i in Pos. | ē | oe | im Auslaute | in den Suffixen | |
| | *meno*<br>minus | *egli*[2]<br>illic | *legge*<br>lēgem | *cena*<br>coenam | *e, et*[3]<br>*ne,* inde | *ere, esco, essa*<br>*vedere* | *ese, eto, etto*<br>palese |
| **I** | ī | ĭ | ē | ĕ | erw. I | y | i in Pos. |
| | *fido*<br>fīdum | *sito*<br>sĭtum | *saracino*<br>saracenum | *dio*<br>dĕum | *fióre*<br>florem | *abisso*<br>abyssum | *pupillo*<br>pupillum |
| **O apèrta** | ŏ | o in Pos. | au | in Monosyl. | in den Suffixen | | |
| | *òlio*<br>òleum | *sònno*<br>somnum | *còsa*<br>causam | *no, do***<br>*ho, fo* | *olo, ola*<br>*figliòlo* | *otto, otta*<br>*casòtto* | |
| **O chiúsa** | ŭ | u in Pos. | y in Pos. | ō | in den Suffixen | | |
| | *ore*<br>ŭbi | *colmo*<br>culmen | *lonza*<br>lynceam | *dono*<br>dōnum | *one*<br>*nasone* | *ore*<br>*traditore* | *oso*<br>*glorioso* |
| **U** | ū | ŭ | ō | ŏ | u in Pos. | | |
| | *acuto*<br>acūtum | *cúmulo*<br>cŭmulum | *tutto*<br>tōtum | *lungo*<br>lŏngum | *nunzio*<br>nuntium | | |

Ausnahmen: [1] *belva* belluam und die Suffixen *mente* — *mento.* [2] *vèllo* villum, *querèla* querēlam. [3] *nè* nec, *è* est u. a.

* Wegen der lateinischen Accusativ-Formen S. §. 24.

** Es sei für immer bemerkt, dass das auslautende *o* in Monosyllaben offen ist, man lese also *nò, dò, hò, fò, sò* u. s. w.

## TONLOSE VOCALE — VOCALI ÁTONE.

Vor der betonten Silbe (protòniche). — Nach der betonten Silbe (postòniche).

| | Vor der betonten Silbe | | | | Nach der betonten Silbe | | | |
|---|---|---|---|---|---|---|---|---|
| **A** | o | i | o | au | e | i | o | |
| | *aròrio*<br>ebóreum | *maraviglia*<br>mirabília | *assèdio*<br>obsídium | *Agósto*<br>Augústum | *giórane*<br>júvenem | *tònaca*<br>túnicam | *Bèrgamo*<br>Bérgomum | |
| **E** | a | i | ae | o | a | ae | o | |
| | *sormento*<br>sarmentum | *lenzuòlo*<br>linteólum | *eguále*<br>aequálem | *presúmere*<br>prosúmere | *cámera*<br>a. *cámara* | *Firénze*<br>Fioréntiae | *esènte*<br>*eṣénto* | |
| **I** | e | o | u | ae | e | ae | | |
| | *signóre*<br>seniórem | *ritóndo*<br>rotúndum | *ginépro*<br>juníperum | a. *Iguále*<br>aequálem | *avanti*<br>ab ánte | *Vellétri*<br>Vellítrae | | |
| **O** | e | au | i | u | e | i | u | a |
| | *dománi*<br>do máne | *orpèllo*<br>auripéllem | *dovízie*<br>divítiae | *ortíca*<br>urtícam | *cònsolo*<br>*cónsole* | *núvola*<br>núbilam | *cavállo*<br>cabállum | *mándola*<br>amýgdalam |
| **U** | o | e | i | au | | | | |
| | *uccídere*<br>occídere | *rubèllo*<br>rebéllem | *suggèllo*<br>sigíllum | *udíre*<br>audíre | | | | |
| | ae | a | | | | | | |
| | *uguále*<br>aequálem | *lucèrta*<br>lacértam | | | | | | |

## DIPHTHONGE — DITTÒNGHI.

§ 3. Man unterscheidet gewöhnlich *dittònghi distesi*, gedehnte, und *dittònghi raccòlti*, zusammengezogene. Bei den *distesi* wird der erste, bei den *raccòlti* der zweite Vocal betont. Allgemein angenommene Diphthonge sind: unter den distesi *ái, éi, ói, úi, áu, éu*, wie in *mái, léi, nói, cúi, láuro, nèutro;* unter den *raccòlti: iá, ié, ió, iú, uó*, wie in *fiámma, piède, passióne, fiúme, buòno.*

Triphthonge werden theils behauptet, theils bestritten (Diez Gr. 1[3]. 340). Als Beispiele werden *mièi, tuòi, cuòi, figliuòlo* angeführt.

### ENTSTEHUNG DER DIPHTHONGE.

| Gedehnte Diphthonge<br>*Dittònghi distesi* | ái | éi | ói | úi | áu | óu |
|---|---|---|---|---|---|---|
| stammen aus: | | | | | | |
| 1) gleichen lateinischen Diphthongen | | | | *cúi* | *láuro* | *nèutro* |
| 2) lateinischen Vocalen (in Monosyllaben) mit beigefügtem *i* | *crái*<br>cras | *léi*<br>illac | *nói*<br>nos | | | |
| 3) lateinischen Wörtern durch Aufhebung eines Consonanten | *mái*<br>magis | | | | | |

| Zusammengezogene Diphthonge<br>*Dittònghi raccòlti* | iá | iè | | iò | iú | uò |
|---|---|---|---|---|---|---|
| stammen aus: | | | | | | |
| 1) lateinischen betonten ĕ, ŏ und ī | | *piède*<br>pĕdem | *insième*<br>in-sīmul | | | *buòno*<br>bŏnum |
| 2) dem latein. Diphthonge ae | | *cièlo*<br>caelum | | | | |
| 3) i-e, i-o unter Anwendung der Synäрese | | *piétà*<br>pietatem | | *passióne*<br>passionem | | |
| 4) erweichtem l mit folgendem Vocal | *fiámma*<br>flammam | *pièno*<br>plenum | | *fióre*<br>florem | *piúma*<br>plumam | |

## HIATUS — JATO.

§ 4. Das Zusammentreffen zweier Vocale in einem Worte, von denen jeder als eine Silbe gilt, heisst Hiatus. Dieser wird im Italienischen gern beseitigt, und zwar durch Elision (*vedo* v. video), Attraction (*primièro* v. primarius), Contraction (*coprire* v. cooperire), Erweichung eines Consonanten (*vigna* v. vinea), Einmischung eines Consonanten (*Genova* v. Genua), Verhärtung des palat. $i = j$ zu gutt. *g* in der Conjugation (*valga* v. valeam), und durch Consonantirung des *u* in *v* (*belva* v. bellua).

---

§ 4. Die folgende Tabelle, welcher die Ergebnisse von Diez, Demattio und Fornaciari zu Grunde liegen, gibt eine Uebersicht der Hauptserscheinungen, die bei der Aufhebung des Hiatus vorkommen. Zur praktischen Benutzung derselben habe ich die verticalen Spalten mit arabischen Ziffern und die horizontalen mit Buchstaben versehen. Die horizontalen Columnen sind folgender Massen vertheilt:

a—j nimmt der „**Ursprüngliche Hiatus in einfachen Wörtern**" ein, nämlich

a—h der „Hiatus mit unbetonter erster Silbe",
i die nahe verwandten Verbindungen *ua, ui, uu, uo,*
j der „Hiatus mit betonter erster Silbe".

l enthält den „**Hiatus durch Consonantausfall**".
m den „**Hiatus durch Zusammensetzung**".

| | 1 | 2 | 3 | 4 | 5 | 6 |
|---|---|---|---|---|---|---|
| a | Mit der ersten Silbe unbetont | Attraction des i | Verdoppelung des vorhergehenden Consonanten | Erweichung | | |
| | | | | Verhärtung des pal. i = j zu gutt. g | li - lj = gli ni - nj = gn | si - sj = g' |
| b | Ursprünglicher Hiatus in einfachen Wörtern (wird meistens getilgt) ea ae | | gruceam *gruccia* | valeam-*valga* | valea-*vaglia* | rasea - *ragia* |
| c | eo | | | remaneo *rimango* | soleo - *sòglio* | phaseolum *fagiuòlo* |
| d | eu ei | | rubeum *robbio* | | balneum *bagno* | |
| e | ia | caldarium *caldièra* | corrigiam *correggia* | | mirabilia *meraviglia* | cervisiam *cervigia* |
| f | ie ii | | glacies *ghiaccio* | | mulier *moglie* | Parisii *Parigi* |
| g | io | | | salio - *salgo* | seniorem *signore* | oc-casionem *cagione* |
| h | iu | primarius *primièro* | brachium *braccio* | | alium - *aglio* ingenium *ingègno* | Blasius *Biagio* |
| | | | | Einmischung des v oder | | |
| i | ua | ui uu | uo | Genua *Génova* | ruinam *rovina* | continuum *continovo* |
| | | | | Einmischung eines | | |
| j | Mit dem Ton auf der ersten Silbe (wird nicht immer aufgehoben) ae ai au ie io ue ui | | | destruere = distrujere *distrúggere* | laicum a. *ládico* | caulum *cávolo* |
| | | | | Einmischung eines an- | | |
| l | Hiatus durch Consonantausfall (oft geduldet) ae ai au ee ei eo oi oo | | | clavum chiò(v)o *chiòdo* | Ro(dh)igium *Rovigo* | pa(p)ilionem *padiglione* |
| | | | | Eingeschob. d | Elision | |
| m | Hiatus durch Zusammensetzung (zuweilen geduldet) aa eo eau eu oo | | | reemere = reimere *redímere* | *mela-arancia* *melarancia* | *re-avvisare* *ravvisare* |

Anm. zu 4 - 11. Die Vocale *i* und *e* sind hier gleichbedeutend oder genauer *e* ist dem dungen eus, ius; ihre Grammatiker führen alleum, doleum, palleum, so-

**HIATUS GESCHIEHT DURCH:**

| des Consonanten | | | | | Elision |
|---|---|---|---|---|---|
| ti-tj = g' (od. z, zz) | sti-stj = sc-sci | di-dj = g (oder z-zz) | bi-bj u. vi-vj = g'-ggi | pi-pj = c'-cci | |
| plateam *piazza* indutiae *indugio* | postea *pòscia* | Claudea *Chiòggia* | habeam a. *aggio* | rupeam *ròccia* | Neapolis-*Napoli* aream-*aja* |
| linteolum *lenzuòlo* | | deosum *giuso* ordeum-*orzo* | | | video-*vedo* parco-*pajo* |
| puteum *pozzo* | | de-ire gire | rubeum *ròggio* | | extraneum *strano* |
| reverentiam *riverènza* cupiditiam *cupidigia* | angustiam *angòscia* | invidiam a. *inveggia* | cambiare *cangiare* | appropiare *approcciare* | Venusia-*Venosa* Pistoria-*Pistoja* |
| | arbusticellum *arbuscèllo* | hodie-òggi | servientem *sergènte* | sapientem *saccènte* | parietem-*parete* |
| titionem *tizzone* rationem *ragione* | | | | pipionem *piccione* | nutrio-*nutro* |
| martium *marzo* palatium *palagio* | ostium-*uscio* | diurnum *giorno* rudius-*rozzo* | sabius für sapius *saggio* | | varium u. *raro* primarium a. *primajo* |
| Consonantirung des u in v | | Elision des u | | | |
| belluam *belva* | parui-*parvi* dolui-*dòlvi* | Addua-*Adda* | Februarium *Febbrajo* | mortuum *mòrto* | battuo-*batto* |
| Consonanten | | Accentversetzung | | Elision des i oder e | |
| pluere *piòvere* | fluidum *flùvido* | pietatem *piètà* | filiolum *figliòlo* | trahere *traere-trarre* | diem-*dì* |
| deren Consonanten | | Contraction | | | |
| *ra(d)unare ragunare* | se(v)o-*sego* | *maèstro mastro* | *bévere-beere bere* | dedisti = deisti-*desti* | |
| oder Contraction | | | | | |
| de-aurare *dorare* | de-unde *donde* | cooperire *coprire* | de-undolare *dondolare* | *verde-azzurro verdazzurro* | de-ubi-*dove* |
| 7 | 8 | 9 | 10 | 11 | 12 |

i gleich. Selbst die Römer verwechselten sie, namentlich in den Encus neb. allium, dolium, pallium, sobrius an. Vgl. Diez Gr. 1[3]. 179.

# CONSONANTEN — CONSONANTI.

## DENTALE SPIRANTEN

§ 5. **S** ist vorherrschend scharf (**aspra**), seltener weich (**dolce**): *Aspra* (s) wie ss in beissen, anlautend vor jedem Vocal, vor tenuis *c, p, q, t* und vor *f*: *sale* Salz, *sèmpre* immer, *sito* Ort, *súbito* geschwind, *scala* Treppe, *spillo* Stecknadel, *squadra* Geschwader, *stèlo* Stiel, *sfogo* Ausfluss; inlautend wieder vor tenuis und *f*, in der Verdoppelung, und am merklichsten nach einem anderen Consonanten: *pescare* fischen, *costrutto* Vortheil, *dòsso* Rücken, *cassa* Kiste, *forse* vielleicht, *pianse* weinte, *vinse*. Nicht so hart vor den Liquidis *l m n r*, den Mediis *d g b* und vor *v*: *slogare* verrenken, *smania* Raserei, *snodare* losknüpfen, *sradicare* ausreissen, *sdegno* Unwille, *sgomento* Verzagtheit, *sbaglio* Irrthum. *Dolce* (ṣ) zwischen zwei Vocalen: *teṣòro* Schatz, *miṣura* Mass, jedoch ziemlich scharf in dem Suffixe *oso* und in den Endungen *esa, esi, eso*: *glorioso* glorreich, *impresa* Unternehmung, *distesi* gedehnt, *appreso* gelernt. Entschieden scharf in den Compositis, namentlich in den Prefixen *dis, mis*: *ri-sòlvere* beschliessen, *venti-sètte* 27, *dis-leale* untreu, *mis-fatto* Missethat. Das *s* mit darauf folgendem Consonanten heisst **s impura**: *studio*.

Die Combination **sc** hat ebenfalls eine doppelte Aussprache, nämlich *aspra (sk)* vor *a, o, u, l* und *r*: *scarpa* Schuh, *scòppio* Knall, *scudo* Schild, *sclamare* ausrufen, *screpolare* splittern, *scrittore* Schreiber; und *dolce*, wie deutsches **sch**, vor *e* und *i*: *scéndere* herunter steigen, *còscia* Schenkel.

**Z** ist zweifacher Art: scharf (**aspra**) wie ts und weich (**dolce**) wie ds: *ẓèlo* Eifer, *rizio* Laster. Die Etymologie hat einen bedeutenden Einfluss auf die Aussprache des *z*. *Z* steht sehr oft neben *c*: *sacrifizio* und *sacrificio* Opfer. *Z* ohne Rücksicht auf die Etymologie wird, nach der jetzt üblichen

---

§ 5. **S** wurde früher häufig mit *c* und *z* verwechselt: *Cicilia* (Dante, Inf. XII. 108. Purg. III. 116) f. *Sicilia*, *Ciciliana* (Varchi vol. 1 p. 169) f. *Siciliana*.

**Z.** Die Verdoppelung des *Z* wurde lange und wiederholt bestritten, indem Einige behaupteten, das *z* sei schon an und für sich ein Doppelbuchstabe. G. Villani Cron. lib. 8. c. 46 *Obizzo degli Obizzi*. B. Davanzati (Lett. prec. Fanfani 44) *chiareza, giovaneza*. L. Salviati (Ibid. 2) *dolcezza, vaghezza*.

Orthographie, in der Mitte der Wörter gewöhnlich verdoppelt, wenn es zwischen zwei Vocalen steht; folgt aber ein Diphthong wie *ia, ie, io,* so steht es einfach: *nozze* (nuptiae), *pozzo* (puteum), *azione* Handlung, *lezione;* doch *pazzía* Narrheit v. *pazzo* Narr, *mazzière* Stabträger v. *mazza* Stab, *carrozzière* Kutscher v. *carròzza* Kutsche.

QUELLEN DER DENTALEN SPIRANTEN.

| S (ss) | s (ss) | c | x | bs | ps |
|---|---|---|---|---|---|
| Anl. | *solo,* solus | | | | |
| Inl. | *rosso* russum | *desinare* decoenare | *Alessandro* Alexander | *assòlvere* absolvere | *essa* ipsam |
| **sc dolce** | **sc** | **s** | **st** | **x** | |
| Anl. | *scellerato* sceleratum | *scimmia* simia | | *scialare* exhalare | |
| Inl. | *conóscere* cognoscere | *vescica* vesicam | *uscio* ostium | *escire* exire | |
| **Z aspra** | **c** | **t** | **ct** | **pt** | **st** |
| Anl. | *zimbello* cymbalum | | | | |
| Inl. | *calzare* calceare | *vizio* vitium | *azione* actionem | *adozione* adoptionem | *inzigare* instigare |
| **Z dolce** | **d** | **ζ** | **arab. z** | **s** | **germ. z** |
| Anl. | | *zèlo* ζῆλος | *zafferano* záfarân | *zavorra* saburra | meist unbestimmt |
| Inl. | *razzo* = *raggio* radium | | *azzurro* lâzvardî | | *zecca* d. zecke *zolla* ahd. skolla |

DENTALE MUTAE.

§ 6. **T** behält stets seinen Laut als Tenuis, also auch vor *ia, ie, io: battiamo* wir schlagen, *valentía* Tapferkeit, *sentière* Fussweg, *natío* gebürtig. Das wie *z* ausgesprochene lateinische t wurde durch *z* ersetzt: *puerizia* Kindheit, *orazione* Gebet.

**D** ist nahe verwandt mit t; daher die Formen *lido* und *lito* Ufer, *nutrire* und *nudrire*, *cotesto* und *codesto* etc. Man bemerke die muta in *padre* Vater, *madre* Mutter, und die tenuis in *patria* Vaterland, *matèrno* mütterlich.

QUELLEN DER DENTALEN MUTAE.

| **T (tt)** | **t** | **th** | **tt** | **ct** | **pt** |
|---|---|---|---|---|---|
| Anl. | *tanto*<br>tantum | *tallo*<br>thallum | | | |
| Inl. | *estate*<br>aestatem | *bottega*<br>apothecam | *gotta*<br>guttam | *òtto*<br>octo | *scritto*<br>scriptum |
| **D (dd)** | **d** | **t** | **l** | **r** | **g' d** |
| Anl. | *dovere*<br>debere | *dunque*<br>tunc | | | |
| Inl. | *sordo*<br>surdum | *madre*<br>mater | *àmido*<br>amylum | *chiùdere*<br>quaerere | *freddo*<br>frigidum |

PALATALE UND GUTTURALE MUTAE.

§ 7. **C** und **G** haben einen harten Laut (**suòno rotondo**) vor *a, o, u, l* und *r*: *campo* Feld, *conca* Muschel, *cura* Sorgfalt, *clava* Keule, *crudo* ungekocht, *gallo* Hahn, *gola* Kehle, *gusto* Geschmack, *glèba* Erdscholle, *glòria* Ruhm, *grato* dankbar; und einen gequetschten Laut (**suòno schiacciato**): *c* vor *e* und *i* lautet *tsch* z. B. in *cera* Wachs, *cibo* Speise, *g* vor *e* und *i* wie *dsch* z. B. in *gente* Leute, *giro* Umkreis.

Der Vocal *i* bezeichnet eine Quetschung des harten Lautes vor *a, o, u*: *ciancia* Geschwätz, *giórno* Tag, *giùdice* Richter;

§ 6. **T.** Die ältere Orthographie setzte im Anschluss an das Lateinische auch *ti* wo man *zi* sprach: *oratione, pueritia*. Das 14. Jahrh. schwankt zwischen *ti* und *zi*; im 15. Jahrh. nimmt *ti* die Oberhand; gegen das 16. wird *zi* allmählig allgemein gebräuchlich.

**D** entsteht alt und poetisch durch Dissimilation, *fedire* f. *ferire*, woher *fedita*, f. *ferita*; ausserdem findet sich *diaccio* f. *ghiaccio*.

*h* hebt die Quetschung vor *e* und *i* auf: *òche* Gänse, *Turchi*, *ghetto* Judengasse. *ghirlanda* Blumenkranz.

Von dem harten Laut des *g* vor *l* ist die Formel *gli* ausgeschlossen, wo die Aussprache (lj) dem französischen l mouillé ähnlich ist, als: *egli* er, *églino* sie, *glielo* es ihm oder ihr, *figlia* (vgl. fr. fille) u. a.

Doch bleiben dem harten Laute getreu: *Anglia*, *Angli*, *negligere*, *geroglifico*, und die damit verwandten Wörter.

**Gn** wird wie im Französischen gesprochen: *campagna* = fr. campagne, *compagnia* = fr. compagnie, *ignudo* nackt, *gnòcco* Mehlkloss.

**Gu** mit folgendem Vocal lässt *u* deutlich hören und lautet wie man lat. gu in languor zu lesen pflegt: *lingua*, *languore*, *guèrra*.

Aus der Verwandschaft des *c* mit dem *g* sind doppelte Formen hervorgegangen, wie *laguna* und *lacuna* Pfütze und Lücke, *gastigare* und *castigare* züchtigen, *lácrima* und *lágrima* Thräne, u. a., wobei zu bemerken ist, dass diejenigen Formen, welche dem Latein entsprechen, meist der gelehrten Sprachschicht angehören.

Ueblich ist der Uebergang des *c* in *z*, wie *annuncio* und *annunzio* Anzeige, *edificio* und *edifizio* Gebäude, *benefizio* und *beneficio* Wohlthat u. v. a.

**Q**, gespr. ku, kommt nur mit folgendem *u* vor, wie *quando*, *questo*, *qui*. Das verdoppelte *q* findet sich nur als graphische Eigenthümlichkeit in den Wörtern *soqquadro*, *soqquadrare* umstürzen; sonst wird es durch *cq* ersetzt: *acqua*, *acquisto* Erwerb.

---

§ 7. C. Ariosto *Orl. fur.* c. 3 st. 21 *confalone* für *gonfalone*; ibid. c. 3. 39 *confaloniere*. Bocc. *Dec.* I. V. *gonfaloniere*. Ariost. ibid. c. 3 st. 31 *lacrimoso*. Alt sind *perquotere*, *quore*, *quoio* etc. für *percuotere*, *cuore*, *cuoio*; *bilanza*, *lanza* f. *bilancia*, *lancia*.

## QUELLEN DER GUTTURALEN UND PALATALEN MUTAE.

| gutturales<br>**C (ch)** | **c** | **qu** | **g** | **ch** | **cl** |
|---|---|---|---|---|---|
| Anl. | *caṣo*<br>casum | *chi*<br>quis | *cangrèna*<br>gangraenam | *chimico*<br>chymicum | *chiaro*<br>clarum |
| Inl. | *mica*<br>micam | *antico*<br>antiquom | *faticare*<br>fatigare | *architetto*<br>architectum | |
| palatales<br>**C' (cc')** | **c (cc)** | **ch qu** | **s sc** | **sj pj** | **ctj ptj** |
| Anl. | *celare*<br>celare | *cinque*<br>quinque | *cinghiale*<br>singularem | | |
| Inl. | *cimice*<br>cimicem | *braccio*<br>brachium | *fiòcina*<br>fuscinam | *piccione*<br>pipjonem<br>*camicia*<br>camisiam | *succiare*<br>*suctiare<br>*cacciare*<br>*captiare |
| gutturales<br>**G (gh)** | **g** | **c** | **gl** | **j** | |
| Anl. | *gallo*<br>gallum | *gonfiare*<br>conflare | *ghiaccio*<br>glacies | | |
| Inl. | *largo*<br>largum | *segreto*<br>secretum | | *rimango*<br>rimaneo =<br>rimanjo | |
| **Gu** | **gu** | **qu** | **v** | **w** | |
| Anl. | | | *guastare*<br>vastare | *guancia*<br>ahd. wanka | |
| Inl. | *lingua*<br>linguam | *segno*<br>sequor | | | |
| palatales<br>**G' (gg')** | **g** | **dl, j** | **z, c, sc**<br>vor e, i | **t'c, d'c, n'c** | **l** |
| Anl. | *gèmere*<br>gemere | *giorno*<br>diurnum | *geloso*<br>zelosus | | *giglio*<br>lilium |
| Inl. | *gengiva*<br>gingivam | *congiugare*<br>conjugare | *dugènto*<br>ducenti<br>*vagèllo*<br>*vascellum | *selvággio*<br>silvaticum<br>*mangiare*<br>manducare | *piòggia*<br>pluviam |

QUELLEN DER GUTTURALEN UND PALATALEN MUTAE.

| **Gli** | **l** m. palat. i | **l** | **ll** | **t'l, c'l** | **g'l, p'l** |
|---|---|---|---|---|---|
| Inl. | *figlio*<br>filium | *pigliare*<br>pilare | *tògliere*<br>tollere | *vèglio*<br>vetulum<br>*spèglio*<br>speculum | *streglia*<br>strigilis<br>*scòglio*<br>scopulum |
| **Gn** | **gn** | **ng** | **n** m. palat. i | **n, nn** | |
| Anl. | | | | *gnudo*<br>nudum | |
| Inl. | *pugno*<br>pugnum | *cignere*<br>*cingere* | *vigna*<br>vineam | *grugnire*<br>grunnire | |
| **Q (qu)** | **qu** | **c** | **Cq = qq** | **cq** | **q** |
| Anl. | *quale*<br>qualem | *quagliare*<br>coagulare | | | |
| Inl. | *iniquo*<br>iniquum | | Inl. | *acquisizione*<br>acquisitio-<br>nem | *acqua*<br>aquam |

PALATALE SPIRANS J.

§ 8. **J** klingt weniger consonantisch als deutsches j. Anlautend steht *j* in Wörtern lateinischen und griechischen Ursprungs, wo es meist auch dem ital. *g* entspricht: *jattanza* Prahlerei, *jerarchía*, wofür auch *giattanza*, *gerarchía*. Inlautend steht *j* in Compositis direct aus dem Lat. entlehnt: *adjacènza* (aus ad-jacenza v. jacēre ital. *giacere*), *conjugare* (aus conjugare v. jugum, it. *giogo*), wofür auch einige Classiker *aggiacènza*, *congiugare* schreiben; in vielen Endungen an der Stelle des *r* und zwar theils aus euphonischen Gründen, theils um gleichlautende Wörter zu unterscheiden, z. B. *notajo* Notar, *librajo* Buchhändler f. *notaro*, *libraro*, welche zugleich Abkürzungen der Verbalformen *notárono*, *librárono* sind; in einigen Wörtern wie *giòja*

§ 8. **J** vor dem 16. Jahrhundert findet sich ausnahmsweise und nur zuweilen auslautend in Wörtern wie *rizij*, *olij*. Erst *Trissino* hat durch seine Schriften den Gebrauch des *j* erweitert, welcher in neuerer

Freude, *nòja* lange Weile. *cuòjo* Leder, wo *j* mehr vocalischer Natur zu sein scheint, daher die Nebenformen *giòia*, *nòia*, *cuòio*. Am Ende des Wortes vertritt *j*, als graphisches Zeichen, das doppelte *ii* und wird wie ein etwas gedehntes *i* gesprochen: *giudizj* Urtheile (Pl. v. *giudizio*), *annunzj* (Pl. v. *annunzio*), wofür auch *giudizii*,—*zî*, *annunzii*—*zî*.

QUELLEN DES J.

| J = | j | tonl. i m. folg. Vocal | ie = lat. e | ie |
|---|---|---|---|---|
| Anl. | *júgero* jugerum | *jacinto* hyacinthum | *jeri* = *ieri* heri | *jemale* hiemalem |
| Inl. | *adjutatore* adjutatorem | *Febbrajo* Februarium | | |

---

GUTTURALE SPIRANS H.

§ 9. **H** ist in der Aussprache völlig stumm. Es bezeichnet den harten Laut des *c* und *g* (*ch*, *gh*); ferner die Dehnung des Tones in einigen Interjectionen *ah*, *deh*, *ohimè*, *uh* etc., und scheidet die Bedeutung der vier Personen Ind. Präs. *ho*, *hai*, *ha*, *hanno* des Verbums *avere* haben, von den gleichlautenden *o* oder, *ai* denen, *a* zu, *anno* Jahr. Einige Puristen, welche

---

Zeit wieder abgenommen hat. Dante Par. 25. 62 *iattanza*, ibid. 16. 96 *iattura*; ibid. 11. 4 *iura*. Firenzuola Rim. burl. 1. 134 *libraro*, Ar. Orl. 3. 36 *supplicii*.

§ 9. **H.** Als die italienische Orthographie noch nicht fixirt war, wurden viele Wörter, analog dem Latein, mit *h* geschrieben, als: *honore*, *huomo*, *hora*. Seine Anwendung war im 13. Jahrh. am stärksten; im 14. wurde sie beibehalten; im 15. hatte sie nachgelassen; im 16. tauchte sie wieder auf; und im 17. Jahrh. wurde sie, nicht ohne manchen bitteren Kampf, auf die oben angegebenen Fälle beschränkt. Die bei den Alten gleichförmigen **u** und **v**, hat man oft durch Vorsetzung des *h* vor *u* in Wörtern wie *uopo* lat. opus, *uovo* lat. ovum, unterschieden; man schrieb also *huopo* und *huovo*, um anzudeuten, dass sie nicht *vopo* und *vovo* zu lesen seien.

das *h* aus dem Italienischen verbannen möchten, schreiben die obigen Verbalformen mit dem Accent: *ò, ài, à, ànno.*

---

## LABIALE

§ 10. **B.** Die nahe Verwandtschaft des *b* mit dem *v* lässt sich auch im Italienischen belegen. Die Alten schrieben *boto* neben *voto* Gelübde und Wahlstimme, *imbolare* neben *involare* entwenden; die neueren Dichter brauchen noch *nèrbo* st. *nèrvo* Nerve, *serbare* st. *servare* bewahren.

**P.** Die Verwandtschaft des *p* mit dem *v* hat doppelte Formen wie *sapore* und *savore* Geschmack, *sopra* und *sovra* über od. auf, hervorgebracht.

**V** lautet wie das deutsche w und hat dieses ersetzt: *Viènna* Wien. Oft ist es erweicht aus lat. p und besteht neben demselben: *pòvero* (pauper) *pauperismo, riva ripa.* Vgl. p. 20.

**F** vertritt das lateinische ph: *filosofia.*

### QUELLEN DER LABIALE.

| **B (bb)** | **b** | **v** | **f** | **p** | **bj** |
|---|---|---|---|---|---|
| Anl. | *buòno* | *bèrbice* | *biòccolo* | *bussare* | |
| | bonum | vervicem | floccum | pulsare | |
| Inl. | *fèbbre* | *gabbia* | *fòrbice* | *lèbbra* | *obbiètto* |
| | febrem | caveam | forficem | lepram | objectum |
| **P (pp)** | **p** | **ph** | | **pp** | |
| Anl. | *pompa* | | | | |
| | pompam | | | | |
| Inl. | *appo* | *colpo* | *Giuseppe* | *càppero* | |
| | apud | colaphum | Josephus | capperis | |
| **F** | **f** | **ph** | **p** | | |
| Anl. | *fàvola* | *fagiano* | | | |
| | fabulam | phasianum | | | |
| Inl. | | *còfano* | *trofèo* | | |
| | | cophinum | tropaeum | | |

§ 10. B. *Botarsi* f. *votarsi* bei Pulci, Morg. 20. 38. Ar. Orl. Fur. c. 1 st. 2 *serrata e serrarò.* Auch Verwechselungen des *b* mit *p* und mit

QUELLEN DER LABIALE.

| V (vv) | v | b | p | u, w | bv, m |
|---|---|---|---|---|---|
| Anl. | *vero* | | *véscovo* | | |
| | verum | | e-piscopum | | |
| Inl. | *calvo* | *cavallo* | *ricévere* | *belva* | *ovviáre* |
| | calvum | caballum | recipere | belluam | obviare |
| | | | | *sparviero* | *nòvero* = |
| | | | | ahd. spar- | numero |
| | | | | wari | numerum |

---

L I Q U I D A E.

§ 11. **L.** Seine Combinationen *bl, cl, pl* wie *blasmo* f. *biasmo* Tadel, *claro* f. *chiaro* hell, *planta* f. *pianta* Pflanze sind nur noch auf seltene Fälle beschränkt.

**M.** Die früher übliche Verwandlung des *m* in *n* tritt noch zuweilen vor den an den Verbis angehängten Suffixen ein: *andiánne* f. *andiámme, andiámone* lasst uns von hier gehen.

**N** verwandelt sich in *m* vor *b, m* und *p*: *imbèrbe* unbärtig, *immodèsto* unbescheiden, *impotènte* ohnmächtig f. *inberbe, innodesto, inpotente.* Dies geschieht sogar bei Zusammensetzung zweier Namen: *Giambattista* f. *Gian Battista, Buommatèi* f. *Buòn Mattèi.*

---

*g* wie *riprezzo* (Dante Inf. 17. 85) f. *ribrezzo* (Morg. 5. 51), *cangiare* f. *cambiare* kommen vor.

V. Man machte in der alten Schrift keinen Unterschied zwischen *v* und *u*; daher liest man *auuto, piouuto* st. *avuto, piovuto.* Vgl. u.

§ 11. L wurde in älteren Zeiten oft mit *r* vertauscht: *assembrea, semprice* f. *assemblea, semplice.*

M. Ariosto. Orl. Fur. c. 3. 6 *lasciàn* f. *lasciam.*

N. Bei Villani Cron. *Samminiato* lib. 5 c. 21 neb. *San Martino* lib. 9 c. 318. Die Assimilation des *n* in *m* war ehemals mehr ausgedehnt. In den Handschriften ist sie oft fehlerhaft. Man findet z. B. *impoter suo* f. *in poter suo, immaggior numero* f. *in maggior numero,* wo die Präposition *in* getrennt stehen sollte. Assimilationen des *n* an *l* wie *pregarollo, tiella* f. *pregaronlo, tienla* sind ganz veraltet.

**R** wird häufig mit weicheren Buchstaben vertauscht, wie in *pellegrino* Wanderer f. *peregrino* Wanderer gew. fremd oder köstlich, *marinaro* und *marinaio* Seemann, *rado* f. *raro* selten.

### QUELLEN DER LIQUIDAE.

| | | | | | |
|---|---|---|---|---|---|
| **L (ll)** | **l** | **ll, n'l** | **n** | **r** | **d** |
| Anl. | *lèttera* litteram | | | | |
| Inl. | *olmo* ulmum | *bollire* bullire *culla* cunulam | *veleno* venenum | *àlbero* arborem | *cicala* cicadam |
| **M (mm)** | **m** | **mm** | **gm** | **b** | |
| Anl. | *madre* mater | | | | |
| Inl | *dramma* drama | *fiamma* flammam | *flèmma* phlegma | *Giàcomo* Jacobus | |
| **N (nn)** | **n** | **m** | **m' n** | **d** | **l** |
| Anl. | *naso* nasum | *nèspolo* mespilum | | | |
| Inl. | *regno* regnum | *conte* comitem | *dònna* dominam | *pernice* perdicem | *mòdano* modulum |
| Ausl. | | *con*, cum | | | |
| **R (rr)** | **r** | **l** | **l'r** | **n'r** | |
| Anl. | *regno* regnum | *rusignuòlo* lusciniola | | | |
| Inl. | *invèrno* hibernum | *dàttero* dactylum | *tòrre* tollere | *porre* ponere | |

R. Bemerke die früheren Assimilationen in *vedello* f. *vederlo*, *provallo* f *provarlo* u. s. w. *R* wurde von den Alten sowohl zuweilen weggelassen, wie in *contasto* f. *contrasto*, als auch unnöthigerweise eingeschoben, wie *cilestro* (z. B. Bocc. 9. 1) f. *celeste*.

## ZU DEN CONSONANTEN.

§ 5-11. Die italienische Sprache strebt durchgängig nach Weichheit und Wohlklang. Daher die häufige Erweichung der lateinischen tenuis in media; so wird p zu *b* und *v*, wie auch schon im Lateinischen; ferner wird c (k) zu *g*, und t zu *d*. Daher auch die Mouillirung des l oder ll wie lat. tollere = it. *tògliere*, die häufige Vocalisirung des l in *i* und die Erweichung des nn zu *gn* wie lat. grunnire = it. *grugnire*. Das h, dessen Anwendung schon bei den Römern selbst schwankend war, ist meistens verloren gegangen oder zu einem stummen Zeichen herabgesunken. So verliert auch oft f den Hauch und wird zu *b* und sogar ausgestossen. Das Italienische besitzt auch Zischlaute, die aus den lateinischen gutturalen c und g hervorgehen, welche in gewissen Fällen noch als Kehllaute gelten. Neben grosser Weichheit steht auch häufig eine gewisse Härte. Es sei hier erwähnt der Uebergang des c (k) und des t vor folgendem i in *z (zz)*, und die Verdoppelung der einfachen Consonanten, welche, abgesehen von der Gemination bei Compositis, die schon im Lateinischen oft vorkommt, sehr ausgedehnt ist. Anderweitige Uebergänge haben ihren Grund oder wenigstens Analoga schon in früherer Zeit.

§ 12. Die italienische Sprache gewinnt durch die Figuren des grammatischen Lautwechsels an Wohlklang, Kraft, Mannigfaltigkeit und an Beweglichkeit. Folgende Zusammenstellung wichtigerer Beispiele gibt eine Uebersicht der Haupterscheinungen, welche theils lateinisch-italienische Uebergangsprocesse sind, theils aber ein Eigenthum der italienschen Sprache selbst bilden. Folgendes ist noch besonders zu bemerken. Die Prothesis des *i* geschieht in der Regel nur vor *s impura* nach consonantischem Auslaute. z. B.: *con istudio* mit Fleiss, *in Iscòzia* in Schottland st. *con studio, in Scòzia.* Die Apocope italienischer Vocale tritt gewöhnlich ein nach *l* für *e* und *o,* nach *m* für *o,* nach *n* für *o, e* und *i,* nach *r* für alle Vocale, z. B. *duòl-e pal-o, siám-o, seren-o vièn-e tièn-i, ancor-a amor-e maggior-i ver-o.* Apocopirte Wörter stehen auch vor consonantischem Anlaute, *s impura* ausgenommen: *egli vuòl fare* *egli vuòle fare* er will thun. Accentuirte Endvocale, wie in *bontà* Güte, *virtù* Jugend dürfen nicht apocopirt werden. Mehrere Wörter auf *llo* werfen *lo* ab: *bèl-lo, caval-lo, uccèl-lo* u. a.

§ 12. Die Prothesis des *i* findet man häufig, besonders bei altèn Schriftstellern, ohne alle Noth angewendet: *O isplendor di viva luce eterna,* Dante Purg. 31. 139. So *ispazio* lat. spatium, *ispecie* speciem, *isperare* sperare, *ispirito* spiritum, *isposo* sponsum; vgl. die französischen Formen espace, espèce, espérer, esprit, époux afr. espous. Bei Dante *ca* (Inf. 15. 51), *co* (Par. 3. 96), *fi* (Par. 11. 89) statt *casa, capo, figlio.*

| | | | | |
|---|---|---|---|---|
| *Afèreşi* | **a** | **ae** | **bom** | **de** |
| | *rèna* | *rame* | *baco* | *desti* |
| | *arèna* | aeramen | bombacum | dedisti |
| | **o** | **oc** | **ro** | **se** |
| | *scuro* | *cagione* | *tondo* | *cèsso* |
| | *oscuro* | occassionem | rotundum | secessu |
| *Pròteşi* | **a (al)** | **b** | **g** | **i (id)** |
| | *allòro* | *brusco* | *graspo* | *Iddio* |
| | laurus | ruscum | *raspo* | *Dio* = De |
| *Geminazióne* | **b-b** | **c-c** | **d-d** | **f-f** |
| | *fabbro* | *accadèmico* | *Sóddoma* | *Áffrica* |
| | faber | academicum | *Sódoma* | *África* |
| *Semplificazione* | **m** | **n** | **r** | **s** |
| | *comune* | *anèllo* | *eruzione* | *chiòsa* |
| | commune | annulus | *irruzione* | *glòssa* |
| *Assimilazione* | **a = e** | **e = i** | **e = o** | **i = u** |
| | *cánapa* | *mestière* | *volentièri* | *micino* |
| | *cánape* | a. *mistiere* | *volontièri* | a. *mucin* |
| | **ll = dl** | **mm = dm** | **mm = gm** | **nn = m** |
| | *strillo* | *ammirare* | *dòmma* | *danno* |
| | stridulum | admirari | *dogma* | damnun |
| *Dissimilazione* | **cc = pp** | **d = r** | **e = i** | **f = b** |
| | *piccione* | *prúdere* | *nemico* | *búfalo* |
| | a. *pippione* | a. *prurere* | *nimico* | bubalun |
| *Sincope* | **b** | **bi** | **ce** | **d** |
| | *lira* | *nosco* | *fare* | *Po* |
| | libram | nobiscum | *facere* | Padus |
| | **o** | **f (= ph)** | **r** | **u** |
| | *crana* | *sióne* | *dia* | *stabbio* |
| | *corona* | siphonem | *área* | stabulun |
| *Epènteşi* | **a** | **b** | **d** | **e** |
| | *scaraffare* | *sembrare* | a. *ladico* | *mághero* |
| | schrapfen | simulare | *laico* | macrum |
| *Apòcope* | **cum** | **de** | **ge** | **l** |
| | *chiásso* | *va* | *re* | *insième* |
| | classicum | vade | *rège* | insimul |
| *Epiteşi* | **d** | **e** | **o** | **o** |
| | *ad* = *a* | *piúe* | *cántano* | *cantáran* |
| | *ed*, *od* = *e*, *o* | *più* | — tant (t) | — taban ( |

ISCHEN LAUTWECHSELS.

| | | | | |
|---|---|---|---|---|
| **di**<br>*sdegno*<br>*disdegno* | **e**<br>*sciáme*<br>examen | **ec**<br>*chièsa*<br>ecclesiam | **i, il**<br>*vi* = ibi<br>*lo* = illum | **in**<br>*scipido*<br>insipidum |
| **spe**<br>*cimento*<br>pecimentum | **ste**<br>*stesti*<br>stetisti | **tut**<br>dial. *taria*<br>*tuttaria* | **um**<br>*bellico*<br>umbilicum | **zin**<br>*zirlare*<br>*zinzilulare* |
| **i**<br>*ignudo*<br>*nudo* = *nudo* | **i**<br>*istudio*<br>*studio* | **l**<br>*lunicòrno*<br>unicornis | **n**<br>*nascóndere*<br>abscondere | **s**<br>*spiággia*<br>*piággia* |
| **g - g**<br>*legge*<br>legem | **l - l**<br>*scellerato*<br>sceleratum | **m - m**<br>*fèmmina*<br>*feminam* | **p - p**<br>*appo*<br>apud | **t - t**<br>*tutto*<br>totum |
| *Metátesi* | **d**<br>*fradicio*<br>*fracido* | **f**<br>*cofaccia*<br>*focaccia* | **r**<br>*sopra*<br>super | **v**<br>*gareggiare*<br>*vagheggiare* |
| **o = e**<br>*rognoni*<br>reniones | **b = v**<br>a. *berbèna*<br>*verbèna* | **c = s**<br>*Ciciglia*<br>*Siciglia* | **p — v**<br>*pipistrèllo*<br>*vipistrèllo* | **s = c**<br>*susina*<br>súcinam |
| **rr = cr**<br>*durre*<br>*ducere* | **ss = bs**<br>*assòlvere*<br>absolvere | **ss = ps**<br>*cassa*<br>capsam | **tt = bt**<br>*sotto*<br>subtus | **tt = pt**<br>*atto*<br>aptum |
| **g = l**<br>*giglio*<br>lilium | **l = n**<br>*veleno*<br>*veneno* | **l = r**<br>*calicare*<br>*caricare* | **ll = r**<br>*pellegrino*<br>*peregrino* | **r = j**<br>*libraro*<br>*librajo* |
| **e**<br>*opra*<br>*opera* | **g**<br>*Aosta*<br>Augusta | **gi**<br>*frale*<br>*fragile* | **i**<br>*posto*<br>positus | **n**<br>*costare*<br>*constare* |
| **v**<br>*rio*<br>rivum | **vi**<br>*città*<br>civitatem | **e**<br>*ermo*<br>*eremo* | **i**<br>*biasmo*<br>*biasimo* | **o**<br>*disnór*<br>*disonore* |
| **i**<br>*áliga*<br>*alga* | **m**<br>*campidòglio*<br>capitolium | **n**<br>*lontra*<br>lutram | **r**<br>*balèstra*<br>*balista* | **v**<br>*cávolo*<br>caulum |
| **ns**<br>*sèrpe*<br>serpens | **r**<br>*frate*<br>frater | **te**<br>*ilarità*<br>*ilaritate* | **tes**<br>*virtù*<br>*virtute* | **to**<br>*San*<br>*Santo* |
| **o**<br>*cantárono*<br>— tarun (t) | **r**<br>*sur*<br>*su* | **no**<br>*egli*<br>*églino* | **so**<br>*suso*<br>*su* | **te**<br>*puòte*<br>*può* |

## ACCENT.

§ 13. Man kann als allgemeine Regel aufstellen, dass der Accent im Italienischen auf derselben Stelle ruhen bleibt, die ihm im Lateinischen zukam:

| | |
|---|---|
| *pádre* = páter | *álto* = áltus |
| *patèrno* = patérnus | *altíssimo* = altíssimus. |
| *paternità* = paternitátem | *rècitano* = récitant. |

Diese Regel umfasst sogar die Wörter, welche nur äusserlich durch angefügte Wörter wachsen:

*facèndo, facèndo-gli, facèndo-glie-ne.*

Bei der Abkürzung der Wörter bleibt der Accent an seiner Stelle:

*amóre* und *amór,*
*parláre* und *parlár,*
*tenére* und *tenér,*
*servíre* und *servír.*

Composita nehmen ihren Hauptton auf das letzte Wort: *guástamestièri* Pfuscher. Hierzu gehören auch die Adverbia auf *mente* : *bèllaménte.*

Nichtsdestoweniger sind einige Accentversetzungen vorgekommen; am häufigsten unter den Verbis. Wörter griechischen Ursprungs folgen theils dem lateinischen Princip der Prosodie, theils bleiben sie der griechischen getreu: *abísso* = ἄβυσσος, *èrmo* neb. *erémo* = ἔρημος. Die Betonung der Eigennamen kann oft in Verlegenheit setzen; vgl. *Táranto* = Τάραντος mit *Ótranto* = Ὑδροῦντος, Hydrúntum, *Dário* = Daríus mit *Jácopo* = neb. *Giácomo* = Jacóbus u. s. w. Wörter germanischen Ursprungs betonen die vorletzte Silbe: hérinc = *arínga* Häring, hériberga = *albèrgo* Herberge.

Aus dem Obigen geht hervor, dass in der Regel der italienische Accent auf einer der drei letzten Silben ruht. Es entstehen hieraus drei Hauptklassen von Wörtern, je nach der Betonung der Silbe, und zwar **paròle tronche** wie *libertà carità,* **piáne** wie *potère amóre,* **sdrúcciole**[1] (gleitend) wie *lèggere ánima.*

**Paròle bisdrúcciole**[1] (doppelgleitend, mit betonter viert-

[1] Die *paròle sdrúcciole* und *bisdrúcciole* versehe ich stets mit dem Accent.

letzter Silbe) sofern sie einfache Wörter sind, bieten nur einige Verba auf *áre:* 3. Pers. Plur. Ind. Präs. ***séminano*** und Conjunc. ***séminino*** v. ***seminare*** säen.[1]

### EINFLUSS DES ACCENTES AUF DIE VOCALE.

§ 14. Der Accent übt einen bedeutenden Einfluss auf die Beschaffenheit der Vocale. Die Versetzung des Accentes bringt Veränderung von Vocal und Diphthong mit sich, vgl.: **èsco, èsci, èsce, èscono** neben **uscíre, usciámo, uscíte; òdo, òdi, òde, òdono** neb. **udíre, udiámo, udíte; suòra** neb. **sorèlla; scuòla** neb. **scoláre, scolarésca; fièno** neb. **feníle; lièto** neb. **letízia.** Das aus dem lateinischen i entsprungene *i* erleidet diese Veränderung nicht: *plègo* = *plico* v. lat. plicare, *plegáre; plèno* v. plenum, *plenézza* u. s. w. und kraft des Gebrauches auch *fièro* v. ferum, *fierézza; piètra* v. petram, *pietrúzza* u. andere. Auch in anderen Wörtern bleibt der Laut fest: *férmo* v. firmum, *ferinézza.*

---

[1] Verbindungen wie *mánda/ri/se/ne/*, *mánda/mi/ri/se/ne/* sind missbräuchlich und kaum der Erwähnung werth.

# ANHANG.

## ALLGEMEINES ZUR ORTHOGRAPHIE.

§ 15. Die ersten italienischen Sprachmonumente bieten selbstverständlich keine feste Schreibart dar; diese trägt in denselben vielmehr das Gepräge der Mundart, in welcher sie verfasst wurden. Später wird die Orthographie noch dadurch entstellt, dass Dichter einzelner Provinzen fortwährend fremdartige Elemente, namentlich provenzalische, aufnehmen, die sie nach Belieben umgestalten. Zugleich folgte man auch den Gesetzen und dem Gebrauch der lateinischen Orthographie, so dass Schreibungen wie *auctore, labore, populo, huomini, vaxalli, perceptore, majesta* für *autore, lavoro, pópolo, uòmini, vassalli, percettore, maestà* u. v. a. gäng und gebe sind. Sogar im Goldenen Zeitalter der italienischen Sprache wurden die Wörter oft so entstellt, dass die Entzifferung jener Schriften sehr mühsam ist. Wenn die grösste Schuld daran den unwisssenden Copisten, welche ihrer Aussprache gemäss abschrieben, angerechnet werden muss, so zeigen doch auch die autographischen Schriften der drei grossen Florentiner, obgleich sie hierin ihren Vorgängern und Zeitgenossen weit überlegen sind, keine consequente Schreibung. Die classischen Studien im 15. Jahrh., welche die Vernachlässigung der Muttersprache veranlassten, übten einen nachtheiligen Einfluss auf die Rechtschreibung aus, indem lateinische Schreibungen, auf welche man schon verzichtet hatte, wieder hergestellt wurden, und ausserdem noch andere hinzu kamen.

Mitten in dieser Verwirrung erscheint jedoch das Bestreben, die Schreibung der Aussprache anzunähern. Die besten Beweise hierzu liefern diejenigen Wörter, welche durch Sinn und Aussprache verbunden, in ein Wort geschrieben wurden z. B. *channo, lacque, lanima* u. s. w. f. *ch'anno, l'acque, l'anima*. Das Princip, so zu schreiben, wie man spricht, hat sich im Laufe der Zeit immer mehr und mehr ausgebildet. Aber erst im 16. Jahrhundert gelangt die Orthographie zu einiger Sicherheit und zwar hauptsächlich durch die „Prose“ des Cardinal Bembo,[1] und die „*Régole grammaticali*“ v. Fortunio. Sie ist dennoch hie und da mangelhaft; so wird die verschiedene Aussprache des *e* und *o*, des *s* und *z* gar nicht bezeichnet. Trissino[2] wollte durch Einführung des *ω* und des *ε* zur Bezeichnung des offenen Lautes diesem Uebelstande abhelfen, konnte sie aber nicht zu Stande bringen. Viel mehr Anklang fand sein Vorschlag, das *i*, wo es Consonant ist, durch *j*, und ebenso das *u* in diesem Falle durch *v* zu bezeichnen, was nach und nach allgemein angenommen wurde, wie auch dann später der Gebrauch des *z* in den Endungen *tia, tie, tione* statt des lateinischen t. Schwankend ist heute noch der Gebrauch der Accentzeichen und theilweise auch des Apostrophs und des Buchstaben *h*.

---

## ACCENTZEICHEN.

§ 16. Der graphische Accent ist **gravo** ( ` ). **acuto** ( ´ ) und **circonflèsso** ( ˆ ). Mit dem **gravo** bezeichnet man die betonten apocopirten Wörter, wie *virtù, libertà, dì* Tag, *piè* Fuss u. s. w. neben *virtute, libertade, caritade, die, piède*. Hierzu kommen Wörter fremden Ursprungs: *caffè, aloè, sofà, Gesù* u. s. w.; ferner die 3. Pers. Perf. Ind. aller schwachen Verba: *amò* v. *amare, credè* v. *crédere, sentì* v. *sentire* und die 1. und 3. Sing. Fut. *amerò, -rà, crederò, -rà, sentirò, -rà*. Desgleichen einsilbige Wörter, um sie nicht mit gleichlautenden zu vertauschen: *dà* (dat) *da* (de-ad), *è* (est) *e* (et), *chè* (= perchè) *che* (Conjunct. od. lat. ut) u. s. w.; oft auch *sè* (Pron.) *se* (Partik.);

[1] Prose di M. Pietro Bembo, nelle quali si ragiona della volgar lingua, in 3 libri (Ven. Tacuino 1525 fol.).

[2] Epistola di Giangiorgio Trissino intorno alle lettere nuovamente aggiunte alla lingua italiana, (Roma 1554. 4).

§ 16. Der graphische Accent fehlt in den ältesten Handschriften; er wird auch in vielen Drucken aus dem Anfange des 16. Jahrh. vermisst. Gebräuchlicher wird er gegen das Ende dieses Jahrhunderts; bis zum Ende des 18. Jahrh. ist sein Gebrauch sehr schwankend, und jetzt noch sind seine Gesetze keineswegs festgestellt.

oder um ihre Einsilbigkeit anzudeuten, wenn sie auf zwei Vocale ausgehen: *già, più, ciò*. Und zuletzt noch alle Composita mit *che*: *affinchè, poichè, giacchè, locchè* und andere wie *costà, costì, colà, lassù laggiù*. [1]

Mit dem **acuto** bezeichne man stets die häufig vorkommenden Endungen *io, ia* deren ersten Vocal betont ist (*ío, ía*). Viele beschränken diese Regel auf besondere Fälle, eine Erweiterung derselben erleichtert entschieden das Lesen; Beispiele: *prosodía, badía* Abtei, *brontolío* Gemurmel, *balía* Gewalt *armeggío* Lustgefecht, zu vergleichen mit *inòpia* Dürftigkeit, *arbítrio* Willkür. *bália* Amme, *arméggio* Kriegs- und Mundvorrath (auch 1. Pers. Ind. Präs. von *armeggiare* zur Lust fechten). Ferner bezeichne man alle Silben, welche Dichter gegen die sonstige Gewohnheit betonen: *umíle* demüthig, *simíle* ähnlich, *Oceáno* Ocean, *penétra* v. *penetrare* eindringen, st. *úmile, símile, Ocèano, pènetra*; und gleichlautende Wörter wie *súbito* plötzlich neb. *subíto* Part. von *subire, áncora* Anker neb. *ancora* noch u. s. w.

Man bedient sich des **Accento circonflesso** bei Wörtern, welche durch Abkürzung leicht zu vertauschen sind: *tôrre* aus *tògliere* neb. *torre* Thurm. *côrre* aus *cògliere* neb. *corre* Ind. Präs. von *córrere* u. s. w. [2]

Dichter trennen Diphthonge durch das **trema** (¨): *religïone, condizïone*.

---

## DER APOSTROPH — L'APÒSTROFO.

§ 17. Aphaerese und Elision d. i. Wegfall an- und auslautender Vocale wird. in vielen Fällen, durch den Apostoph (') angedeutet: *nell' ánima* = *nella ánima* in der Seele. Elision

---

[1] Die mit dem Grave bezeichneten Vocale *e* und *o* sind offen; *sè*, welches auch ohne Accent geschrieben wird, bildet Ausnahme.

[2] Das mit dem *Circonflèsso* bezeichnete *o* ist auch offen.

§ 17. Die Handschriften des 14. Jahrh. kennen den Apostroph nicht; sie schrieben *luna* f. *l'una*, *unora* f. *un'ora*, *cherano* f. *ch'erano* u. s. w. Die Alten schrieben auch *lontelletto* f. *lo 'ntelletto*, *lanvidia* f. *la 'nvidia*; vgl. die neueren Schreibungen *valentuomo* und *galantuomo* statt *valent'uomo, galant'uomo*. Dichter haben sogar die Elision der Vocale ein-

und Aphaerese treten aus euphonischen Gründen ein; die Setzung des Apostrophs hängt meist von dem Belieben des Schriftstellers ab. Sie findet statt: vor anlautendem Vocal wie *l'onore = lo onore;* vor auslautendem Vocal wie *sotto 'l fèrro = sotto il fèrro* unter dem Eisen; und vor anlautendem Consonanten wie *ne' cièli = nei cièli.* Der Apostroph tritt vorzüglich bei dem Artikel und Pronomen ein: *l' uòmo, m' accòrgo* v. *accòrgersi* merken.

Der Apostroph bezeichnet zuweilen auch die, vornehmlich in der Poesie, vorkommende Apocope einiger Wörter: *e'* für *egli, co'* f. *cogli, di'* f. *dici, vo'* f. *vòglio.*

---

## TRENNUNG DER SILBEN BEIM SCHREIBEN.

§ 18. Die Trennung der Silben am Ende der Zeile richtet sich nach der Aussprache. Ein Consonant zwischen zwei Vocalen wird zur folgenden Silbe gezogen: *di-to* Finger, *tá-vo-lo* Tisch. Verbindungen, welche auch im Anlaute stehen können, werden der zweiten Silbe zugerechnet, z. B.: anl. **crè**-*ta* Kreide, **tro**-*vare* finden, inl. *a*-**cre** scharf, *ve*-**tro** Glas. Dagegen werden getrennt alle Verbindungen, welche auch anlautend nicht stehen können: *men-tre, av-viso, pèr-de-re, ac-qua;* Composita trennen ihre Bestandtheile: *ad-acquare* wässern, *mal-in-cuòre* wider Willen, *tras-méttere* überschicken, *dis-logare* wegrücken, *mis-credènte* ungläubig. Verbindungen wie *ch, gh, gu, gl, sc,* welche die Aussprache der Consonanten *c, g, n, l, s* andeuten, und Diphthonge dürfen nie getrennt werden; Beispiele: *fuò*-**chi** Feuer Pl., *di*-**ghe** Dämme, *se*-**gno** Zeichen, *tra-va*-**glio** Kummer, *li*-**scia**-*re* glätten. Die Apostrophirung der Consonanten am

---

fach durch einen Punct unter denselben bezeichnet; viele Belege finden sich im Decamerone des Boccaccio v. Manelli, z. B.: *coi miei = co' miei* g. 9. 10. canz., *moi recuto = m' ha' recato* g. 8. 10 canz. Der Apostroph tritt seit dem 16. Jahrh. auf.

§ 18. Dass die alte Orthographie auch bei der Silbentrennung sehr schwankend war, ist selbstverständlich. Man schrieb z. B. *tra-scurare, di-sponere, is-tanco, as-tuzia* statt *tras-curare, dis-ponere, i-stanco, a-stuzia; nas-condere, mos-trare* st. *na-scondere, mo-strare* u. s. w.; *a-equa, no-eque* st. *ac-qua, noc-que* etc.

Ende der Zeile ist nicht erlaubt, also nicht *l'-onestà*, sondern *l'o-nestà*; wohl aber die der Vocale, wie *ne'*, *de'* u. s. w.

---

### § 19. GROSSE BUCHSTABEN — LÈTTERE MAJÚSCOLE.

Die grossen Buchstaben braucht man bei Eigennamen, zu Anfange der Rede und der Verszeile, nach einem Puncte, bei den Bezeichnungen von Aemtern, Würden, Titeln u. s. w., und in neuerer Zeit in der Anrede, wie *Ella, Lei* Sie. Grosse Buchstaben werden von vielen weder accentuirt noch apostrophirt.

---

### § 20. INTERPUNCTIONSZEICHEN — SEGNI D'INTERPUNZIONE.

| | |
|---|---|
| , | *la virgola* |
| ; | *il punto e virgola* |
| : | *i due punti* |
| . | *il punto fermo* |
| ..... | *i punti sospensivi* |
| ? | *il punto interrogativo* |
| ! | *il punto ammirativo* |
| ( ) | *le parèntesi* |
| „ “ | *le virgolette* |
| — | *la linectta* |
| = | *il segno unitivo* |

---

§ 19. Aeltere Drucke haben oft den grossen Buchstaben nur am Anfange jeder Stanze, nicht aber jedes Verses. Auch findet man Substantiva gross geschrieben.

# FORMENLEHRE — MORFOLOGÍA.

## FLEXION - FLESSIONE.

§ 21. Von einer Flexion, im lateinischen Sinne. kann auf dem Gebiete der romanischen Sprachen nicht die Rede sein. Die zum grössten Theil synthetische lateinische Sprache ist auf italienischem Boden fast gänzlich analytisch geworden. Der Sinn für die feinen Unterschiede des Gedankens, welchen die Casusendungen ausdrückten, war nach und nach im Vulgärlatein erloschen. Die allmäliche Vereinfachung der Endungen schloss damit, dass im Italienischen eine einzige Form für alle Casus übrig blieb. Die Präposition ersetzte sodann zum grössten Theil den gelehrten Mechanismus der lateinischen Declination. Die Flexion im engeren Sinne beschränkt sich auf die Bildung des Femininums, des Plurals, der in ihrer Bedeutung modificirten Wörter (Augmentativa, Diminutiva etc.); beim Verbum finden sich organische Tempora in minderer Anzahl als durch Zusammensetzung gebildete. Dennoch werde ich die Bezeichnungen Declination, Casus und Conjugation beibehalten und von einer Declination der Substantiva, der Adjectiva, der Pronomina, und von einer Conjugation der Verba sprechen.

---

## GENUS — GÉNERE.

§ 22. Das dreifache Genus des Lateinischen wurde im Italienischen, wie in allen romanischen Sprachen, auf ein zweifaches zurückgeführt: Masculinum und Femininum, *gènere mascolino* oder *maschile* und *gènere femminino* oder *femminile*. Das schon bei den Lateinern schwankende Neutrum, *gènere nèutro*, ist bis auf wenige Pronominalformen aufgegeben worden; es hat aber einen gewissen Einfluss auf die Pluralbildung einiger Substantiva geübt.

---

## NUMERUS — NÚMERO.

§ 23. Das Italienische kennt, wie das Lateinische, nur einen Singular und einen Plural, *número singolare* und *plurale*, welche meist an ihrer Endung leicht zu erkennen sind.

---

## NOMINALBILDUNG.

§ 24. Die überwiegende Zahl der italienischen Wörter ist bekanntlich aus dem Lateinischen entlehnt. Beim Vergleichen der ital. Wörter mit den entsprechenden lateinischen entsteht sogleich die Frage, welcher lateinische Casus die Bildung der ital. Nomina veranlasst hat. Es ist fast immer der lateinische Accusativ, Beispiele: ital. *ánima, anno, tèmpo, amore, imágine, spècie* lat. animam, annum, tempus, amorem, imaginem. speciem. Die Annahme, dass der Ablativ der bestimmende Casus sei, ist im Widerspruch mit der Thatsache, dass die lateinischen Neutra im Italienischen die Form des Accusativs (hier dem Nominativ gleich), keineswegs die des Ablativs zeigen; so hat man aus corpus, pectus, *còrpo, pètto* und nicht etwa *corpore, pettore.* Gegen den Nominativ zeugt der wesentliche Umstand, dass der Accusativ die Oberhand gewinnt, wo dieser Casus vom Nominativ scharf getrennt ist; so *amore, imágine* aus amorem, imaginem und nicht aus amōr und imago.

Der Nominativ hat selten zur Nominalbildung gedient: it. *sángue, frate, uòmo* lat. sanguis, frater, homo.

---

§ 24. Die Abwerfung der Nominativ- und Accusativendungen s und m zeigt sich schon bei den ältesten lateinischen Dichtern und in den Monumenten der sinkenden Latinität. Man schrieb z. B. laterali, magnu, Corsica, viro, urbe st. lateralis, magnus, Corsicam, virum, urbem. Auch o für u in den Endungen war dem Altlateinischen bekannt: aurom, divom für aurum, divum. L. R. U., Stün. 594: avos, filios, fiscos, iudeos, mortuos, patruos, suos f. avus, filius, fiscus, judeus, mortuus, patruus, suus.

Der Ablativ existirt nur noch in den Wörtern *gènere, crìmine,* wofür auch *crime,* und sonst noch in der Verbalform des Gerundiums, wie *amándo, credèndo* u. s. w., in dem Adverbium *come* alti. *como* (lat. quomodo) und im Worte *mente* bei der Adverbialbildung, wie *forte-ménte* u. andere. Es gibt auch doppelte Formen, von denen die eine aus dem Nominativ, die andere aus dem Accusativ entspringt: *cespo cèspite, sarto sartore, moglie moglière* v. caespes caespitem, sartor sartorem, mulier mulierem u. a.

Der Uebergang von am, um, em in *a, o, e* findet eine Bestätigung in den Formen der Verba, der Pronomina und der Numeralia; *amava, loro, secondo, nòve* verhalten sich zu amabam, illorum, secundum, novem wie *ánima, anno, amore* zu animam, annum, amorem.

Der lateinische Accusativ hat sogar Wörter germanischen Ursprungs beeinflusst: *balcone, gonfalone, storióne* v. ahd. balcho, gundfano, sturio.

---

§ 25. Dem Plural liegt der Nominativ zu Grunde: it. *ròse, anni* = lat. rosae, anni; Wörter der dritten lat. Declination (flores) richten sich, sehr wahrscheinlich kraft der Analogie, darnach: *fióri.*

Einige Plurale erleiden, aber nur hinsichtlich der Form, den Einfluss der lateinischen Neutra, wovon bei der Pluralbildung die Rede sein wird.

---

## SUBSTANTIVA.

### ABLEITUNG.

§ 26. Verschiedene Ursachen haben das Genus der italienischen Substantiva zu mancherlei Abweichungen von dem der lateinischen gebracht. Zunächst der Einfluss der Endung,

---

§ 25. Bei alten Schriftstellern entspricht oft der Plural dem lateinischen Accusativ, wie *i serro, i padre, le saetta* = lat. servos, patres, sagittas; vgl Spanisch servos, padres, saetas.

In einigen altitalienischen Ausdrücken finden sich auch Spuren des Genitivs Pluralis auf -orum, wie *angeloro, peccatoro* für *degli angeli, dei peccatori;* vgl. altfr. gent paienor, Prov. gen paganor = Lat. gens paganorum. S. Mussafia, Jahrb. VI. 226.

dann aber der Trieb nach Klarheit, Unterscheidung und Gleichstellung der Analoga und Synonyma. In einigen Fällen lässt sich auch ein historischer Zusammenhang mit alt- und vulgärlateinischen oder poetischen Formen vermuthen.

§ 27. Die Endung -a der ersten Declination behält ihr Genus: fem. *cáuṣa, ròṣa* masc. *papa, poèta*. Nur medulla, merula, tilia sind italienisch Masculina der zweiten Declination: *midollo* (neb. *midolla*), *mèrlo, tiglio*. Neugebildete Wörter auf *-a* sind grösstentheils Feminina.

Masculina auf -us der zweiten und vierten Declination gestalten sich nur ausnahmsweise zu Feminina: circulus *cerchia* (neb. *cerchio*), fructus *frutta* (neb. *frutto*), modus *mòda*, die Mode (neb. *mòdo* Art). Feminina auf -us gestalten sich zu Masculina: acus *ago*, domus *duòmo*; in hervorragender Weise zeigen sich hier die Namen der Bäume:

lat. alnus, buxus, cupressus, ficus, fraxinus
it. *alno, busso, ciprèsso, fico, fràssino*.

Nurus (altit. nuro) und socrus (*socerus) bleiben Feminina und gehen nach der ersten Decl.: *nuòra, suòcera*. *Mano* v. manus behält das Genus und geht nach der zweiten Declination. Die dritte Declination mit ihren vielfachen Endungen erscheint auch im Italienischen verschieden gestaltet. Feminina auf -as (-atem) und -us (-utem) behalten ihr Genus; sie gehen altit. und poetisch, nach der dritten Decl. auf *-ate, -ute* aus, wie *veritate (-de) virtute (-de)* u. a., sonst werden sie abgekürzt und sind Indeclinabilia: *verità, virtù*. *Podestà* (von potestas) Stadtrichter ist Masculinum.

Die übrigen Endungen der dritten Declination weisen folgende auffallende Abweichungen auf:

| Lat. | Ital. | Lat. | Ital. |
|---|---|---|---|
| m. carcerem | m. f. *cárcere*[1] | m. fon(s)-tem | m. f. *fonte* |
| m. passer-em | m. *pásser-e,-o,f.-a* | m. fron(s)-tem | m. f. *fronte* |
| m. lep(us)-orem | m. f. *lèpre* | m. gen(s)-tem | f. *gènte* |
| f. arbor-em | m. f. p. *árbore* | m. glan(s)-dem | f. *ghiánda* |
| | m. *álbero* | | |
| m. parie(s)-tem | f. *parete* | m. ar(s)-tem | f. *arte* |
| m. host(is)-em | m. f. *òste* | m. sor(s)-tem | f. *sòrte* |

[1] Femininum st. Masculinum in der L. R. U. Stün. 592: in una carcere, summa honore, de sua herede, quieta ordine.

| Lat. | Ital. | Lat. | Ital. |
|---|---|---|---|
| m. pulv(is)-erem | f. *pólvere* | m. gre (x) - gem (kaum fem.) | m. f. *gregge* |
| f. palu(s)-dem | m. f. *padule* | | |
| | m. *palude (padule)* | f. sali(x)-cem | m. *sálice. sálcio* |
| m. f. die(s)-m | m. *dì*, altit. f. *dia* | f. lima(x)-cem (selten masc.) | f. *lumaca* |

Die Neutra gesellen sich zu den Masculina:[1]

hordeum, corpus, fel, lumen, gelu, mare
*òrzo, còrpo, fièle, lume, gèlo, mare*

Viele treten, durch ihren Plural auf -a, in die erste Declination ein und werden Feminina Singularis:

Nom. Pl. pecora, festa, gesta, ligna, folia
Fem. Sg. *pècora, fèsta, gèsta, legna, fòglia* u. s. w.

Man rechne hierher auch Obstnamen wie:

malum(a), pomum(a), pirum(a), prunum(a)
*mela, poma (o), pera, prugna*

und die Nachbildungen der Adjectiva: batualia, mirabilia, nova it. *battaglia, meraviglia, nuòva.*

SUBSTANTIVA GRIECHISCHEN URSPRUNGS.

§ 28. Die Endungen *-σις* und *-πολις* weichen von ihrem Genus nicht ab: *anàlisi ἀνάλυσις, crisi κρίσις* und so *ellissi, èstasi, eclissi* (auch masc.), *perifrasi, metròpoli.* Substantiva auf *-η* sind italienisch bald Feminina wie *ipèrbole ὑπερβολή, catástrofe καταστροφή, dramma δραχμή* (Drachme) und bald Masculina, wie *aloè ἀλοή, epitome ἐπιτομή.* Masculina auf *-ης* behalten ihr Genus: *pianeta* m. *πλανήτης, monarca* u. a. und die Bildungen auf *-ista* wie *citarista κιθαριστής; κομήτης* hat fem. *cometa.* Neutra auf *-μα*, wie *δόγμα, σχῆμα, διάδημα* sind italienisch Masculina, als *il dògma, lo schèma, il diadèma.* Wenige wie *flèmma* und *fantasma* schwanken zwischen Masculinum und Femininum.

---

[1] Masculinum statt Neutrum in der L. R. U., Stün. 593: furtus, mancipius, peculius, testamentus, tributus, vinus, ipse, caput, quantum suus pignus melior fuerit, talem damnum, omnem debitum, curialem officium.

§ 28. Das Latein hatte die griech. Neutra auf *-μα* auch als Feminina behandelt: statt hoc schema, hoc diadema haec schema, haec diadema. Dies fand bei den alten Italienern häufige Nachahmung, daher die alten Feminina *la diadema, la schema, la clima,* st. *il diadema, lo schema, il clima.*

### SUBSTANTIVA GERMANISCHEN URSPRUNGS.

§ 29. Das Genus bleibt hier, abgesehen vom Neutrum, in auffallender Weise ziemlich fest. Feminina auf a (â) treffen mit den italienischen gleicher Endung zusammen und dulden kaum Abweichungen von ihrem Genus, Beispiele: *schièna* ahd. skina, Rücken; *guèrra* ahd. werra, Krieg; *guancia* ahd. wanga, Wange; *guisa* ahd. wîsa, Weise u. v. a. Einzelne Feminina anderer Endung werden Masculina: *garbo* ahd. garwî, Anstand u. w. a. Masculina bleiben im Italienischen: *bracco* ahd. braccho (Bragge), Jagdhund, *brando* ahd. brant (titio); *camarlingo* ahd. chamarlinc, Kämmerling; *lanzichenecco* nhd. Landsknecht; *manigoldo* Henker od. Schurke, ahd. manigold u. a.; der Uebergang des Masculinums zum Femininum ist selten: *falda* ahd. falt, Saum; *slitta* ahd. slito, Schlitten u. w. a. Neutra werden grösstentheils Masculina: *fango* ahd. fani, Schlamm, *schifo* ahd. u. mhd. skif, Schiff, *stucco* ahd. stucchi, Stuck; doch *spòla* fem. ahd. spuolo, Spule.

---

## GENUS.

### SUBSTANTIVA MOBILIA.

§ 30. Manche Substantiva haben für beide Genera denselben Stamm, aber eine verschiedene Endung.

Masculina auf *-o* gehen im Femininum auf *-a* aus:

*lupo* — *lupa* Wolf — Wölfin, *amico* — *amica* Freund — Freundin, *maèstro* — *maèstra* Lehrer — Lehrerin. Hierher gehören auch die Wörter auf *-ere* oder *-ero: avventurière, -o* Fem. *avventurièra* Abenteuer, *locandière, -o* Fem. *locandièra* Wirth, Wirthin.

Masculina auf *-a* bilden das Femininum auf *-essa* (lat. -issa, -issam):

*profèta* — *profetessa* Prophet — Prophetin, *duca* — *duchessa* Herzog — Herzogin.

Masculina auf *-e* erhalten als Feminina bald *-a* bald *-essa:*

---

§ 30. Altit. st. *signora* auch *signoressa.* Die Verbalsubstantiva auf *-tore*, wie *parlatore* Redner, *albergatore* Wirth, *autore* Urheber,

*signore — signora* Herr — Frau, *leóne — leonessa* Löwe — Löwin.

Diejenigen auf *-tore* (tor-torem) gehen als Feminina auf *trice* (trix-tricem) aus:

*direttore — direttrice, attore — attrice, cantore (cantatore) — cantatrice* Sänger — Sängerin.

*Fattore* Schaffner hat *fattoressa, fattora* Wirthschafterin in einem Kloster; *dottore* bildet *dottoressa* und im Spott *dottora.*

Namen der Bäume und Früchte weichen vom lateinischen Genus ab; mit wenigen Ausnahmen sind die ersteren Masculina, die letzteren Feminina.

*pero — pera, pesco — pesca, ciriègio — ciriègia*
pirus — pirum, persicus — persicum, cerasus — cerasum

## COMMUNIA.

§ 31. Das Italienische besitzt wie die Muttersprache Personennamen, die gemeinsamen Generis sind: *erède* (here(s)-dem) Erbe, Erbin; *òspite* (hosp(es)-item) Gast mf.; *parènte* (paren(s)-tem) Verwandter, Verwandte; *fante* (fan(s)-tem) Diener, Dienerin (Fussknecht); *ipòcrita* (ὑποκριτής); *artista* Künstler,

Verfasser etc., welche jetzt nur noch als Masculina gebräuchlich sind, wurden in der ältesten Sprache auch als Feminina verwendet: *la parlatore, la albergatore, la autore* für *la parlatrice* u. s. w. Der Grund hiervon liegt wieder im Latein. Carisio Lib. 1 sagt: Victor vero, et institor, et tutor, ac similia, pro communibus accipienda; und Serv. Aen. XII: Similiter Masculina et feminina in tor exeunt: ut hic et haec senator, hic et haec balneator. Es fehlt nicht an Beispielen, S. Forcellini's Wörterbuch. Das Altspanische stimmt auch damit überein: Tanto era buena fablador (Vit. S. Mar. Egiz.) u. a. Vgl. Nann., Teor. d. nom., p. 701. Die alte Sprache behandelte die Namen der Bäume nach lateinischem Vorbilde auch als Feminina: *la pioppo* (populus), *la platano* (platanus), *la alno* (alnus); auf gleiche Weise verfuhr man mit den Substaniven auf -us = griech. -ος: *la sinodo* (synodus), *la metodo* (methodus), *la dialetto* (dialectus). Und so konnten einige Substantiva auf *-o* zum Femininum auf *-a* gelangen: *la pioppa = la pioppo* (populus) nit. *il pioppo, la mana* altit. = *la mano* nit. (manus).

§ 31. Die häufige Anwendung der Substantiva auf *-e* in den beiden Genera bei den Dichtern des 14. Jahrhunderts (trecentisti), lässt vermuthen, dass dieselben als Communia betrachtet worden sind. Die Lateiner sind auch hierin vorangegangen, denn man findet bei den alten

Künstlerin; *citarista* Citherspieler, -spielerin u. a. Communia sind auch die Völkernamen auf *-ese*, wie *Inglese* Engländer -rin, '*Olandese* Holländer -rin u. s. w., und endlich noch einige Composita auf *-i*, als *conciatetti* Dachdecker.

---

### EPICOENA.

§ 32. Viele Thiernamen werden nur durch e i n grammatisches Genus bezeichnet, sei es durch das Masculinum, wie *còrvo* (corvu(s)-m), *serpènte* (serpen(s)-tem), *tordo* (turdu(s)-m) u. v. a., oder auch durch das Femininum, wie *àquila* (aquila-m), *cicogna* (ciconia-m), *lòdola* (alauda-m), *mosca* (musca-m) u. s. w. Um nöthigenfalls das Genus zu unterscheiden, fügt man dem Namen m a s c h i o od. f e m m i n a hinzu.

— —

§ 33. Eine Anzahl Substantiva haben schon vom Latein her für jedes Genus ein bestimmtes Wort verschiedenen Stammes: *fratèllo* (frater), *sorèlla* (soror), *uòmo* (homo), *dònna* (domina-m), *tòro* (tauru(s)-m), *vacca* (vacca-m) u. a.

---

§ 34. Folgende Substantiva stellen die beiden Genera durch eine etwas mehr abweichende Form desselben Stammes dar: *Dío* (altit. *Dèo*) Gott, *Dèa* Göttin; *gallo* Hahn, *gallina* Henne; *cane* Hund, *cagna* (aus cania-m) Hündin; *eròe* Held, *eroìna* Heldin.

### DAS NATÜRLICHE GENUS.

§ 35. Die Bestimmungen über das natürliche Genus sind wie im Latein.

1. Masculina sind alle Benennungen für Männer, männliche Wesen und mythologische Gottheiten, die in männlicher Gestalt abgebildet werden, z. B. *Giusèppe* Joseph, *padre* Vater,

---

Grammatikern haec und hic frons, haec und hic princeps, hic und haec sacerdos, haec und hic crinis, haec und hic finis; Italienisch *il* und *la fronte*, *il* und *la prince*, *il* und *la sacerdote*, *il* und *la crine* und heute noch *il* und *la fine* u. a.

*cònsolo* Consul, *Gióve*, *Mercurio;* ferner die Namen der Völker, Flüsse, Winde und Monate z. B. *Tedesco, Italiano, Reno* Rhein, *Danubio* Donau, *aquilone* Nordwind, *sciròcco* Südwind, *Marzo, Aprile* u. s. w. Masculina sind auch im Italienischen die Benennungen der Himmelsgegenden und der Berge: *Settentrióne* Norden, *occidènte* Westen, *l'Ètna, il Ròsa, il Vesuvio, l'Apennino, il Giúra* (zu ergänzen *Monte)*.

Ausnahmen: Feminina sind die Namen der Flüsse und Winde auf *-a*, wie *la Garònna, la Mosèlla* die Mosel, *l'Èlba* die Elbe u. a., *la tramontana* der Nordwind, *la brezza* ein feiner kalter Wind; von den Bergen *le Alpi*[1] die Alpen, *le Cevènne* u. a. Die lateinischen Feminina Styx, Lethe sind ital. gewöhnlich Masculina *Stige, Lete.*

2. Feminina sind alle Benennungen für Weiber, weibliche Wesen und Gottheiten: *Caterina, madre, Clio, Clòto;* ferner bei Weitem die Mehrzahl der Städte, Länder und der Inseln, wie *Gènova la supèrba, la dòtta Firènze, Cefalú pòsta in Sicilia, Corfú (isola), le Cicládi, le Èbridi (isole).*

Ausnahmen bilden die Masculina *il Bòsforo, l'Ellesponte* (ursprünglich die dortigen Gewässer), *il Chilì, il Portogallo, il Mèssico;* Städte auf *-i* und *-o* können auch als Masculina behandelt werden, wie *il bèllo Milano, il vasto Nápoli* st. *la bèlla Milano, la vasta Nápoli.* Die Bäume weichen vom lateinischen Genus ab; im Italienischen sind sie Masculina, doch Feminina *quèrcia* (quercus f.), *elce* (ilex f.).

Das Geschlecht der Substantiva lässt sich auch aus den Endungen erschliessen:

---

[1] Alt auch Masc.: *Per li Alpi e per li deserti*, Giov. Cell. Lett VI.

MASCULINA:

| Endungen. | | Beispiele. | Ausnahmen. |
|---|---|---|---|
| -o | (lat. -us, -um, -u) | *òcchio* Auge | *mano* Hand, *èco* m. u. f. |
| -ò | | *falò* Freudenfeuer | Echo [1] |
| -e | | | |
| -ere | (-erem) | *cadávere* Leiche | *cénere* Asche u. w. a. |
| -ore | (-orem) | *sapore* Geschmack | *fólgore* mf. Blitzstrahl |
| -tore | (-torem) | *direttore* Director | |
| -one | (-onem) | *sapone* Seife | *canzone* Lied, *tenzone* Streit |
| -ále | (-alis-, alem) | *canale* Canal | *capitale* Hauptstadt u. w. a. |
| -ime | neue Bildungen u. Collectiva | *concime* Mist | |
| -ame | | *bestiáme* Vieh | |
| -ume | | *legume* Hülsenfrucht | |
| -ile | (-ilis, -ilem) | *fienile* Heuboden | *bile* Galle |
| -ice | mit unbetontem i | *cálice* Kelch | *pómice* Bimstein |
| | (-ix, -ex, icem) | *còdice* Codex | *mástice* Mastix |
| -ante | (-ans, -antem) | *istante* Augenblick [1] | *fante* Diener u. Dienerin |
| -ente | (-ens, -entem) | *continènte* Continent | *semente* Saat |
| -a | (-a, -am) | *papa* Papst | Namen weiblicher Wesen |
| -ì | (dies, -diem) | *dì* Tag, u. Composita | |
| -i | Abartung von e | *mestiè-ri* (st. *-re*) | |

Masculina sind endlich alle Infinitive als Substantiva, wie *il parlare, il vedere, il sentire* u. s. w. und die wenigen consonantisch auslautenden Substantiva wie *Nòrd, Sud, Est, òvest, lapis* oder *toccalapis* Bleistift.

FEMININA:

| Endungen. | | Beispiele. | Ausnahmen. |
|---|---|---|---|
| -a | (lat. -a, -am) | *cáusa* Ursache | Namen männlicher Wesen |
| -essa | (-issam) | *profetessa* Prophetin | |
| -à | aus -ade od -ate (lat. -as, -atem) | *verità* Wahrheit alt u. p. *verita -te, -de* | *podestà* Stadtrichter unlateinische Bildungen wie *sofà, taffetà* |
| -e | | | |
| -ione | (-ionem) | *visióne* Vision | Neue Bildungen, wie *campióne* Held u. w. a. |
| -ine | (-inem) | *origine* Ursprung | *pèttine* Kamm u. w. a. |
| -ice | (-icem) | *radice* Wurzel | |
| -trice | (-tricem) | *direttrice* Vorsteherin | |
| -ie | (-iem) | *spècie* Gattung | |
| -è -ede | (-edem) | *mercè (mercede)* Lohn | *piè (-piède)* Fuss |
| -i | (-is) | *crisi* Krisis | *eclissi* (auch *eclisse*) m. f. |
| -ù -ute, ude | (-us, -utem) | *virtù (virtute)* Tugend | Eigennamen |

[1] Und einige poetische Formen, z. B. *imago* für *imagine* Bild, Bildniss etc. *testudo* Schildkröte u. a.

Feminina sind endlich noch die Wörter mit den Endungen *-ade, -ate, -ede, -ude, -ute,* volle Formen derer auf *-à, -è* und *-ù,* wie *veritade* Wahrheit, *mercede* Lohn, *virtude* Tugend.

---

DECLINATIONEN — DECLINAZIONI.[1]

§ 37. Von den fünf lateinischen Declinationen treten nur noch die drei ersten im Italienischen ziemlich deutlich hervor:

| *ròṣa, roṣe* | *cibo, cibi* | *onore, onori* |
|---|---|---|
| rosa-m, rosae | cibu(s)-m, cibi | honor-em, (honores) |

Die vierte lat. Declination ist, mit wenigen Ausnahmen, in die zweite übergegangen.

| *sènso,* | *sènsi* |
|---|---|
| sens(s)-m, | (sensus) |

Die Ausnahmen sind nurus und socrus (*socerus), welche italienisch der ersten Declination angehören: *nuòra, suòcera.*

Die fünfte Declination hat einen Theil ihrer Substantiva, namentlich solche, die schon im Latein zur ersten neigten, der ersten übergeben, einen Theil aber der dritten abgetreten; die letzteren behalten indessen ihre ursprüngliche lateinische Form.

| | |
|---|---|
| *faccia,* facie(s)-m | *spècie,* specie(s)-m |
| *matèria,* materie(s)-m u. -ria-m | *fede,* fide(s)-m |
| *lussuria,* luxurie(s)-m u. -ria-m | *sèrie,* serie(s)-m |

Auch die drei ersten Declinationen wechseln häufig miteinander ab; man vergleiche folgende italienischen und lateinischen Substantiva verschiedener Declination:

| 1 *ghiánda* | 2 *cávolo* | 3 *ale* (auch *ala*) |
|---|---|---|
| 2 glans | 3 caulis | 1 ala |

---

§ 37. Die Ungewissheit, in welcher die bildende Sprache schwankte, hat die vielfachen Endungen einzelner Substantiva hervorgerufen, die man bei den Alten so häufig findet, und von denen einige noch fortleben, andere aber eingegangen sind. Mitten in dieser Ungewissheit zeigt sich aber das Streben nach Einförmigkeit. So wurde bald die eine bald die andere Declination zum Vorbilde genommen, wonach die Substantiva sich richten mussten. Nicht wenige Beispiele haben schon Vorgänger im Latein, wo einzelne Substantiva bald nach der einen, bald nach der anderen Declination gehen, und zugleich ähnliche Bildungen in den Schwestersprachen.

[1] Vgl. Diez, Gr. 2³. 28.

§ 38. ERSTE DECLINATION:

| erste Classe | zweite Classe |
|---|---|
| *ròsa ròse* | *poèta poèti* |
| rosa-m rosae | poeta-m poetae |

Nach der ersten Classe gehen alle Feminina auf *-a*, wie *ànima, corona, poèsía* u. s. w.; nach der zweiten gleichfalls Substantiva auf *-a*, aber Masculina, wie *profèta, papa, duca* u. s. w.

Die Substantiva auf *-ca* und *-ga* nehmen im Plural den Buchstaben *h* an, um die Erhaltung des harten Lautes von *c* anzudeuten: *amica* Freundin Pl. *amiche, bottega* Laden Pl. *botteghe, duca* Herzog Pl. *duchi, collèga* Amtsgenosse Pl. *collèghi* u. s. w.

Substantiva auf *-cia, -gia, -scia* werfen das *i*, welches nur ein graphisches Zeichen des gequeschten Lautes von *c, g, sc*

---

§ 38. In der L. R. U. tritt der Abfall des m äusserst klar zu Tage: carta, casa, causa, culpa, familia, filia, firma, gratia, terra u. v. a. für cartam, casam u. s. w. Stün. 599—600. 3. Ib. 606 Trübung des ae zu e: cause, permixte, messive, ferie, nupcie, vindimie u. a.; im Genetiv und Dativ: filie, anime u. a. Sch. Voc. 1. 224. Beispiele für den Uebergang des ae in i sind beschränkt und gehören einer sehr späten Zeit an. Die Inschriften bieten kaum eines dar, ausser im Auslaut, und hier besagen sie bei der beständigen Verwechselung der Flexionsendungen nicht viel, Sch. Voc. 1. 476.

Die älteste it. Sprache hat bisweilen den Plural nach dem lateinischen Accusativ gestaltet, so dass folgende Declination entstand:

| erste Classe | zweite Classe |
|---|---|
| *la saetta, le saetta* | *il patriarca, i patriarca* |
| sagitta-m, sagittas | patriarca-m, patriarcas |

Noch häufiger findet man die Masculina im Plural wie die Feminina behandelt, also wie im Latein:

| | |
|---|---|
| *il poeta,* | *i poete* |
| poetam, | poetae |

Die einzige Endung -a für beide Genera hatte die Lateiner verleitet, die Substantiva der ersten Declination als Masculina und Feminina zu gebrauchen, indem sie sagten hic und haec auriga, haec und hic advena. Desgleichen thun die alten Italiener, bei welchen man nicht nur *il duca, il patriarca, il profeta*, sondern auch *la duca, la patriarca, la profeta* findet; und umgekehrt für *la filomena, la Pasqua* (haec Pascha), la manna, il filomena, il Pasqua (τὸ πασχα hoc pascha), *il manna* (τὸ μάννα hoc manna). Durch diesen Umtausch der Genera bekamen sodann Feminina auf *-a* die Endung der Masculina auf *-o* und wurden als solche betrachtet, indem man schrieb *il favolo* (fabula), *il pietro* (petra), *il favillo* (favilla). Der Entstehungsprocess war also folgender: Lat. fabula = it. fem. *la favola* = masc. *il favola* = masc. *il favolo.*

ist, weg: *cirièġia* Kirsche, Pl. *ciriège; camicia* Hemd, *camice; còscia* Schenkel. *còsce.*

Betontes *i* (*-ìa*) bleibt: *bugía* Lüge Pl. *bugíe.*

§ 39. ZWEITE DECLINATION.

*cibo, cibi*
cibu(s)-m, cibi.

Zu dieser Declination gehören Masculina auf *o*, wie libro Buch, *suòno* Klang u. a., *tuòno* Donner u. v. a. und das Femininum *mano* (manus) Hand.

Substantiva auf *-co* und *-go* nehmen bald *h* an und bald nicht: *fuòco* Feuer, *fuòchi; fico* Feige, *fichi; lago* See, *laghi; mago* Zauberer, *maghi* (doch *i tre magi* die drei Könige); *bifolco* Ackersmann, *bifolchi; pòrco* Schwein, *pòrci; Grèco* Grieche, *Grèci* (als Adj. *grèchi*); *spárago* Spargel, *spáragi.* Es lassen sich hier keine bestimmten Regeln aufstellen; ich werde die Pluralendung immer angeben.

Andere Substantiva auf *co* und *go* haben beide Pluralendungen: *tráffico* Handel, *tráffi-chi, -ci: mònaco* Mönch, *mòna-chi, -ci;* hieher gehören Wörter griechischen Ursprungs auf *-fago* (-φαγος) und *-logo* (-λογος): *antropòfago, filòlogo* Pl. *antropòfa-ghi* und *-gi, filòlo-ghi* und *-gi.*

Substantiva auf *-cio, -gio* und *scio,* wo das *i* nur ein Zeichen der Aussprache ist, werfen im Plural das stumme *i* weg: *bacio* Kuss, *selvaggio* Wild, *uscio* Thüre, Pl. *baci, selvaggi, usci.*

Substantiva auf *-chio* und *-glio* bilden im Plural *-chi* und *-gli*: *òcchio,* Auge Pl. *òcchi; fòglio* Blatt, *fògli.*

Die übrigen Substantiva auf *-io* mit unbetontem *i* enden im Plural auf *-î: vizio* Laster, *eṣèmpio* Beispiel, Pl. *vizî, eṣempî.*

---

§ 39. Beispiele zum Abfall des m im Acc. in der L. R. U.: mit Erhaltung des u in dublu, vivu; mit Eintreten des o-Lautes in ipso henefieio, summo supplicio; Stün. 600. In der vierten lat. Decl. de qualecumque actu, usu fructu. Ib. 601.

Der Dialect von Cagliari bildet den Plural d. 2. Decl. in-us: logus, domingus, issus, vgl. Sch. Voc. II. 98.

Der Nominativ Pluralis in der lateinischen Accusativform tritt uns wieder entgegen:

| *il servo,* | *i servo* | *la mano,* | *le mano* |
|---|---|---|---|
| servum, | servos | manus | manus |

*Mano* wird oft auch nach der ersten Declination flectirt: *la mana* Pl. *le mane* Diese Formen sind jetzt nur der Volkssprache bekannt.

Die auf *-io* mit betontem *-i (ío)*, enden im Plural auf *-ii: Iddío* Gott, *zío* Oheim, *pendío* Abhang, Pl. *Iddíi, zíi, pendíi.*

Die auf *-ajo* und *-ojo* enden im Plural auf *-aj* und *-oj: calamajo* Schreibzeug, *calzolajo* Schuhmacher, Pl. *calamaj, calzolaj; avvoltojo* Geier, *copertojo* Deckel, Pl. *avvoltoj, copertoj.*

Einige Substantiva auf *-ello*, wie *cammèllo* Kameel, *arbuscèllo* Bäumchen, m. p. *augèllo* Vogel, *capèllo* Kopfhaar, *stornèllo* Staar kürzen zuweilen ihre regelmässige Pluralendung auf *-elli* in *-ei* od. *e'* ab; so findet man, namentlich in der Poesie, statt *cammèlli, arbuscèlli, augèlli, capelli* (auch *capegli*), *stornèlli* — *cammèi, arbuscèi, augèi, capèi, stornèi* od. *camme', cape'* u. s. w. Desgleichen trifft man *figliuòi, lacciuòi* st. *figliuòli, lacciuòli* Pl. von *figliuòlo*, Sohn (Kind) und *lacciuòlo* Schleife.

*Dío* (altit. *dèo*) hat *dèi, uòmo* (homo) *uòmini.*

## § 40. DRITTE DECLINATION.

*onore, onori*
honor-em, (honores).

Substantiva, welche dieser Declination angehören, sind Masculina und Feminina auf *-e: padre* Vater, *fiore* Blume, *madre* Mutter, *carne* Fleisch.

*Bue*, wofür auch *bòve*, Ochs hat Pl. *buòi (bòvi).*

---

Einige Masculina, die jetzt nur als solche gelten, weisen bei den alten Schriftstellern auch weibliche Formen auf *-a* auf, wie *desia* oder *desira* st. *desio* oder *desiro* Wunsch, *giubbetta* st. *giubbetto* für *forca* Galgen u. a. Der Grund ist folgender: Die Lateiner verwandelten nicht selten Nominative von Neutra Pluralis der zweiten Declination in Feminina Singularis der ersten Declination und sagten: haec armenta, -ae, haec scuta, -ae, haec castra, -ae. Nun bildeten unsere Alten aus dem Nominativ Singularis, wie (hoc) verbum, (hoc) vestigium, (hoc) lignum u. a. die Masculina *il verbo, il vestigio, il legno* etc. und aus dem Nominativ Pluralis, wie (haec) verba, (haec) vestigia (haec) ligna die Feminina *la verba, la vestigia, la legna.*

§ 40. Beispiele zum Abfall des m im Acc. in der L R. U.: honore, dote, fraude, infante, intencione, voce u. a., Stün. 601.

Accusative Pl. auf is für es in der L. R. U. actionis neb. actiones, finis, hominis, mensis; Nominative: causationis, neptis.

Die Accusativform im Plural ist wieder ein Eigenthum der alten Sprache:

| *il padre,* | *i padre* | *la nave,* | *le nave* |
|---|---|---|---|
| pater | patres | nav(is)-em | naves |

Diese Declination musste sich oft in die erste und in die zweite

§ 41. RESTE LATEINISCHER NEUTRALFLEXION.

*il calcagno, le calcagna* od. *i calcagni*
calcaneum, calcania

1. Wir haben es hier nur mit einer Abart der zweiten Declination zu thun. Der Plural auf *-a* wird wie ein Femininum behandelt. *Calcagna* ist im Grunde das Neutrum calcania, welches aber in die erste Declination übertretend, den alten Accusativ der Feminina zum zweiten Vorbild nimmt. Nach diesem Paradigma gehen zunächst viele Substantiva aus den lateinischen Neutris:

| | | |
|---|---|---|
| *Bràccio* brachium | *còrno* cornu | *labbro* labrum |
| *calcagno* calcaneum | *filo* filum | *lenzuòlo* linteolum |
| *castèllo* castellum | *fondamento* fundamentum | *òsso* os (ossum) |
| *cervèllo* cerebrum | *ginòcchio* geniculum | *uòvo* ovum |
| *ciglio* cilium | *gomito* cubitum | *vestimento* vestimentum |

Dann aber sind auch Masculina und wenige Feminina herangezogen worden, wie *anèllo* annulus, *dito* digitus, *muro* murus, *orecchio* auricula, *tino* tina. Auch neue Wörter schliessen sich an: *grido* und *strido* Geschrei u. a.

2. Der Plural auf *-a* wird dem auf *-i* meist vorgezogen; folgende Substantiva erkennen sogar nur den ersteren an:

| | | | |
|---|---|---|---|
| *miglio* (mille) | Meile | Pl. | *miglia* (milia) |
| *pajo* (par) | Paar | „ | *paja* |
| *stajo* | Scheffel | „ | *staja* |
| *mòggio* (modiu(s)-m) | Malter | „ | *mòggia* |

§ 42. Ausser der regelmässigen Form auf *-i* und der neutralen auf *-a* besitzen einige Substantiva eine dritte weibliche Form auf *-e*.

*il mèmbro* Pl. *i mèmbri,* od. *le mèmbra, le mèmbre*
membrum membra

Hierher gehören wieder Neutra und Masculina: *legno* lignum, *mèmbro* membrum, *vestigio* vestigium; *budèllo* botellus, *frutto* fructus, *gèsto* gestus u. a. Neue Bildung *ditèllo* Achselhöhle.

---

fügen: *sincope* od. *sincopa* Ohnmacht, *Pentecoste* od. *Pentecosta* Pfingsten; *colle* od. *collo* Hügel, *verme* od. *vermo* Wurm.

§ 41. Bei den Alten war der neutrale Plural auf -a bedeutend mehr ausgedehnt: *comandamento* Gebot, *demonio* Teufel, *foro* Loch, *mantello* Mantel, *munistero* Kloster, *peccato* Sünde, *sacco* Sack, *uscio* Thüre, Pl.: *comandamenta, demonia, fora, mantella, munistera, peccata, sacca, uscia* u. v. a.

Die Plurale auf *-i* und *-a* sind uns schon aus dem Vorhergehenden bekannt. Die Pluralendung auf *-e*, wie *legne, vestige* entsteht aus einem weiblichen Singular, welcher bald existirt, wie *la legna, la vestigia* Pl. *le legne, le vestige*, bald aber nur noch der alten Sprache angehört.

---

§ 43. *Tèmpo* (tempus - tempora) hat ausser dem Plural *tèmpi* eine Nebenform auf *-ora* in der Verbindung *le quattro tèmpora* die Quatember; es ist dies ein schätzbarer Rest der lateinischen Neutralflexion auf *-ora* mit Uebertritt in die erste Declination.

---

INDECLINABILIA.

§ 44. Unveränderlich sind alle Substantiva mit accentuirtem Auslaute, von denen aber die meisten abgekürzte Formen sind:

1. -à — *la verità (veritade)* die Wahrheit, *bontà (bontàde)* die Güte, Pl. *le verità, le bontà.*

2. -è — *la mercè* (mercede) die Belohnung, *il piè (piède)* der Fuss, Pl. *le mercè, i piè; il re* (poet. und alt *rège)* der König, Pl. *i re.*

3. -ò — *il falò* das Freudenfeuer, Pl. *i falò.*

4. -ù — *la virtù (virtude)* die Tugend, *la tribù* die Zunft, Pl. *le virtù, le tribù.*

Die unverkürzten Formen, vorzüglich poetisch gebraucht, bilden ihren Plural regelmässig (nach § 40): *le veritadi, le bontadi, le mercedi, i pièdi, i règi, le virtudi.*

Unveränderlich sind auch die Substantiva auf *ì, i* und *ie*, und die mit consonantischem Auslaute:

---

§ 43. Diese Pluralform auf *-ora* war, neben der auf *-i*, bei den Alten ziemlich ausgedehnt; sie bildeten aus *corpo* (corpus), *petto* (pectus) die Plurale *corpora* (corpora), *pettora* (pectora). Entstehungsprocess: corpus -oris Pl. corpora = fem. corpora -ae Acc. Pl. corporas = it. *le corpora.* Aus *rivo* (rivus), *arco* (arcus), *prato* (pratum), *luogo* (locus), *nerbo* (nervus) bildete man die Plurale *rivora, arcora, pratora, luogora, nerbora;* es sind diese letzteren Substantiva der zweiten Declination, die man im Latein schon in die dritte übertragen und hernach als Feminina Sing. aufgefasst hatte. Entstehungsprocess: rivus-i = rivus-oris Pl. rivora = fem. rivora-ae Acc. Pl. rivoras = it. *le rivora.* Auch *nome* (nomen) altit. *nomo* hat Pl. *nomora.*

5. **-ì, i** — *il dì* (poet. und alt *die)* der Tag, und seine Composita *Lunedì* Montag, *Martedì, Mercoledì, Giovedì, Venerdì*, Pl. *i dì, i Lunedì* u. s. w.; *la tèsi* die These, *la parèntesi* die Parenthese, Pl. *le tèsi, le parèntesi; il barbagiánni* die grosse Horneule, Pl. *i barbagiánni* u. a.

6. **-ie** — *la spècie* die Art oder Gattung, *la rèquie* die Ruhe, Pl. *le spècie, le rèquie.*

7. **-s** — *il toccalapis* od. *lapis* der Bleistift, Pl. *i toccalapis* od. *lapis.*

---

DEFECTIVA.

§ 45. Nur im Singular üblich sind *la mane* poet. für *mattina* der Morgen, *la ferrana* Wickfutter, *il mèle* der Honig u. a.; ferner substantivisch gebrauchte Infinitive, wenige wie *piacere* Vergnügen, *dovere* Pflicht u. a. ausgenommen, bei welchen der Plural zulässig ist, als: *piaceri, doveri.*

---

§ 46. **Singularia tantum** sind viele Substantiva, die aus der lateinischen Grammatik wohl bekannt sind. *Progènie* (progeniem), *pròle* (prolem), und *stirpe* (stirpem) werden vorzugsweise poetisch und im Singular verwendet.

---

§ 47. **Pluralia tantum** sind wie im Lateinischen:

| | | | |
|---|---|---|---|
| *le esèquie* | exequiae | *le fáuci* | fauces |
| *„ nòzze* | nuptiae | *i pòsteri* | posteri |
| *gli annali* | annales | *le calènde* | Kalendae |

Und so *fasti* (fasti), *Lari* (Lares), *idi* (idus). Neuere Bildungen sind: *i birilli* das Kegelspiel, *i baffi* Knebelbart, *i calzoni* die Hosen, *i vanni* die Schwingfedern, *le fòrbici* die Schere, *le busse* die Schläge, *le sarte* die Seile der Segel, *le stoviglie* Töpferzeug, *le moine* Schmeicheleien, *le rèni* die Nieren, *i maccheroni.*

---

§ 45. Die ältere Sprache bildete den Plural fast aller Infinitive als Substantiva: *gli andari* die Gänge, *abitari* Wohnungen, *abbracciari* Umarmungen, *mangiari* Speisen, *lagrimari* Thränen oder das Weinen u. v. a.

## HETEROCLITA.

§ 48. Der Ueberfluss an Formen hat seinen Hauptgrund in dem Uebertritt der Nomina von einer Declination in die andere. Oft besteht neben der neueren Endung eines Substantivums auch die alte fort. Einige Substantiva verändern mit der Form auch das Genus und die Bedeutung, andere aber nur das erstere oder die letztere.

### Heteroclita, welche nur eine Veränderung der Declinationsform erleiden.

§ 49. Als solche zeichnen sich die Wörter auf *-ere* und *-ero* (einige auch auf *-eri)* aus, welche ursprünglich theils der zweiten und theils der dritten Declination angehören:

| | | | |
|---|---|---|---|
| *arcière,-ro,-ri,* | *banchière,-ro,* | *cavalière,-ro,-ri,* | *cimière,-ro* |
| Bogenschütz, | Bankier, | Ritter, | Helmschmuck |
| *droghière,-ro,* | *forestière,-ro,* | *giardinière,-ro,* | *mestière, -ro,-ri* |
| Speccreihändler, | Fremde. | Gärtner, | Handwerk. |

Die Endungen *-ere* und *-ero,* welche jetzt noch in abwechselnder Weise gebraucht werden. lassen sich dadurch erklären, dass die bildende Sprache die Masculina bald nach der zweiten Declination *(-o)* und bald nach der dritten *(-e)* gestaltet hatte.

Auf dieselbe Weise sind entstanden:

| | | | | | |
|---|---|---|---|---|---|
| 2 *pomo* | 3 *pome* | Apfel | 3 *stipite* | 2 *stipito* | Stamm |
| *desiro* | *desire* | Wunsch | *tèrmine* | *tèrmino* [1] | Ende |

Die Form auf *-i,* wie *cavalièri,* deutet eine Nachahmung der lateinischen Endung *-is* der dritten Declination an; sie zeigt sich jetzt nur noch poetisch und in einzelnen Ausdrücken, wie *far mestièri* oder *far di mestièri, esser(di)mestièri* (vgl. Altfr. estre und avoir mestier) nothwendig sein, wofür auch die sonst mehr bekannten *mestièro, mestière* gebräuchlich sind. So erklärt sich auch das Wort *gnòrri* in dem Ausdruck *far lo*

---

§ 49. [1] Alt o *fumo,* *tesoro* e *colle,* *verme,* *nome*
u. = Rauch, Schatz = Hügel, Wurm, Name
poet. e *fume,* *tesore* o *collo,* *vermo,* *nomo*

*gnòrri*[1] sich dumm stellen, und *di sottècchi* verstohlener Weise, Pl. v. sottècco aus *sott 'òcchio.*

Der Uebertritt der ersten Declination in die dritte und aus dieser in die erste hat folgende Heteroclita hervorgebracht:

| | | | | |
|---|---|---|---|---|
| a | *ala,* | *arma,* | *màcina,* | *tènebra* |
| = | Flügel, | Waffe, | Mühlstein, | Finsterniss |
| e | *ale,* | *arme,* | *màcine,* | *tènebre* . |
| e | *rèste,* | *sòrte,* | *fròde,* | *gregge* |
| = | Kleid, | Schicksal, | Betrug, | Herde |
| a | *rèsta,* | *sòrta,* | *fròda,* | *greggia*[2] |

Der Uebergang aus der ersten Declination in die zweite und umgekehrt ist verhältnissmässig selten; die Substantiva büssen ihr Genus ein, die Masculina auf *-a* ausgenommen.

| | | | | | |
|---|---|---|---|---|---|
| a | f. *branca,* | *orecchia,* | m. | *pirata* |
| | Klaue | Ohr | | Seeräuber |
| o | m. *branco* | *orecchio* | | *pirato* |
| o | m. *cerchio,* | *ramo* | altit. | *nuro* |
| = | Kreis | Zweig | | Schwiegertochter |
| a | f. *cerchia* | *rama* | | *nuòra*[3] |

---

[1] *Gnorri* aus altit. *gnoro* = *ignoro* Ind. Präs. von *ignorare; far lo gnorri* = *far lo ignoro.* Cellini, Rim. (S. Nann. nom. it. p. 127, n. 2): *E vincitrice fa' quella benigna Stella, che alzato m'ha dal volgo g n o r o.* Die Alten bildeten aus

| | | | | | | | |
|---|---|---|---|---|---|---|---|
| o u. e | *pensiero,-re,* | *fonte,* | *pace* | a | *gioia,* | *noia* | e *mogliere* |
| = | Gedanke, | Quelle, | Friede | = | Freude, | Langeweile | = Ehefrau |
| i | *pensieri,* | *fonti,* | *paci* | i | *gioi,* | *noi* | i *moglieri* |

Diese und andere Wörter dauern in einigen Mundarten fort, namentlich im Sicilischen, wo die Endung *-i* sehr beliebt ist.

[2] Die Alten und die Dichter bilden aus

| | | | | | |
|---|---|---|---|---|---|
| a | *asta,* | *lancia,* | *arpa,* | *talpa,* | *ragia* |
| = | Stock u. a. | Lanze | Harfe | Maulwurf | Harz |
| e | *aste,* | *lance,* | *arpe,* | *talpe,* | *rage* |

aus

| | | | | | |
|---|---|---|---|---|---|
| e | *sincope,* | *Pentecoste,* | *martire,* | *giovane,* | *grue* |
| = | Ohnmacht | Pfingsten | Märtyrer | Mädchen | Kranich |
| a | *sincopa,* | *Pentecosta,* | *martira,* | *giovana,* | *grua* |

aus

[3]

| | | | | | |
|---|---|---|---|---|---|
| a | *pianeta,* | *eremita,* | *despota,* | *ipocrita,* | o *mano* |
| = | Planet | Einsiedler | Despot | Heuchler | = Hand |
| o | *pianeto,* | *eremito,* | *despoto,* | *ipocrito,* | a *mana* |

## Heteroclita, welche Form, Genus und Bedeutung verändern.

§ 50. Hier zeichnen sich die verschiedenen Pluralformen (*-i, -a, -e*) der Substantiva auf *-o* aus, welche § 41—42 besprochen worden.

Beispiele:

*Bracci*: Ranken des Weinstocks, Arme eines Lehnstuhls, vom Meer, vom Flusse;

*braccia:* Arme des Menschen, Ellen.

*Còrni:* Die Seiten eines Altars, die Spitzen eines Kreuzes, Jagd-Waldhörner. Hörner als Musikinstrumente;

*còrna:* Hörner der Thiere.

*Cervèlli:* Die Sinnesarten, Gemüther der Menschen: *cervèlli balzani, ostinati, caparbi.*

*cervèlla:* Das Gehirn der Menschen und der Thiere.

*Fili:* Fäden von Zwirn, Seide u. s. w.

*fila:* Aufgereihte Perlen, Corallen, und im übertragenen Sinn: *le fila d'una congiura,* die Fäden einer Verschwörung.

*Fondamenti:* Die Grundlagen einer Meinung, einer Wissenschaft, einer Kunst;

*fondamenta:* Die Grundlagen eines Hauses, eines Gebäudes.

*Frutti:* Die Früchte eines einzelnen Baumes, eines Feldes, od. Früchte im bildlichen Sinn;

*frutta* und selten *frutte:* Obst. Nachgericht (fr. dessert).

*Legni:* Verschiedene Holzarten, verarbeitetes Holz, besonders Schiffe, Wagen;

*legna* und sehr selten *legne:* Brennholz.

*Mèmbri:* Glieder eines Rathes, einer Gesellschaft, einer gramm. Periode, einer algebraischen Gleichung;

*mèmbra:* Glieder des Leibes.

*Ossi:* Knochen, die beim Essen übrig bleiben; Steine, Kerne im Obste, auch *noccinòli* genannt;

*òssa,* seltener *òsse,* Knochen im Leibe, die Gebeine.

---

### COMPOSITA (Pluralbildung).

§ 51. 1. Das erste Wort bleibt unverändert: a) wenn es abgekürzt ist, wie *il mel-arancio* Pomeranzenbaum Pl. *i melaranci, il malvogliènte* übelwollend Pl. *i mal-voglièenti;* b) wenn es ein lateinisches oder ein griechisches Wort ist, wie *il paternòstro* Pl. *i paternòstri, l'antropòfago* Pl. *gli antropòfaghi;* c) wenn es in einem adverbialen oder abhängigen Verhältniss zu dem zweiten Wort steht, wie *il luogo-tenènte* Lieutenant Pl. *i luogotenènti, terrapièno* Wall Pl. *terrapièni.*

In allen übrigen Fällen wird das erste Wort verändert: *capolavoro* Meisterwerk Pl. *capilavori, bassorilièvo — bassirilièvi.*

In *madre-pèrla* Perlmutter, *cassa-panca* (eine Lade in Gestalt einer Bank), *cassa-madia* (ein Kasten in Gestalt eines Backtrogs), bleibt das erste Wort ausnahmsweise unverändert: Pl. *madrepèrle, cassapanche, cassamadie.*

2. Das zweite Wort wird immer verändert, sobald es nicht zu dem ersten im genitiven Verhältniss steht, wie in den Compositis *capo-parte, capi-scuòla, capi-caccia.*

3. Bei Familiennamen sind beide Theile unveränderlich: *gli Acqua-viva, i Casa-nòva, i Bocca-bianca.*

## § 52. TABELLE ZUR PLURALBILDUNG DER SUBSTANTIVA.

Feminina:

| Singular | Plural | Beispiele | | |
|---|---|---|---|---|
| -a | -e | *ròsa* | Rose | *ròse* |
| -ca | -che | *amica* | Freundin | *amiche* |
| -ga | -ghe | *bottega* | Laden | *botteghe* |
| -cia | -ce | *camicia* | Hemd | *camice* |
| -gia | -ge | *cirièyia* | Kirsche | *cirièye* |
| -scia | -sce | *còscia* | Schenkel | *còsce* |
| -ia | -ie | *bugia* | Lüge | *bugie* |
| -à | -à | *verità* | Wahrheit | *verità* |
| -e | -i | *madre* | Mutter | *madri* |
| -ie | -ie | *spècie* | Gattung | *spècie* |
| -è | -è | *mercè* | Belohnung | *mercè* |
| -i | -i | *tèsi* | These | *tèsi* |
| -ù | -ù | *virtù* | Tugend | *virtù* |
| -o | -i | *mano* | Hand | *mani* |

Anomalie: *moglie* Gattin hat Plural *mogli.*

Masculina:

| Singular | Plural | Beispiele | | |
|---|---|---|---|---|
| **-o** | *-i* | *canto* | Gesang | *canti* |
| *-o* | *-a* (§ 41. 2) | *mòggio* | Malter | *mòggia* |
| *-o* | *-a, -i* (§ 41. 1) | *filo* | Faden | *fila, -i* |
| *-o* | *-a, -e, -i* (§ 42) | *mèmbro* | Glied | *mèmbra, -e, -i* |
| *-co* | *-chi* | *fuòco* | Feuer | *fuòchi* |
| *-co* | *-ci* | *pòrco* | Schwein | *pòrci* |
| *-go* | *-ghi* | *mago* | Zauberer | *maghi* |
| *-go* | *-gi* | *spárago* | Spargel | *spáragi* |
| *-cio* | *-ci* | *bacio* | Kuss | *baci* |
| *-gio* | *-gi* | *selvaggio* | Wilder | *selvaggi* |
| *-chio* | *-chi* | *òcchio* | Auge | *òcchi* |
| *-glio* | *-gli* | *figlio* | Sohn | *figli* |
| *-scio* | *-sci* | *uscio* | Thüre | *usci* |
| *-io* | *-î* | *vizio* | Laster | *vizî* |
| *-ío* | *-ii* | *zio* | Oheim | *zii* |
| *-ajo* = *-aio* | *-aj* = *-ai* | *calzolajo* = *-aio* | Schuster | *calzolaj* = *-ai* |
| *-ojo* = *-oio* | *-oj* = *-oi* | *copertojo* = *-oio* | Deckel | *copertoj* = *-oi* |
| *-ò* | *-ò* | *falò* | Freudenfeuer | *falò* |
| **-e** | *-i* | *padre* | Vater | *padri* |
| *-è* | *-è* | *piè* | Fuss | *piè* |
| **-a** | *-i* | *poèta* | Dichter | *poèti* |
| *-ca* | *-chi* | *duca* | Herzog | *duchi* |
| *-ga* | *-ghi* | *collèga* | Amtsgenosse | *collèghi* |
| *-à* | *-à* | *podestà* | Stadtrichter | *podestà* |
| **-ì** | *-ì* | *dì* | Tag | *dì* |
| **-i** | *-i* | *mestièri* | Handwerk | *mestièri* |
| **-s** | *-s* | *lapis* | Bleistift | *lapis* |

Anomalien: Zu *-o: uòmo* Mann, Mensch, Pl. *uòmini.*
„ *-io: Dio* (alt *Dèo)* Gott, „ *dèi*
„ *-e: bue* (wofür auch *bòve)* Ochs, Pl. buòi (bòvi)

## NOMINA PROPRIA — NOMI PRÒPRÎ.

§ 53. Nur die Eigennamen von Personen verdienen hier Erwähnung. Die Taufnamen *(nomi di battésimo)* unterliegen im gemeinen Gebrauche zierlichen und zum Theil auch schroffen

§ 53. In älterer Zeit war es allgemeiner Gebrauch die Personen nur mit ihrem Taufnamen zu nennen, so dass viele hervorragende Männer

Verstümmelungen, wovon einige Beispiele: *Lorènzo* [Laurentius] *o, come dicevan, tutti Rènzo non si fece molte aspettare,* Manz. Prom. sp. c. 11, Lor. oder wie alle sagten, R. liess nicht lange auf sich warten; *Mènico* v. *Domènico* (= Dominicus), Ib. c. VII; *Tònio* v. *Antònio* (Antonius), Ib. c. III; Fra *Galdino* v. *Galdo* = *Gherardo* (= Gerhardus). Ib. c. III; *Arrigòzzo! Arrigòzzo!* (v. *Arrigo* — *Errigo* = *Enrico* = Henricus), Grossi Marc. Vis. c. V; *Stefanòlo* v. *Stefano* (Stephanus), Ib. c. VII; *Bice* v. *Beatrice* (— Beatrix), Ib. c. III., andere Beispiele bei Blanc Gr. 164.

Gewöhnlich ist auch die Verbindung zweier Taufnamen, wobei der erste in der Regel eine Verkürzung erleidet: *Carlalbèrto, Giambattista* od. *Giovanbattista, Michelángelo* od. *Michelágnolo. Pierantònio* u. a.

Familiennamen *(cognomi)* nehmen eine andere Endung an, wenn ihre ursprüngliche Bedeutung anstössig oder lächerlich ist; so *Pulci, Gòzzi, Capponi, Villani* u. a. st. *Pulce, Gozzo, Cappone, Villano.*

Die Namen auf *-a,* wie *Vòlta, Casa, Petrarca, Beccaría* bleiben stets unverändert.

Bei den Namen vieler, namentlich adeliger und vornehmer Familien, ist die Endung *-i* ein Zeichen des Plurals, wie *Lorènzo de' Mèdici* (ex gente Medicaeorum), *Galeázzo de' Visconti* u. a.

nur unter dem Taufnamen bekannt sind, dem man, zu näherer Bezeichnung entweder den Geburtsort oder den Stand des Vaters hinzufügte, wie *Rafaello d'Urbino, Leonardo da Vinci, Andrea del Sarto* (Andreas, der Sohn des Schneiders). Der Geburtsort wurde oft adjectivisch ausgedrückt, als *Pietro Aretino, Paolo Veronese,* oder man liess den Taufnamen ganz weg, als *l'Aretino, il Certaldese (Boccaccio),* wie man überhaupt in der ältesten Zeit jeden nach seinem Taufnamen und dem des Vaters nannte, Beispiel: *Francesco di Giorgio.*

Die besten Schriftsteller des 14. und 16. Jahrhunderts schrieben den Familiennamen, wenn der Taufname voranging, mit der Endung *-i* (Genitivzeichen der Lateiner), so *Giovanni Boccacci* = Giovanni filius Boccacci; wenn der Vorname fehlte, wurde die ursprüngliche Endung hergestellt: *Boccaccio.* Dieser Unterschied hat jetzt keine Geltung mehr, indem man in beiden Fällen die eine und die andere Endung gebraucht.

Die Eigennamen überhaupt sind, wie alle übrigen Nomina, einem häufigen Uebergang aus einer Declination in die andere unterworfen. Selbstverständlich handelt es sich um Namen der alten Geschichte und Mythologie.

## ARTIKEL — ARTÍCOLO.

§ 54. 1. Der bestimmte Artikel (*l'articolo determinato* oder *definito*) stammt, theils durch Aphaerese, theils durch Apocope, von dem lateinischen Demonstrativum ille ab.

| | Singular | | Plural | |
|---|---|---|---|---|
| | | Masculina | | |
| il, 'l: | *il padre* | i, ', alt | *li*: | *i padri* |
| (illum) | s. il zio | (illi) | | s i. zii |
| lo, 'l: | *lo studio* | gli, gl', alt | *li*: | *gli studî* |
| (illum) | *lo zio* | (illi) | | *gli zii* |
| | *l'amico* | | | *gli amici* |
| | | Feminina | | |
| la, l': | *la madre* | le, l': | | *le madri* |
| (illam) | *l'amica* | (illae) | | *le amiche* |
| | *l'èrba* | | | *l'èrbe* |

---

§ 54. 1. Die Römer schon gebrauchen oft das Demonstrativum ille im Sinne eines Artikels: Annus ille quo (Cicero), Ille alter (id.), Illa rerum domina fortuna (id.); Quorsum ducis asinum illum (Apulejus); Vae autem illi per quem filius hominis tradetur (S. Hieronymus). Vgl. Brachet, Gr. hist. 160, und *Demat.* Morf. 29. Ueber den Artikelgebrauch des Pronomens ille bei den Lateinern, S. Rönsch, It. u. Vul. s. 149.

*Muss.* Jahrb. X, 123 hat altit. Formen des Artikels, wie *ello ella*, *elli elle* nachgewiesen, was seine Abstammung bestätigt.

Alte Formen des Artikels

| | Singular | | | Plural | |
|---|---|---|---|---|---|
| | | | Masculina | | |
| el: | *el tempo,* | *el mele* | e (e'): | *e viandanti,* | *e mezi* |
| | die Zeit, | der Honig | | die Wanderer, | die Mittel |
| il: | *il convito,* | *il cavaliere* | i: | *i nobili,* | *i cavalieri* |
| | convictus, | der Ritter | | die Adeligen, | die Ritter |
| lo: | *lo mondo,* | *lo mattino* | gli, egli: | *gli Angeli,* | *gli altri* |
| | die Welt, | der Morgen | | die Engel, | die Anderen |
| | *lo 'mperadore* | | | *egli occhi* | |
| | der Kaiser | | | die Augen | |
| | | | li: | *li nobili,* | *li fiori* |
| | | | | die Adeligen, | die Blumen |
| | | | Feminina | | |
| la: | *la pace,* | *la verità* | le: | *le creature,* | *le chiavi* |
| | der Frieden, | die Wahrheit | | die Geschöpfe, | die Schlüssel |
| | *la 'nfermità* | | | | |
| | die Krankheit u. a. | | | | |

Anmerkungen

2. **Masculina**: *Il* und sein Plural *i* stehen vor consonantischem Anlaute, *s imp.* ausgenommen. Vor *z* jedoch selten. *Lo* gebraucht man vor *s impura*, gewöhnlich vor *z*, und in den Verbindungen *per lo più* meistens, *per lo meno* wenigstens (Spuren des alten Gebrauches). Vor Vocalen wird *lo* apostrophirt. *Gli* steht auch vor *s impura,* vor Vocalen und statt *i* vor dem Plural des Wortes *Dio,* also *gli dèi* (aus altit. *gl' Iddei?*).

3. **Feminina**: *La* steht vor Consonanten; vor Vocalen wird es apostrophirt. *Le* steht unverändert vor Vocalen und Consonanten.

4. Die Apostrophirung der Artikel *lo* und *la (l')* wird ziemlich streng durchgeführt. Nicht so ist es mit den andern Artikeln, deren Apostrophirung verhältnissmässig selten vorkommt, sehr willkürlich, und meist der poetischen Sprache eigenthümlich ist.

5. Man findet *'l* statt *il,* wenn eine Präposition oder Conjunction mit auslautendem Vocal vorhergeht, wie *tr***a 'l** *sì* **e 'l** *no* (zwischen ja und nein): ' statt *i* in denselben Fällen, wie *i padri* **e** *' fratelli*; *gl'* statt *gli* vor anlautendem *i*, *gl' Italiani* ; *l'* statt *le* vor *e,* wenn der Plural dem Singular nicht ähnlich ist, also *l'èrbe*, Sing. *l'èrba,* aber *le età* und nicht *l'età,* um es mit dem Sing. *l'età* (aus *la età)* nicht zu verwechseln.

6. Die männliche Pluralform *li* ist durch die neueren *i* und *gli* verdrängt worden; sie wird nur noch bei der Bezeichnung des Datums angewendet, wie *li 28 Gennajo,* und vertritt zuweilen *gli* vor den Wörtern, welche auf *-gli* ausgehen, um die Wiederholung derselben Silbe zu vermeiden: **li** artigli die Klauen, **li** scògli die Felsen statt **gli** artigli, **gli** scògli.

---

Anmerkungen.

*El* steht häufig für *il.* Der Unterschied zwischen *il* und *lo* wird wenig berücksichtigt, letzteres ist häufiger. *Il* findet sich auch vor *s impura*, *lo* vor Wörtern jeder Art. Wörter mit anlautendem *i* apostrophiren oft diesen Vocal: *lo 'mperadore.* *Lo* kommt auch regelmässig nach einem Titel vor, wie *Messer lo re.*

*E (e')* steht häufig bei den ältesten Schriftstellern für *i.*

*I, gli* und *i* wurden ohne Unterschied gebraucht. *Gli* wurde zuweilen durch *egli* ersetzt; durfte vor jedem Vocal das *i* wegwerfen und bildete sogar mit dem Nomen ein einziges Wort: **gl***ambasciatori* für **gl'***ambasciatori*, jetzt **gli** *ambasciatori.* Statt **gli Dei** findet man **i Dei**: *se i Dei dell' acque, A. Ongaro, Alceo a. 2 s. 1.*

*La.* Das darauffolgende *i* wurde oft elidirt.

§ 55. Der unbestimmte Artikel *(l'Articolo indeterminato* od. *indefinitio)* stammt von unus, una, unum ab:

| | Masculina | | Feminina |
|---|---|---|---|
| uno: | *uno studio* | una: | *una strada* |
| | *uno zio* | | *una madre* |
| un': | *un' amico* | | *una zia* |
| un: | *un padre* | un': | *un' amica* |
| | *un amico* | | *un' industria* |
| | un zio | | |

Anmerkungen

*Uno* setzt man vor Masculina mit anlautender *s impura*, gewöhnlich auch vor *z*.

*Un* steht vor jedem andern Masculinum, doch selten vor *z*; vor Vocale setzen einige *un'* aus *uno*.

*Una* setzt man vor alle Feminina; vor Vocale aber apostrophirt.

## VOLLSTÄNDIGE DECLINATION DES SUBSTANTIVUMS.

§ 56. Die vorher angeführten Declinationen, als Reste der lateinischen, haben uns das Substantivum nur im Nominativ gezeigt, welcher zugleich äusserlich auch den Accusativ darstellt. Nominativ und Accusativ bleiben also einander gleich und sind nur durch die Stelle, welche sie im Satze einnehmen, zu unter-

---

§ 55. Bei den Römern schon: est huic **unus** servus violentissimus, Plaut. — Inter mulieres quae ibi aderant, forte **unam** adspicio adolescentulam, Terent. — Tanquam mihi cum M. Crasso contentio esset, non cum **uno** gladiatore nequissimo, Cicero; Vgl. Forn. Gr. 40, und Rönsch It. u. Vul., Ersatz des unbestimmten Artikels durch das Zahladjectiv unus, s. 425. Alt und poetisch ist *un* statt *uno* vor *s impura*: *un spirito* (Dan., Inf. 9. 28); *un stizzo* (Ib. 13. 40); *un scudier* (Ar. Orl. 5. 76), *un scudiero* (Ib. 6. 13).

§ 56. Die Präposition vertritt schon bei den Lateinern hie und da die Casusendung. Plautus sagt: hunc ad carnificem dabo; Varro: quod apparet ad auricolas; häufiger noch in den Inschriften: monasterium de S. Mauritio, desiderium de paradiso u. v. a. S. Raynouard Chx. 1. 24. Die ältesten Belege für den Gebrauch der Präp. da fallen ins 5. Jahrh. Vgl. Muratori, Ant. it. 11. 1011, 111. 565, V. 329 u. Diez Gr. 11. 13 und 25; Stün. L. R. U. 638; Rönsch, It. u. Vul. 3. 426.

scheiden. Die Casus obliqui werden wie in den Schwestersprachen durch gewisse Präpositionen, Casuspartikeln *(segnacasi)*, ausgedrückt: *di d'* (lat. de) bezeichnen den Genitiv, *a ad* (lat. ad) den Dativ, und *da* (aus de ad „von weg“) den Ablativ. Damit ist die vollständige Declination des Substantivums erreicht.

Declination eines Substantivums mit den Casuspartikeln.

| Singular | | Plural | |
|---|---|---|---|
| *Nominativo* | *libro* | *Nominativo* | *libri* |
| *Genitivo* | *di libro* | *Genitivo* | *di libri* |
| *Dativo* | *a libro* | *Dativo* | *a libri* |
| *Accusativo* | *libro* | *Accusativo* | *libri* |
| *Ablativo* | *da libro* | *Ablativo* | *da libri* |

Vor Vocale setzt man lieber *ad* statt *a*, und *di* wird apostrophirt: *ad uòmo, ad uòmini, d' uòmo, d' uòmini; da* wird nie abgekürzt, weil man es sonst mit *di* verwechseln könnte.

§ 57. Der bestimmte Artikel, welcher fast immer das Substantivum begleitet, verschmilzt mit den Casuspartikeln. Auf solche Weise entstehen die zusammengesetzten Partikeln *(preposizioni articolate)*, welche die folgende Tabelle enthält.

PREPOSIZIONI ARTICOLATE.

| | | | | | | |
|---|---|---|---|---|---|---|
| di | *del* | *dello, dell'* | *della, dell'* | *dei* od. *de'*, delli | *degli, degl'* | *delle, dell'* |
| a | *al* | *allo, all'* | *alla, all'* | *ai* od. *a'*, alli | *agli, agl'* | *alle, all'* |
| da | *dal* | *dallo, dall'* | *dalla, dall'* | *dai* od. *da'*, dalli | *dagli, dagl'* | *dalle, dall'* |
| Artikel | il | lo, l' | la, l' | i, li | gli, gl' | le, l' |
| z. B. | *padre* s. zio | *studio, amico* *zio* | *madre, amica* | *padri, artigli* s. zii | *studi, ingegni* *zii* *amici* | *madri, èrbe* *amiche* |

§ 57. Die Alten sagten *de* für *di* und *el* od. *ello* für *il*, *ella* für *la*, *elli egli elle* für *li gli le*; hieraus erklärt man die Formen *del*, *dello*,

Hiernach wird das Substantivum nach seinem Genus, Numerus und Casus genau bestimmt.

Der Gebrauch der oben aufgestellten „*Preposizioni articolate*" richtet sich nach dem des einfachen Artikels; die Formen in kleinen Buchstaben sind wenig gebräuchlich. Diese Bemerkung gilt auch für folgende zwei Tabellen.

---

§ 58. *ERWEITERUNG DER DECLINATION DES SUBSTANTIVUMS.

Mittelst der Präpositionen *in* (lat. in), *con* (cum), *per* (per), *su* (susum), *fra* (infra), *tra* (intra) wird die Declination der Substantiva einigermassen erweitert.

| Singular | | Plural | |
|---|---|---|---|
| *in libro* | *per libro* | *in libri* | *per libri* |
| *con libro* | *su libro* | *con libri* | *su libri* |

Durch die Verschmelzung des Artikels mit diesen Präpositionen bilden sich noch folgende

PREPOSIZIONI ARTICOLATE.

| | | | | | | |
|---|---|---|---|---|---|---|
| con | *col* | *collo, coll'* | *colla, coll'* | *coi, co'*, colli | *cogli, cogl'* | *colle, coll'* |
| in | *nel* | *nello, nell'* | *nella, nell'* | *nei, ne'*, nelli | *negli, negl'* | *nelle, nell'* |
| su | *sul* | *sullo, sull'* | *sulla, sull'* | *sui, su'*, sulli | *sugli, sugl'* | *sulle, sull'* |
| per | *pel* | *pello, pell'* | *pella, pell'* | *pei, pe'*, pelli | pegli, pegl' | pelle, pell' |
| Artikel | il | lo, l' | la, l' | i, li | gli, gl' | le, l' |
| z. B. | *padre* s. zio | *studio, amico zio* | *madre, amica* | *padri, artigli* s. zii | *studi, ingegni zii amici* | *madri, èrbe amiche* |

---

*della, delli, degli, delle.* Alt u. poetisch sind die getrennten Formen, *de lo, de la, de le.*

§ 58. Die Alten schrieben 'n statt in, wie 'n *una porta*, und *ninferno* st. 'n *inferno;* auf *'n el, 'n el, 'n ello, 'n ella, 'n elle* kann man also *nel, nello, nelle* zurückführen. Gleichsam als wenn diese Formen undeutlich geworden wären, setzte das Volk in von neuem hinzu; so findet man in alten Schriften in *nel numero,* in *nelli primi tempi.*

Die klein gedruckten mit *per* gebildeten Partikeln werden gern vermieden; an ihre Stelle treten *per lo, per la, per le* u. s. w.

§ 59. Die Partikeln, welche aus der Verschmelzung des Artikels mit den Präpositionen **fra** und **tra** entstehen, sind, **fra'** und **tra'** ausgenommen, wenig im Gebrauche; die getrennten Formen, die ich neben die contrahirten gestellt habe, werden vorgezogen.

| | | | | | | | | | |
|---|---|---|---|---|---|---|---|---|---|
| **fra** | fral<br>*fra'l* | frallo,<br>*fra lo,* | frall'<br>*fra l'* | fralla,<br>*fra la,* | frall'<br>*fra l'* | frai, *fra'*,<br>*fra i, –,* | fralli<br>*fra li* | fragli, fragl'<br>*fra gli, fra gl'* | fralle, frall'<br>*fra le, fra l'* |
| **tra** | tral<br>*tra'l* | trallo,<br>*tra lo,* | trall'<br>*trà l'* | tralla,<br>*tra la,* | trall'<br>*tra l'* | trai, *tra'*,<br>*tra i,* | tralli<br>*, tra li* | tragli, tragl'<br>*tra gli, tra gl'* | tralle, trall'<br>*tra le, tra l'* |
| **Artikel** | **il** | **lo,** | **l'** | **la,** | **l'** | **i,** | **li** | **gli, gl'** | **le, l'** |

§ 60. Der unbestimmte Artikel bleibt stets selbstständig; die Casuspartikel steht einfach voran, wobei zu bemerken ist, dass **di** gewöhnlich apostrophirt wird und **ad** die Stelle von **a** einnimmt, z. B.: *d'un padre, ad un padre, da un padre;* man findet aber auch die Formen *di un padre, a un padre.*

---

## § 61. PARTITIV — PARTITIVO.

1. Wenn im Französischen ein Substantivum nicht in seinem allgemeinen enthaltenen Begriff, sondern nur in seiner partiellen

Alt und poetisch sind *con il, con li, con i* u. s. w.; *in lo, ne lo, in la, in gli, in le; su 'l, su lo, su i, su gli, su la, su le.* Nur alt *co* st. *con.*

§ 61. Schon auf lat. Gebiet findet sich ein Gebrauch von de, welcher dem späteren Theilungsartikel zu entsprechen scheint: S. Stün. L. R. U. s. 634; Rönsch, It. u. Vul. 396.

§ 61. 4. Die alten Italiener gebrauchen hingegen lieber *di: Oltre a questo io ho* **di belli** *giojelli e* **di cari,** Bocc. Dec. g. 3. n. 8, Ausser-

Erscheinung gefasst wird, muss demselben, einer festen Regel nach, die Präposition **de** mit dem Artikel, welcher dem Substantivum zukommt, vorangehen: On me mande **des** choses fort agréables d'Italie (Montesq.); Mais j'en ai ouï dire **du** bien, et il me paraît que c'est **de la** belle poésie (Id.).

2. Dieser sogenannte Theilungsartikel *(articolo partitivo)* ist auch dem Italienischen eigen; mit seiner Anwendung aber nimmt man es nicht so streng wie im Französischen; derselbe wird vielmehr und vorzugsweise gebraucht, wenn man an seiner Stelle die Wörter *alquánto, alcuno* setzen kann. **Io mangio pane** heisst also: ich esse Brod (kein anderes Nahrungsmittel), **io mangio del** (od. alquanto) **pane** aber: ich esse etwas Brod. Der Franzose sagt in beiden Fällen: je mange du pain. Vgl. griech.: *αι τοιμαι ἄλφιτα* und *ἀλφίτων*.

3. Der Gebrauch des Partitivs beschränkt sich fast gänzlich auf die Verhältnisse des Subjects und Objects; die im Französischen stattfindende Verbindung des Partitivs mit Präpositionen ist im Italienischen zulässig, aber nicht sehr häufig.

Beispiele
mit dem Theilungsartikel wie im Französischen.

*Dátemi* **dell'** *acqua* — *Bevete* **del** *vino*
Donnez-moi **de l'**eau — Buvez **du** vin
*Mangiáte* **delle** *castagne* — Mangez **des** châtaignes
*V'ha* **dei** *poèti e* **dei** *filòsofi* — *Vi sono anche* **delle** *commèdie*
Il y a **des** poètes et **des** philosophes — Il y a aussi **des** comédies.

4. Beim Hinzutreten eines Adjectivs schwanken die neueren Italiener zwischen *di* (fr. de) und seinen Zusammensetzungen mit dem Artikel: *Verona èbbe* **de' gran** *letterati, i quali tutti* **di molti** *e molto útili servigi prestárono alle lèttere.* A. Ces. Bell. di Dan. T. 1 p. 2.

Doch sind die Beispiele der zusammengesetzten Partikeln in überwiegender Anzahl vorhanden.

In allen angeführten italienischen Beispielen kann der Theilungsartikel entweder ausbleiben od. durch *alquánto, alcuno* ersetzt werden.

---

dem habe ich schöne Juwelen und kostbare; *Vi sono dentro* **di belle** *cose e* **di bonissime** *opinioni,* Varc. Ercol. 444, Es giebt darin schöne Sachen und sehr gute Meinungen.

## § 62. ADJECTIVA.

Das Adjectivum congruirt mit seinem Substantivum in Genus, Numerus und Casus.

### Ableitung.

Die Adjectiva haben noch mehr als die Substantiva die lateinischen Endungen beibehalten. Die lateinischen Adjectiva auf -us, -a, -um wurden, den herrschenden Lautgesetzen gemäss zu Adjectiven auf -*o* (fem. -*a*): *chiáro* (claru(s)-m), *caldo* (calidu(s)-m); hieran schliessen sich die lateinischen Adjectiva auf -er mit dem Accusativ auf -um: *sacro* (sac(e)r-um), *libero* (liberum). Nach demselben Gesetz richten sich auch neugebildete Adjectiva, aus anderen Sprachen stammend, wie *biánco* (ahd. blanch) weiss. *fresco* (ahd. frisc) frisch. Adjectiva auf -er mit dem Accusativ auf -rem, die zweier Endungen auf -is, -e. und die einer Endung erhielten im Italienischen eine für beide Genera gemeinsame Form auf -*e*: *cèlebre* (celeb(e)r-em), *turpe* (turp(is)-em), *audace* (auda(x)-cem), *costante* (costan(s)-tem), *sapiènte* (sapien(s)-tem) u. s. w. Der vollständige Uebergang zu einer anderen Endung ist eine Seltenheit; so wurde aus pauper *pòvero* ( pauperum).

Einige Adjectiva schwanken zwischen zwei Declinationen, wie z. B. folgende: *acre* (ac(e)r-em) und *agro, triste* (trist(is)-em) und *tristo, fraudolènto* (fraudulentu(s)-m) und *fraudolènte, declive* (decliv(is)-em) und *declivo, campèstre* (campest(e)r-em) und *campèstro* u. a.

Par-em ist italienisch *pari* alt und poet. *pare*.

## GENUS.

§ 63. Adjectiva auf -*o* haben nach lateinischem Vorbilde das Femininum auf -*a*: *chiáro* — *chiára* hell, *caldo* — *calda* warm, heiss; *pòvero* — *pòvera* arm.

Adjectiva auf -*e* haben, wie bereits bemerkt, ein gemeinsames Genus: *uòmo cèlebre* berühmter Mann, *dònna cèlebre* berühmte Frau.

Heteroclita sind, je nach ihrer Endung, denselben Gesetzen unterworfen, also *uòmo triste* trauriger Mann und *dònna triste* traurige Frau, aber *uòmo tristo* und *dònna trista*. *Pari* gleich ist stets unveränderlich.

DECLINATIONEN (NUMERUS).

§ 64. Die Adjectiva lassen sich, wie die Substantiva, in drei verschiedene Declinationen eintheilen. Der Plural wird nach denselben Regeln gebildet, wie der der Substantiva.

§ 65. ERSTE DECLINATION.

| *buòna* | *buòne* |
|---|---|
| bonam | bonae |

Dieser Declination gehören nur Feminina an. Adjectiva auf *-ca* und *-ga* haben im Plural stets *-che* und *-ghe: ricca* reich, Pl. *ricche; larga* breit, Pl. *larghe*. Adjectiva auf *-cia, -gia,* und *-scia* werfen das stumme *-i* weg: *rossiccia* röthlich Pl. *rossicce, règia königlich* Pl. *rège, liscia* glatt, Pl. *lisce*.

§ 66. ZWEITE DECLINATION.

| *chiáro* | *chiári* |
|---|---|
| claru(s)-m | clari |

Die zweite Declination begreift nur Masculina in sich. Adjectiva auf *-co* bilden im Plural, wie die Substantiva gleicher Endung, bald *-ci* und bald *-chi: antico* alt Pl. *antichi, politico* politisch Pl. *politici*. Die Endung *-go* weist im Plural nur *-ghi* auf, *largo* breit Pl. *larghi, pròdigo* verschwenderisch Pl. *prò-dighi*.

Die Endungen *-cio, -gio, -scio* werfen das stumme *i* weg: *posticcio* falsch Pl. *posticci, egrègio* herrlich u. a. Pl. *egrègi, liscio* glatt Pl. *lisci*. Die Endung *-glio* hat im Plural *-gli: ver-miglio* roth Pl. *vermigli;* die Endung *-io* mit unbetontem *i* hat sonst *î*, wie *pròprio* Pl. *pròprî;* hingegen *-io* mit betontem *-i* (*ío*) hat *-ii*, wie *restío* widerspänstig Pl. *restíi*.

Anomalien. *Bèllo* vor anlautenden Consonanten, *s imp.* ausgenommen, wird um die letzte Silbe verkürzt, *bèl libro,* Pl. *bèi (be') libri,* seltener *bèlli libri;* vor *s imp.* aber *bèllo spírito* Pl. *bègli spíriti;* vor Vocalen *bell' (bèllo) uòmo* Pl. *bègli uò-mini;* vor *i* oft apostrophirt *begl' ingegni* (vgl. *gl'ingegni)* u. s. w. *Buòno* heisst *buòn* vor Vocalen und vor Consonanten, *s imp.* ausg.: *buòn uòmo, buòn padre;* aber *buòno spírito*.

*Santo* wird vor Eigennamen, welche mit einem einfachen Consonanten anfangen *San,* also *San Giovanni, San Vitale;* aber *Santo Stefano, Sant' Antònio*.

## § 67. DRITTE DECLINATION.

*grave* *gravi*
grav(is)-em graves[1]

Diese Declination enthält die Adjectiva auf *-e*, welche gemeinsamen Generis sind: *padre prudènte, madre prudènte* Pl. *padri prudènti, madri prudènti.*

Anomalien. *Grande* heisst oft *gran* für beide Genera vor allen Consonanten ausser *s imp.*: *gran talènto, gran fatica;* zuweilen sogar im Plural: *gran talènti, gran fatiche* statt *grandi talènti, grandi fatiche;* aber *grande spírito* Pl. *grandi spíriti, grande* oder *grand' ingegno* Pl. *grandi* od. *grand' ingegni.*

*Durácine* härtlich oder hartschalig, findet sich auch unveränderlich: *pèsca durácine* härtliche Pfirsiche Pl. *pèsche durácine* st. *durácini.*[2]

*Pari* (par-em) altit. u. poetisch *pare* gleich, gilt für beide Genera und Numeri *egli* od. *ella ti è pari,* er od. sie ist dir gleich; *églino* od. *élleno ti sono pari,* sie (m. u. f.) sind dir gleich.

---

## ADJECTIVA HETEROCLITA.

§ 68. Der gegenseitige Umtausch der zweiten Declination mit der dritten hat die meisten Heteroclita veranlasst:

| | | | | |
|---|---|---|---|---|
| o | *fraudolènto* | *turbolènto* | *sonnolènto* | *inòspito* |
| | betrügerisch | stürmisch | schläfrig | unbewohnt |
| e | *fraudolènte* | *turbolènte* | *sonnolènte* | *inòspite* |

| | | |
|---|---|---|
| o | *violènto* (violentu(s)-m) | *sublimo* (sublimu(s)-m) |
| = | gewaltig | erhaben |
| e | *violènte* (violen(s)-tem) | *sublime* (sublim(is)-em) |

| | | | | | |
|---|---|---|---|---|---|
| e | *ribèlle* | *celèste* | *solèrte* | *silvèstre* | *terrèstre* |
| = | aufrührisch | himmlisch | emsig | wild u. a. | irdisch |
| o | *ribèllo* | *celèsto* | *solèrto* | *silvèstro* | *terrèstro* |

§ 67. [1] In der L. R. U. graves und omnes für gravis und omnis. Ib. criminales neb criminalis, curiales, fiscales, provinciales, familiares für curialis, fiscalis u. s. w. Im Genetivus ist der Uebergang des *i* der Endung *-is* in *e* häufig. Ib. 597.

[2] Nann, Teor. d. Nom. 71 Not. 1., leitet den Plural duracine von einem altit. Singular duracina = lat. duracina ab, führt aber kein Beispiel an.

Neuere Bildungen:

| | | | | |
|---|---|---|---|---|
| e | *seròtine* | *leggière, -i*[1] | *veritière* | *lusinghière* |
| = | spät | leicht | wahrhaft | schmeichlerisch |
| o | *seròtino* | *leggièro* | *veritièro* | *lusinghièro* |

Die Heteroclita Masculina auf -e und -o haben andere Feminina auf -e und -a herbeigeführt, indem *-e* für beide Genera unverändert bleibt und *-o* im Femininum regelrecht -a wird.

| | | | | |
|---|---|---|---|---|
| e (o) | *silvèstre (-o)* | *ribèlle (-o)* | *terrèstre (-o)* | *solèrte (o)* |
| = | wild etc. | aufrührisch | irdisch | emsig |
| a | *silvèstra* | *ribèlla* | *terrèstra* | *solèrta* u. a. |

Andere haben ihren Grund schon im Latein, wie *violènte* (violen(s)-tem) und *violènta* (violenta-m), *sublime* (sublim(is)-em) *sublima* (sublima-m); einzelne wurden nachgebildet.

---

§ 68. [1] Die alte und noch jetzt volksthümliche Endung -i hat *leggiere* in dem adv. Ausdruck **di leggieri**, leicht od. leichtlich, beibehalten

Alte Heteroclita.

Singular:

| | | | | | | | | |
|---|---|---|---|---|---|---|---|---|
| o | *altro,* | *industro,* | *malo* | e | *giovane,* | | *dolce* | *prode* |
| = | | | | = | | | | |
| e | *altre,* | *industre,* | *male* | o | *giovano,* | | *dolco,* | *prodo* |
| o | *tardo,* | *altro,* | *leggiero* | e | *ubbidiente,* | | *naturale,* | *iguale* |
| = | | | | = | | | | |
| i | *tardi,* | *altri,* | *leggieri* | i | *ubbidienti,* | | *naturali,* | *iguali* |
| e | *rubelle,* | *pare,* | *inorme* | a | *mala, fina,* | a | *leggiera,* | *tarda* |
| = | | | | = | | = | | |
| a | *rubella,* | *para,* | *inorma* | e | *male, fine,* | i | *leggieri,* | *tardi* |

Plural:

| | | | | | | | |
|---|---|---|---|---|---|---|---|
| i | *crudeli,* | *dolci,* | *giovani* | e | *rude* | *triste,* | *bionde* |
| = | | | | = | | | |
| e | *crudele,* | *dolce,* | *giovane* | i | *rudi,* | *tristi,* | *biondi* |

§ 69. TABELLE ZUR PLURALBILDUNG DER ADJECTIVA.

Masculina:

| Singular | Plural | Beispiele | | |
|---|---|---|---|---|
| -o | -i | *buòno* | gut | *buòni* |
| *-co* | *-chi* | *antico* | alt | *antichi* |
| *-co* | *-ci* | *politico* | politisch | *politici* |
| *-go* | *-ghi* | *largo* | breit | *larghi* |
| *-cio* | *-ci* | *bianchiccio* | weisslich | *bianchicci* |
| *-gio* | *-gi* | *grigio* | grau | *grigi* |
| *-scio* | *-sci* | *liscio* | glatt | *lisci* |
| *-glio* | *-gli* | *vermiglio* | roth | *vermigli* |
| *-io* (*i* unbet) | *-i* | *pròprio* | eigen | *pròpri* |
| *-io* (*i* betont) | *-ii* | *natio* | gebürtig | *natii* |

Feminina:

| Singular | Plural | Beispiele | | |
|---|---|---|---|---|
| -a | -e | *buòna* | gut | *buòne* |
| *-ca* | *-che* | *ricca* | reich | *ricche* |
| *-ga* | *-ghe* | *larga* | breit | *larghe* |
| *-cia* | *-ce* | *rossiccia* | röthlich | *rossicce* |
| *-gia* | *-ge* | *règia* | königlich | *rège* |
| *-scia* | *-sce* | *liscia* | glatt | *lisce* |
| *-ia* (*i* unbet.) | *-ie* | *pròpria* | eigen | *pròprie* |
| *-ia* (*i* betont) | *-ie* | *natia* | gebürtig | *natie* |

Cummunia:

| Singular | Plural | Beispiele | | |
|---|---|---|---|---|
| -e | -i | *grande* | gross | *grandi* |

Indeclinabile:

| Singular | Plural | Beispiele | | |
|---|---|---|---|---|
| -i | -i | *pari* | gleich | *pari* |

## COMPARATION.

§ 70. Die im Latein herrschende synthetische Comparation ist zum grössten Theil durch die analytische verdrängt worden. Neben Comparativen wie magis sapiens,[1] magis religiosa,[2] bieten die älteren Lateiner, wenn auch selten, Comparative wie plus formosus,[3] plus lubens;[4] um den Comparativ zu bilden, nahmen

§ 70. [1] Plaut. Amph. II, 1, 114 [2] Ib. IV, 1, 37 [3] Nemesianus, Eclog. IV, 72 [4] Plautus, Aulul. 3, 2, 6.

Wölfflin, Lat. und rom. Comp. s. 29, schreibt über das comparative

einige romanische Sprachen die ersteren, andere die letzteren zum Vorbilde. Der Superlativ ist relativ und absolut; diese Formen sind streng von einander geschieden; man erkennt sie nicht nur aus dem Zusammenhange, sondern auch an dem ihnen eigenthümlichen Ausdruck.

. Der relative Superlativ *(Superlativo relativo)* bezeichnet den höchsten Grad in Beziehung auf andere Gegenstände mit derselben Eigenschaft. Der absolute Superlativ *(Superlativo assoluto)* bezeichnet einen sehr hohen Grad abgesehen von jeder Vergleichung mit anderen Gegenständen.

---

## ANALYTISCHE COMPARATION.

§ 71. 1. Der Italiener verwendet ähnlich dem Franzosen und Provenzalen *più* (lat. plus) bei dem positiven Comparativ und *meno* (lat. minus) bei dem negativen Comparativ, z. B.: *più chiáro, meno chiáro,* statt *meno* auch *manco* (lat. mancus) *manco chiáro.*

2. Der relative Superlativ wird, wie im Französischen, aus dem Comparativ durch Vorsetzung des Artikels gebildet, z. B. *il più chiaro, il meno chiaro.*

3. Der absolute Superlativ kann auf verschiedene Arten gebildet werden. Rein italienisch ist der durch die Adverbia

---

plus: „Mit eigentlichen Adjectiven ist es, so viel ich sehe, erst zu Ende des zweiten Jahrhunderts nach Chr. von Tertullian (de spectac. 17 p. miser), dann von dem Afrikaner Nemesianus, eclog. 4, 72 (plus formosus) verbunden worden. Von den sieben Stellen aus Cyprian, welche Hartel (im Index verborum pg. 443 plus = magis) anführt, betrifft keine einzige ein Adjectiv, und so weiss ich vor der Hand nur aus Sidonius Apollinaris epist. 8, 11 plus dulce, 8, 9 p. musicus (chorda, quae quo plus torta, plus musica est), carm. 2 p. pretiotus, 5 p. felix, carm. 9 ad Felicem p. Stesichori graves camenas, carm. 22 p. celsos, c. 23 p. grave fulmen, p. locuples u. s. w. beizufügen.“ Vgl. Diez, Gr. 11. 66.

§ 71. 1. Beispiele für minus: minus belle (Cicero), minus multi (Plautus), vgl. *Demat.* Morf. 39.

3. Bei F. Giordani Pred.: trans*ricchimento* (Subst.); und bei Dan. Conv. 178: tras*vanno* (vadere). Aus *tutto tutto* und *tutti tutti* sind die alten Formen *tututto* und *tututti* entstanden. Nach lateinischer Art verstärkten die Alten den Superlativ durch per, z. B. per*carissimo* (Guittone d'Arezzo). Per = très findet sich auch im Altfranzösischen.

Schon bei den Lateinern bietet sich multum zur Steigerung des

*molto* (multum), *assái* (ad satis) (sehr) gebildete abs. Superlativ: *molto chiaro, assái chiaro.* Ein stärkerer abs. Superlativ entsteht zuweilen durch die Adverbia *oltremòdo, straordinariamente* (ausserordentlich), durch die Sylben *tra, stra* (trans od. extra, franz. très) und *arci* (deut. erz) und durch Wiederholung des Wortes, Beispiele: *oltremòdo* od. *straordinariamente caldo, trabèllo, strarieco, arcicontènto; biánco biánco, fresco fresco. È nòto e arcinòto, De Am. Ol. 139.*

### RESTE SYNTHETISCHER LAT. COMPARATION.

§ 72. Als *Superlativo assoluto* hat sich auch der lat. Superlativ auf -issimus. ital. *-issimo* (fem. *-a)* in voller Kraft erhalten; diese Endung fügt sich an den Stamm des Adjectivums an: *pòvero, -a* sup. *poverissimo, -a; triste, tristissimo,- a.*

Adjectiva auf *-co* und *-go* unterliegen denselben orthographischen Eigenthümlicheiten wie bei der Pluralbildung (§ 38 bis 39): *antico, antichissimo, amico, amicissimo.*

Adjectiva mit der unbetonten Endung *io,* wie *savio, ampio,* werfen das *i* vor *-issimo* ab: *sav-issimo, amp-issimo;* wenn das *i* von io betont ist, wie *pío, restío,* wird es beibehalten: *piíssimo, restiissimo.* Von *vario* hat man *varissimo* und *variissimo.*

Einige Adjectiva aus der zweiten und dritten lat. De-

---

Positivs dar. Wölfflin, Lat. u. rom. Comp. s. 1, hat aus Plautus, Horaz, Sulpic. Sev, Gellius u. a. treffliche Beispiele gesammelt und besprochen.

Rönsch, It. u. Vul. s. 280, führt folgende Superlative durch Verdoppelung des Positivs aus Gruters Inschriften an: 777, 6 malus malus (= pessimus); 284, 6 bonis bonis (= optimis); merenti merenti (= merentissimo); 268, 4 fortis fortis, pii pii, felicis felicis (= fortissimi, piissimi, felicissimi). Die Bildung des Elativus vermittelst Verdoppelung des Positivs wird von Wölfflin, Lat. u. rom. Comp., ziemlich eingehend besprochen und bemerkt, „dass sich die Verdoppelung schon bei Commodian, instruct. 2, 24, 8 malus malus findet, also um das Jahr 240 nach Chr.: Largiri vis, ut te quasi malum malum depurges.“

§ 72. Statt *maggiore* oft *maggio* (aus majus), z. B.: *Chè s'altra è maggio nulla è sì spiacente,* Dan. Inf. VI. 48; statt *peggiore* auch *piggiore: il piggiore uomo,* Bocc. Dec. g. 1. n. 1. Der relative Superlativ wurde bisweilen auf lateinische Art durch den absoluten ausgedrückt: *La rettorica è soavissima (la più soave) di tutte l'altre scienze,* Dan. Conv.

Comparative und Superlative wurden wieder als Positive behandelt.

clination auf -er halten noch, bei dem absoluten Superlativ, an der Endung -errimus, it. *-errimo* fest:

| Positiv | Abs. Superlativ | Positiv | Abs. Superlativ |
|---|---|---|---|
| *acre* | *acèrrimo* | *integro* | *integèrrimo* |
| *aspro* | *aspèrrimo* | *misero* | *misèrrimo* |
| *cèlebre* | *celebèrrimo* | *salubre* | *salubèrrimo* |
| *cèlere* | *celèrrimo* | *úbere* | *ubèrrimo* |

Diese Formen fallen vielmehr der klassischen Sprachschicht als der volksthümlichen zu.

Nicht selten trifft man *miserissimo* und *asprissimo*, wie auch *acrissimo, celerissimo, integrissimo.* Die übrigen Steigerungsformen sind analytisch, z. B.: Pos. *acre,* Comp. *più acre,* rel. Sup. *il più acre* u. s. w.

Einige Adjectiva haben wie im Lateinischen Steigerungsformen von verschiedenen Stämmen:

| Positiv | Comparativ | abs. Superlativ |
|---|---|---|
| *buòno* gut | *migliore* besser | *òttimo* sehr gut, bester |
| *cattivo* schlecht | *peggiore* schlechter | *pèssimo* sehr schlecht, schechtester |
| *grande* gross | *maggiore* grösser | *màssimo* sehr gross, grösster |
| *piccolo* klein | *minore* kleiner | *mínimo* sehr klein, kleinster s. *mènomo* |

Neben den lateinischen Formen bestehen aber auch die rein italienischen: Pos. *buòno,* Comp. *più buòno,* rel. Sup. *il più buòno* und neben dem abs. Superl. auch der lat. auf -issimus, wie *buonissimo.* Sämmtliche Comparative und Superlative können als relative Superlative verwendet werden; für diesen Fall muss aber der Artikel vorangehen:

Alam. Colt. 1. 5: *più maggiore; Lasca Rime 3. 264: più meglio* (Adv.), vgl. lat. magis locupletior (Valerius Maximus), plus levior (Comodian apolog. 5), plus solito laetior (Martian Capella 256, 6 Eyss [7. 727]), plus melior (Romul. fab. 1. 16). Daher auch der Comparativ oder comparative Superlativ *vieppiù dolorosissimo;* die doppelten abs. Superlative *molto bellissima* (Nov. Ant. 43), *tanto bellissima* (Bocc. Filoc. lib. 7 n. 454), bei Cicero multo jucundissimus, longe eruditissimus, res tam maxime necessaria; und *ottimissimo, minimissimo* od. *menomissimo, sommissimo, intimissimo* aus *ottimo, minimo* od. *menomo, sommo, intimo;* so braucht auch Apulejus postremissimus, Arnobius minimissimus. Andere lat. Doppelsuperlative S. bei Rönsch, It. u. Vul. s. 280. Man bemerke auch den Superlativ von *per tempo* (zeitig, früh) *per tempissimo* bei *Boccaccio,*

*il migliore* od. *l'òttimo* der beste
*il peggiore* od. *il pèssimo* der schlechteste u. s. w.

Nach dem Lateinischen sind auch folgende Comparative und Superlative gebildet:

| Positiv | Comparativ | rel. u. abs. Superlativ | |
|---|---|---|---|
| *alto* hoch | *superiore* | *(il)* | *suprèmo* od. *sommo* |
| *basso* niedrig | *inferiore* | *(l')* | *ínfimo* |
| *propinquo* nahe | — | *(il)* | *pròssimo* |

*Alto* und *basso* nehmen auch *più* od. *meno* für den Comparativ, *il più* od. *il meno* für den rel. Superlativ und *-íssimo* für den abs. Superlativ an: *alto, più* od. *meno alto, il più* od. *il meno alto, altíssimo.*

Ferner sind aus dem Lateinischen überliefert und ohne Positiv:

| Comparativ | rel. u. abs. Superlativ | |
|---|---|---|
| *esteriore* | *(l')* | *estrèmo* |
| *interiore* | *(l')* | *íntimo* |
| *ulteriore* | *(l')* | *último* |
| *priore* | *(il)* | *primo* |

*seniore* der älteste, *juniore* der jüngste.

---

## VERGLEICHUNG BEI GLEICHEN GRADEN.

§ 73. Den gleichen Grad einer Eigenschaft pflegt man vermittelst einiger besonderer Partikeln auszudrücken, wie **così** od. **sì - come** so-wie; **tanto** od. **altrettanto - quánto** so viel- oder so sehr als: **al pari** *di* so - wie; **tale - quale** ebenso - wie, diese vorzüglich bei Dichtern. Beispiele:

*Quál mái sarèbbe la sòrte di una città governata da* **così** *pacífico ingegno* **come** *tu sèi?* (Ver. Not. rom.).
Welches würde das Loos einer Stadt sein, welche von einem **so** friedfertigen Geiste regiert wird, **wie** du bist?
*Una tela* **sì** *biánca* **come** *la nève.*
Eine Leinwand, **so** weiss **wie** der Schnee. (Forn. V. Gr. 59).

---

*Varchi* u. a. Die Doppelgradation behandelt Wölfflin, Lat. und rom. Comp. s. 42—48.

Aus dem Provenzalischen entnommene Comparative sind *forzore* prov. forsor lat. fortior, *gensore* prov. gensor mlat. gentior, *plusor* prov. plusor plusors = lat. pluriores (plusiores), vgl. fr. plusieurs.

*La sua fisonomía non mi parve* **tanto** *alteráta* **quant'** *io m'aspettava.* U. Fosc.

Seine Physiognomie schien mir nicht **so sehr** verändert, **wie** ich erwartete.

*Spettácolo* **altrettanto** *grande* **quanto** *terríbile.*

Ein Schauspiel, ebenso gross wie furchtbar. (Forn. V. Gr. 59).

*È furbo* **al pari di** *lei.*

Er ist **ebenso** schlau **wie** sie.

**Tal qual** *èra descriver vel pòsso* (Casti. Nov.).

Ich kann es euch **so** schildern, **wie** es war (Val. Gr. 142).

Sind die verglichenen Gegenstände Substantiva, so werden **tanto, altrettanto. quanto** adjectivisch gebraucht:

*Dario soggiogò quaṣi* **tante** *nazioni,* **quante** *ne avéa soggiogato Ciro medéṣimo.*

Darius unterjochte fast **ebenso** viele Völker **wie** Cyrus selbst. (Forn. V. Gr. 59).

*Quaṣi in un súbito s'è commòssa da ogni parte la Francia in armi, e ne sono uscite* **altrettante** *fazioni* **quanti** *ne sono i govèrni* (Bent.).

Gleichsam in einem Augenblick hat Frankreich von allen Seiten zu den Waffen gegriffen, und es sind **ebenso** viele Factionen erschienen, **wie** es Regierungen giebt. (Val. Gr. 142).

Die erste der vergleichenden Partikeln kann manchmal weggelassen werden:

*Una tela biánca* **come** *la nève.*

*U. Fóscolo* hätte auch sagen können:

*La sua fisonomía non mi parve alteráta* **quant'***io aspettava.*

Die zweite vergleichende Partikel kann zuweilen durch **che** ersetzt werden:

*Una tela* **sì** *bianca* **che** *la nève.*

*Spettácolo* **altrettanto** *grande* **che** *terríbile.*

Die Glieder der Vergleichung können in umgekehrter Ordnung stehen:

**Come** *l'òro nel fuòco,* **così** *la fede nel dolór s'affina.* (Mar. Past. Fid.).

**So wie** das Gold im Feuer, **so** wird der Glaube durch Schmerz geläutert. (Val. Gr. 143).

**Qual'** *uòmo, da cupo e grave sònno opprèsso, Dopo vaneggiár lungo in sè riviène* **Tale** *ei tornò nel rimirár sè stesso.* (Tass. Ger. lib. c. XVI st. 31).

**Wie** ein Mann von tiefem und schwerem Schlaf bedrängt, nach langem Traum wieder zu sich kommt, **so** kam er (Rinaldo), indem er sich betrachtet, zu sich.

**Je mehr — um so mehr** wird auf die nämliche Weise ausgedrückt durch **quanto più — tanto più:**

*È anche vero che* **quanto più** *è semplice l'insegnamento,* **tanto più** *s'accòsta alla esattezza.* (Thouar.)

Es ist auch wahr, dass **je mehr** der Unterricht einfach ist, **um so mehr** er sich der Genauigkeit nähert.

Aehnlich **je weniger — um so weniger** it. **quanto meno — tanto meno.**

---

§ 73. NUMERALIA.

Cardinalia.

Von 1 bis 16 ist die Form der lateinischen nachgebildet; von 17 bis 19 geht der Zehner dem Einer voran; von 20 an gilt die lateinische Einrichtung wieder. *Uno* flectirt im Femininum *una, mille* im Plural *mila.* Die Cardinalia lauten folgendermassen:

| | | | | | |
|---|---|---|---|---|---|
| 0 | *zèro* | 15 | *quìndici* | 70 | *settanta* |
| 1 | *uno, una* | 16 | *sédici* | 80 | *ottanta* |
| 2 | *due* | 17 | *diciassètte,* diecisètte | 90 | *novanta* |
| 3 | *tre* | 18 | *diciòtto,* dieciòtto | 100 | *cènto* |
| 4 | *quáttro* | 19 | *diciannòve,* diecinòve | 101 | *centuno* |
| 5 | *cinque* | 20 | *venti* | 108 | *centòtto* |
| 6 | *sèi* | 21 | *ventuno* | 110 | *centodièci* |
| 7 | *sètte* | 22 | *ventidue* | 120 | *centoventi* |
| 8 | *òtto* | 28 | *ventòtto* | 200 | *du(e)cento,* dugènto |
| 9 | *nòve* | 30 | *trenta* | 1000 | *mille* |
| 10 | *dièci* | 31 | *trentuno* | 1001 | *mille uno* |
| 11 | *úndici* | 38 | *trentòtto* | 2000 | *due mila* |
| 12 | *dódici* | 40 | *quaranta* | 1 M. | *un milione* |
| 13 | *trédici* | 50 | *cinquanta* | 2 M. | *due milioni* |
| 14 | *quattórdici* | 60 | *sessanta* | 2 B. | *un bilione* |

NB. Die kleingedruckten Zahlen sind weniger üblich.

---

§ 74. Alte Formen.

| | | | | | |
|---|---|---|---|---|---|
| 2 | *duo, dua, duoi* p. *dui* | 26 | *venzei* | 1000 | im Pl. *milia* z. B. *due milia* |
| 3 | *trei,* Dan. Inf. 16 21 im Reim | 27 | *venzette* | 2000 | *duomila, duomilia, dumilia* |
| | | 46 | *quaranzei* | | |
| 10 | *diece* auch poetisch | 47 | *quaranzette* u. s. | | |

*Nonanta* für *Novanta* ist fehlerhaft.

Anmerkungen.

Von 140 an sagt man auch, der Kürze wegen, *cenquaranta, cencinquanta* u. s. w. st. *centoquaranta, centocinquanta.*

*Uno* fem. *una* als Zahlwort hat keinen Plural, denn *gli uni* und *le une* sind Pronominalformen.

Die zusammengesetzten Zahlen von 20 ab schreibt man gleichgültig in einem Worte od. getrennt; nur die Zusammensetzungen mit *uno* und *òtto* bleiben verbunden, wobei die Zehner den Endvocal verlieren: *ventuno, ventòtto* u. s. w.

Die grösseren Zahlen, wie 1878, schreibt man lieber getrennt: *mille ottocènto settantòtto.*

Die Tausende und die Hunderte werden getrennt genannt; man sagt also nicht *úndici-cènto* Eilfhundert, sondern *mille (e) cènto, mille duecènto.*

Wenn die Cardinalia als Substantiva stehen, sind sie Masculina: *il due, il tre, il quattro,* und können auch im Plural gebraucht werden, welcher sogar durch die Endung angedeutet wird: *i quattri, i cinqui* etc. *Tre, sèi, dièci* und gewöhnlich auch *due* bleiben stets unverändert.

Nach den mit *uno* zusammengesetzten Zahlen steht das Substantivum im Singular: *centuno scudo* (gleichsam *venti ed uno scudo* zwanzig und ein Thaler); doch im Plural, wenn der Artikel hinzutritt: *i trentuno scudi.*

Geht das Substantivum voran (was vorzuziehen ist), dann steht es im Plural: *scudi ventuno.*

## § 75. Ordinalia.

Die Ordinalia sind sämmtlich Adjectiva auf *-o* fem. *-a.* Das Schwanken zwischen der lateinischen Form und einer neueren Bildung, welche darin besteht, die Ordinalia unmittelbar durch die angefügte Endung *-esimo* von den italienischen Cardinalien abzuleiten, hat eine Menge von Ausdrücken erzeugt. Die am meisten üblichen lauten:

| der | | der | | der | |
|---|---|---|---|---|---|
| 1. | *il primo* | 12. | *il decimosecondo* | 90. | *il norantèsimo* |
| 2. | „ *secondo* | „ | „ *dodicèsimo* | 100. | „ *centèsimo* |
| 3. | „ *tèrzo* | 13. | „ *decimotèrzo* | 101. | „ *centèsimoprimo* |
| 4. | „ *quarto* | „ | „ *tredicèsimo* | „ | „ *centunèsimo* |
| 5. | „ *quinto* | 20. | „ *ventèsimo* | 111. | „ *cento undècimo* |
| 6. | „ *sèsto* | 21. | „ *ventèsimoprimo* | 200. | „ *du(e)centèsimo* |
| 7. | „ *sèttimo* | „ | „ *ventunèsimo* | „ | „ *dugentèsimo* |
| 8. | *l' ottavo* | 30. | „ *trentèsimo* | 300. | „ *trecentèsimo* |
| 9. | *il nòno* | 40. | „ *quarantesimo* | 1000. | „ *millèsimo* |
| 10. | „ *dècimo* | 50. | „ *cinquantèsimo* | 1001. | „ *millesimoprimo* |
| 11. | *l' undècimo* | 60. | „ *sessantèsimo* | 1100. | „ *millèsimo centèsimo* |
| „ | *il decimoprimo* | 70. | „ *settantèsimo* | 1. M. | „ *milionèsimo* |
| „ | *l' undicèsimo* | 71. | *l' ottantèsimo* | 1 B. | „ *bilionèsimo* |

Anmerkungen.

Die Formen *decimoprimo*, *decimosecondo* u. s. w. sind die besten. Am gewöhnlichsten im gemeinen Leben sind aber die aus den italienischen Cardinalien unmittelbar abgeleiteten Formen auf *-esimo*.

Von 111 an sagt man nicht mehr *centesimo undecimo* od. *undicesimo*, sondern *cènto undècimo*, *cènto dodicèsimo* u. s. w, ebenso mit allen Hunderten, also nicht *ottocentesimo decimo*, sondern *ottocènto undècimo*.

Neben *primo* ist auch *primièro* (primarius), jedoch in keiner Zusammensetzung, anwendbar, also immer *decimoprimo* und ähnliche. Der letzte heisst *l'último*, der vorletzte *il penúltimo*, der drittletzte *l'antipenúltimo* (der vorvorletzte), der viertletzte *il quartúltimo*, der fünftletzte *il quintúltimo*.

Die Zahlen bei Regentennamen werden, wie im Deutschen, durch die Ordinalia ausgedrückt, jedoch ohne Artikel: *Umbèrto 1°*. Humbert der erste, *Leone 13°*. Leo der dreizehnte;

§ 75 Etwas alterthümlich klingen die mehr lateinischen Formen:

| der | | der | | der | |
|---|---|---|---|---|---|
| 12. | *il duodecimo, dodecimo* | 20. | *il vigesimo* | 60. | *il sessagesimo* |
| 13. | „ *tredecimo, terzodecimo* | 30 | „ *trigesimo* | 70. | „ *settuagesimo* |
| 14. | „ *quatordecimo, quartodecimo* | 40. | „ *quadragesimo* | 80. | *l' ottuagesimo* |
| 15. | „ *quindecimo, quintodecimo* | 50. | „ *quinquagesimo* | 90. | *il nonagesimo* |
| 16. | „ *sedecimo, sestodecimo* | | | | |

desgleichen bei Ueberschriften und Citaten: *parte prima* erster Theil, *capítolo tèrzo* drittes Kapitel. *tòmo secondo* zweiter Band. *canto nòno* neunter Gesang; bei Citaten sind, wie im Deutschen, auch die Cardinalia anwendbar: *capítolo quattro* Kapitel vier, *página trentadue* Seite 32.

---

## § 76. COLLECTIVA.

Diese können 1) Individuen und Zahlen 2) Zeiträume umfassen.

1. *Ambo* beide, bezieht sich gewöhnlich auf zwei schon erwähnte Personen oder Sachen und zeigt sich unter drei Formen. *Ambo* gilt für beide Genera: *ambo i pièdi, ambo le mani; ambe* ist nur Femininum, wie *ambe le mani; ambi* nur Masculinum, ist jetzt sehr selten. *Ambo* erfährt eine Verstärkung, indem es sich mit *due* verknüpft: *ambidúe ambedúe,* sodann eine Umbildung in *amendúe* und *amenduni (ambo-in-due-uni).* Andere aus *intra* und *ambo* gebildete Formen gleicher Bedeutung sind: *entrambi, entrambo, entrambe.*

*Un pajo* und *una còppia* ein Paar. *Pajo* wird für Sachen verwendet, die ihrer Natur gemäss zusammengehören, wie *un pajo di guánti, calze* ein Paar Handschuhe, Strümpfe. *Còppia* wird für Sachen gebraucht, welche nicht nothwendig, aber doch gewöhnlich in Paaren vorkommen: *una còppia di buòi, cavalli* ein Paar Ochsen, Pferde; übrigens sagt man auch *un pajo di uòva, di piccióni* ein Paar Eier, Tauben.

Viele Collectiva gibt es, welche Zahlen umfassen. Sehr üblich sind: *una decina* zehn Stück, *una dozzina* seltener *dodicina* ein Dutzend. *una quindicina* 15 Stück, und so *ventina, trentina* u. s. w. bis *centina* 100 Stück, *un centinajo* ein Centner, *migliájo* Tausend Stück.

Einige Collectiva haben, neben der ursprünglichen Bedeutung, eine Nebenbedeutung angenommen, ganz besonders in der Musik und in der Dichtkunst: *quartina, sestina, ottava* heissen

---

§ 76. 1. Alte Formen von *ambo.* Verknüpft mit *due: ambeduo, ambiduo, amboduc, ambidui.* Umbildungen: *amendue, amenduoi;* mit inter: *intramb-o, -i, -e* und sogar *intramendue, tramendue, tramendui* und *tramenduni.*

die Stanzen oder Strophen von 4, 6 und 8 Versen; *terzina* Terzine, eine eigenthümliche Versart, *quartetto* Musikstück für 4 Stimmen u. a.

Erwähnung verdienen auch *una dèca* ein Werk, welches aus 10 Büchern besteht, *decasíllabo* und *endecasíllabo* zehn- und elfsilbige Verse, *un quadèrno, quintèrno* ein Heft von 4, 5 Bogen und überhaupt ein Buch Papier, Heft, etliche Bogen Papier.

Zu erwähnen sind ferner die aus dem Lateinischen überlieferten Formen auf *-ario* oder *-aro (-arius)*, wie *binario* die Zweizahl, *ternario* die Dreizahl, *quadernario (quadernaro), quinario, senario, settenario, ottonario* vier, fünf, sechs, sieben, acht Einheiten enthaltend, meistens Verszeilen, also vier-, fünf-, sechs-, sieben-, achtsilbige Verse; und *quadragenario, quinquagenario, sessagenario, settuagenario, ottuagenario* od. *ottogenario, nonagenario, centenario* meist mit der Bedeutung von 40, 50, 60 u. s. w. Jahren.

2. Collectiva, welche Zeiträume umfassen, sind: *tríduo* ein Zeitraum von drei Tagen, *novèna*, von 9, *quarantèna* eine Dauer von 40 Tagen; *quarésima* (v. quadragesima) Fastenzeit; *bimèstre, trimèstre, semèstre, biènnio, triènnio* und die verwandten Adjectiva *bimestrale, trimestrale* etc. *biennale, triennale* u. a. aus dem Latein entnommene. *Terzana, quartana* meistens mit dem Zusatze *fèbbre* (febris); *settimana* Woche (mlat. septimana).

---

### PROPORTIONALIA.

§ 77. Die lateinischen Proportionalia auf -plu(s)-m finden sich, jedoch nur als Substantiva auf *-o* wieder: *duplo* od. *doppio* (auch Adjec.) das Doppelte; *triplo, quádruplo, quíntuplo, sèstuplo, sèttuplo, òttuplo, vèntuplo, trèntuplo, cèntuplo* das Dreifache, Vierfache u. s. f.

---

### MULTIPLICATIVA.

§ 78. Die lateinischen auf -pl(ex)-icem sind im Italienischen als Adjectiva auf *-ce* wieder vorhanden: *sémplice* einfach, *dúplice* (auch *doppio*) doppelt, *tríplice, quadrúplice, quintúplice, settúplice, ottúplice, centúplice* dreifach, vierfach u. s. f.

Die fehlenden Formen der Proportionalia und Multiplicativa werden durch *vòlta* (auch *fiáta*) Mal, Pl. *vòlte (fiáte)* ausgedrückt: *nòve vòlte (fiate)* neun Mal, *centodue vòlte* Hundert und zwei Mal, *mille vòlte* Tausend Mal u. s. f.

Die Multiplication wird durch das unveränderliche *via* st. *vòlta* (welches letztere nicht ausgeschlossen ist) vollzogen: *tre via quattro (fanno) dódici* 3 × 4 = 12.

---

## DISTRIBUTIVA.

§ 79. Die lateinischen Distributiva singuli, bini, terni u. s. w. sind dem Italienischen abhanden gekommen. Der Italiener bildet seine Distributiva durch Reduplication der Cardinalia mit Hülfe der Präposition *a: ad uno ad uno* je ein, *a due a due* je zwei u. s. f. Auch mit *per* statt *a: due per due* und ohne Reduplication *per due, per tre* etc. Einzelne lateinische Distributiva leben als Substantiva fort, wie *tèrno, quadèrno* (S. § 76, 1.), [illegible] Adjectiva *bino* zweifach (selten) und *singoli* einzeln. Zur [illegible] der Reihenfolge benutzt man die Ordinalia, sei es allein [illegible] Verbindung mit *luògo,* wodurch adverbiale Redensarten [illegible] werden. Erstens heisst also *primo* od. *in primo luògo* (vgl. franz. en premier lieu), zweitens *secondo* od. *in secondo luògo,* drittens *tèrzo* od. *in tèrzo luògo* u. s. w. Eine adverbiale Form auf *-mente* existirt nur in *primieramente, secondariamente* erstens, zweitens; *terzamente* ist wenig üblich.

---

## BRUCHZAHLEN.

§ 80. Zur Bildung der Bruchzahlen dienen die Ordinalia, und zwar: als Adjectiva in Bildungen wie *la prima, la seconda parte,* der erste, der zweite Theil u. s. w.; als Substantiva in den Brüchen wie *un tèrzo* ein Drittel, *un quarto* ein Viertel, *un quinto* ein Fünftel, *un centèsimo* der hundertste Theil eines Franken, u. s. w. Die Hälfte heisst *la metà. Mèzzo* halb congruirt mit seinem Substantivum, wenn es vorangeht, hingegen bleibt es unverändert, wenn es demselben nachsteht, also *mezzodì* Mittag, *mezzanòtte* Mitternacht, aber *una libbra e mèzzo* anderthalb Pfund (= ein und ein halb Pfund).

---

Für die Numeralia indefinita verweise ich auf die Pronomina indefinita, von welchen die ersteren sich nicht gut trennen lassen.

ZEITRECHNUNG.

§ 81. 1. Die Jahreszahl heisst *il millèsimo;* man sagt also *un' òpera senza il millèsimo* (od. *senz 'anno*) ein Werk ohne Jahreszahl. Die Jahreszahl selbst wird durch die Cardinalia angegeben. Auf die Frage *in che anno?* in welchem Jahre? folgt z. B. die Antwort: *nel mille ottocènto sessantasèi.*

Die Jahrhunderte der christlichen Zeitrechnung werden entweder, wie in allen Sprachen, durch die Ordinalia ausgedrückt, wie *il sècolo decimosèsto* (1500—1600), *decimosèttimo* (1600—1700) das 16., das 17. Jahrhundert; oder auf mehr italienische Weise benennt man sie nach den Hunderten, welche in der Jahreszahl angegeben werden: man sagt also *il trecènto* (1300—1400), *il cinquecènto* (1500—1600), wo die Deutschen sagen das 14. und 16. Jahrhundert; daher *Dante nacque nel duecènto* (1200—1300) *e morì nel trecènto* (1300—1400), D. wurde im 13. Jahrhundert geboren und starb im 14. Darnach wurden die Ausdrücke *trecentista, quattrocentista, cinquecentista* u. s. w. gebildet, womit man die Schriftsteller, die Künstler u. a. der verschiedenen Epochen bezeichnet (Vgl. Blanc Gr. 223).

2. Die Antwort auf die Frage *in che mese?* in welchem Monate? lautet z. B. *nel mese di Aprile* od. *in Aprile*, im Monat April od. im April. In ähnlicher Weise antwortet man auf die Frage *in che giorno?* an welchem Tage? *in Lunedì, in Martedì* u. s. w. Den wievielten haben wir heisst italienisch *quanti ne abbiámo (del mese)?* Die Antwort geschieht durch die Cardinalia, z. B.: *ne abbiámo dódici, trédici* u. s. f., wir haben den 12., den 13. u. s. w. Man fragt auch *a quanti siámo?* zu dem wievielten sind wir (gekommen)? Antwort: *siámo ai venti, ai ventidue* etc. Am Anfang des Monats, August, September etc. heisst *al principio del mese, d'Agosto, di Settèmbre* etc.; in den letzten Tagen, gegen Ende Februar, *agli últimi (giorni), vèrso la fine di Febbrajo.*

3. Zur Bezeichnung des Datums in Briefen und anderen Schriftstücken bedient man sich der Cardinalia, ausser *il primo* und *l'último*, Beispiele: *Roma il primo, l'último di Marzo; Strasburgo il 15 Aprile 1877;* übrigens kann das Datum auch im Dativ und mit dem veralteten Artikel li stehen: *Strasburgo, ai 15 di Aprile 1877,* und *Strasburgo, li 15. Aprile 1877.*

4. Die Stunden werden ungefähr wie im Französischen angegeben. Wie viel Uhr ist es? lautet italienisch *che ora é* od. *che ora fa?* In der Antwort wird *ora* entweder ausdrücklich gesetzt oder darunter verstanden; im letzteren Falle muss der bestimmte Artikel das Numerale begleiten, was im ersteren Falle nicht nöthig ist, also *è l'una* od. *è un 'ora*, *sono le cinque, le sèi* od. *sono cinque, sèi ore*. Andere Redensarten: *sono suonate* (od. *battute*) *le cinque, le sètte* u. s. w., es hat fünf oder sieben Uhr geschlagen; *è mezzogiorno* od. *mezzodì, è mezzanòtte*, es ist Mittag, Mitternacht. Die Bruchtheile der Stunden werden zu der ganzen Zahl addirt: *è un' ora e un quarto, un' ora e mèzzo, un' ora e tre quarti*, es ist ein Viertel auf zwei, halb zwei, drei Viertel auf zwei; *sono le dódici e mèzzo*, es ist halb eins, auch *è mezz'ora* od. *la mèzza*; oder auch von ihr subtrahirt, jedoch minder gebräuchlich: *è un' ora meno un quarto*, 12³/₄, *sono le due meno un quarto* 1³/₄.

Um welche Stunde? heisst *a che ora?* Antwort: *all' una, ad un' ora* od. *al tocco; alle due, alle tre* od. *a due ore, a tre ore*, u. s. w.: *a mezzodì* od. *a mezzogiorno, a mezzanòtte; vèrso le due, le quattro*, gegen zwei, vier Uhr.

5. Zur Zeitbestimmung der Zukunft verwendet man die Präposition: in 2 Jahren oder Monaten, Tagen, Stunden *in* od. *fra due anni, mesi, giorni, ore;* Heute oder Morgen über 14 Tage, wie im Französischen, *òggi* od. *domani (a) quindici;* in 14 Tagen. *in* od. *fra quíndici giorni.*

---

§ 81. 4. Eine alte Stundenrechnung, welche jetzt noch in vielen Provinzen Italiens üblich ist, verdient hier erwähnt zu werden. Diese besteht darin, den Tag nicht in zweimal 12 Stunden zu theilen, sondern in 24 Stunden, und zwar vom Sonnenuntergang an gerechnet. Die 24. Stunde heisst *Avemaria*, weil in dem Augenblicke, wo die Sonne untergeht, die Kirchenglocken zu diesem Gebet läuten. Da nun der Sonnenuntergang nicht immer zur selben Zeit geschieht, so erleidet natürlich diese Stundenrechnung eine tägliche Verschiebung. Um die lästige Zählung der vielen Schläge zu ersparen, schlägt man nur immer bis 6, was sich viermal im Tage wiederholt. Näheres hierüber Goethe, Ital. Reise (*Verona*, den 17. September).

Das Volk hat sich auch gewöhnt seine täglichen Beschäftigungen nach den canonischen Stunden zu richten; sie heissen *mattutino, prima, erza, sesta, nona*, *vespro* od. *vespero* und *compieta*. Derselben bedienen sich häufig auch *Dante*, *Petrarca*, *Boccaccio* u. andere ältere Schriftsteller. Bei *Dante* kommt auch die altrömische Zeiteintheilung vor.

6. Die Zeitbestimmung der Vergangenheit geschieht, wie im Deutschen, durch das Verbum *èssere*: es ist ein Jahr *è un anno*, es sind zwei Jahre *sono due anni*. Zu demselben Zwecke verwendet der Italiener auch das Verbum *fare*, welches gewöhnlich nachgesetzt wird, aber stets im Singular: *un mese fa* es ist ein Monat, *due mesi fa* es sind zwei Monate, *due giorni fa* es sind zwei Tage, *un' ora fa* es ist eine Stunde. *Fare* kann auch im Plural angewandt werden, wenn es vorangeht, wie *(or) fanno* (abgek. *fan*) *venti anni* es sind (nun) zwanzig Jahre.

7. Zur Bezeichnung des Lebensalters, wird wie im Französischen *avere* (habere) benutzt. Wie alt sind Sie? heisst im Italienischen entweder: *che età ha (Ella)?* od. *quanti anni ha (Ella)?* Antwort: Ich bin 20 oder 30 Jahre alt *ho venti* od. *trent' anni* etc.

## PRONOMINA.

§ 82. Die lateinische Flexion hat sich hier in reichlicherer Weise als sonst erhalten, denn diese lässt sich nicht auf die Form des Accusativs beschränken; der Nominativ bleibt hier grösstentheils, ausserdem kommen auch Dativ und Accusativ nicht selten zur Anwendung. Daher kommt es, dass einige dieser Casusformen der Präposition **a** od. **di** nicht bedürfen. Man gewann dadurch eine fasslichere Unterscheidung der Casus und zugleich noch eine gewisse Fülle von Ausdrücken. Das Italienische hat wohl, wie die Schwestersprachen, viele Formen des lateinischen Pronomens untergehen lassen, aber auch zugleich neue geschaffen. Hervorzuheben ist die der Stammsprache unbekannte und gemeinromanische Doppelförmigkeit der Pronomina Personalia im Dativ und Accusativ.[1] Auch das Neutrum, wie bereits bemerkt, lebt in einigen Pronominalformen fort. Die Personalpromina ego, tu, nos, vos haben sich sogar in den Zusammensetzungen mecum, tecum etc. behauptet; für die dritte Person ist, wie für den Artikel, ille eingetreten. Possessiva sind verblieben; suus genügte aber nicht als Possessiv der Mehr-

[1] Blosse Ahnungen der Doppelförmigkeit der Pronomina Personalia sind im Latein mihi und mi, nach Festus auch nobis und nis; im Griechischen *ἐμοῦ* und *μοῦ*, *ἐμοί* und *μοί*, *ἐμέ* und *μέ*

heit, es wurde also aus illorum von ille ein neues Possessiv gebildet, **loro**, welches seinem Ursprung gemäss unflectirt bleibt. Die Demonstrativa sind dem Italienischen entweder verloren gegangen oder haben zu neuen Bildungen veranlasst, welche die fehlenden Formen theilweise ersetzen. Das Relativum qui, quae, quod hat sich in dem generellen que it. **che** erhalten. Das Interrogativum quis hat das persönliche **chi** ergeben. Cujus, -a, -um dauert in **cui** fort. Qualis wirkt noch als interrogativ in **quale** und als relativ in der Verbindung **il quale**. Eine Anzahl der lat. Indefinita sind dem Italienischen fremd, dagegen sind neue Bildungen eingetreten.

---

## PERSONALIA.

§ 83. Die Pronomina Personalia (*pronomi personali*) zerfallen also in selbständige **assoluti**, d. h. solche, die auch allein stehen können; und verbundene **congiuntivi**, so genannt, weil sie nur in Verbindung mit dem Verbum Geltung haben und mit diesem unter gewissen Umständen zu einem Worte zusammenschmelzen können.

Folgendes Schema umfasst alle Pronomina Personalia nach ihren verschiedenen Formen und Verhältnissen.

---

### Etymologisches.

§ 83. *Io* altit. *eo* kommt von *ego* mit Syncope des *g* (Vgl. § 20); *egli* altit. *elli* kommt von *ille* mit Veränderung des Endvocals *e* in *i*, *ella* von *illa*. Das Suffix *-no* in *eglino*, *elleno* ist eine Verbalflexion, vgl. *ama-no*. *Esso* altit. *isso* stammt von *ipsus* od. *ipsum*, *essa* v. *ipsa*, *esse* v. *ipsae*, *essi* v. *ipsi*. *Noi* und *voi* stammen von *no*(s) und *vo*(s) mit beigefügtem *i*. Die Etymologie von *lui* ist noch ziemlich unsicher; *lui* wird auf *il*lui = *illius*, auf *il*luic Dat. v. *illic* (gleichsam huic v. hic), und auf *il*lum—hic (illu(mh) — ic illuic) zurückgeführt. Einige leiten *lui*, der Betonung wegen, von *il*lum — **ibi** (illu — bi illùi lùi) her. Das Femininum des vulgärlateinischen *il*lae = *illi* gab *-lae*, sodann *le* und *lei* mit hinzugefügtem *i*. *Mi* kommt von *mihi*, *ti* v. *tibi*, *si* v. *sibi*, *ne* v. *nis* = *nobis*, *ci* (auch Adverbium) von *ecce* — hic, *vi* (auch Adv.) v. *i*bi (i-vi; *gli* stammt von *il*li, *le* v. *il*lae, *il lo* und *la* v. il-lo(m), *il*la(m). Die Partikel *ne* (= fr. en) ist aus dem lat. *inde* altit. *ende*, *enne* entstanden. Ueber die Pronomina *ci*, *vi*, *ne* und *le* S. Caix, Pron. it. 1. 43.

## PRONOMINA PERSONALIA.

a. = assoluti, c. = congiuntivi; Masc. = Masculinum, Fem. = Femininum; s. = selten.

| Singular | Subject<br>Nominativ | Directes Object<br>Accusativ | Indirectes Object<br>Genetiv | <br>Dativ | Ablativ |
|---|---|---|---|---|---|
| 1. Person | | | | | |
| a. | *io, i'*; ich | *me*, mich | *di me*, meiner | *a me*, mir | *da me*, v. mir |
| c. | | *mi, m'*; mich | | *mi, m'*; mir | |
| 2. Person | | | | | |
| a. | *tu*, du | *te*, dich | *di te*, deiner | *a te*, dir | *da te*, v. dir |
| c. | | *ti, t'*; dich | | *ti, t'*; dir | |
| 3. Person Masc. | | | | | |
| a. | *egli, ei, e'*; er, es<br>*esso*, er, es | *lúi*, ihn, es<br>s. *esso*, ihn, es | *di lui*, seiner<br>*di esso*, seiner | *a lui*, ihm<br>*ad esso*, ihm | *da lui*, v. ihm<br>*da esso*, v. ihm |
| c. | | *lo, 'l, il* s. *'l*; ihn, es | | *gli, gl'*, ihm | |
| Fem. | | | | | |
| a. | *ella*, sie<br>*essa*, sie | *léi*, sie<br>s. *essa*, sie | *di lei*, ihrer<br>*di essa*, ihrer | *a lei*, ihr<br>*ad essa*, ihr | *da lei*, v. ihr<br>*da essa*, v. ihr |
| c. | | *la, 'l*; sie | | *le*, ihr | |
| Reflexiv | | | | | |
| a. | | *sè* } sich | *di sè*, seiner, ihrer | *a sè* } sich | *da sè*, v. sich |
| c. | | *si, s'* } sich | | *si, s'* } sich | |

### Alte Formen:

| | Subject | Directes Object | Genetiv | Dativ | Ablativ |
|---|---|---|---|---|---|
| 1. Pers. a. | *eo*, ich | *mee, mei, mene, mere* } mich | *di mi*, meiner | *a mi*, mir | *da mi*, v. mir |
| c. | | *me*, mich | | *me*, mir | |
| 2. Pers. a. | *tue, tune*; du | *tee, tene, tei, teve* } dich | *di ti*, deiner | *a ti*, dir | *da ti*, v. dir |
| c. | | *te*, dich | | *te*, dir | |
| 3. Pers. | | | | | |
| Masc. a. | *ello, elli, el, gli, isso* } er, es | *ello*, ihn, es | *di ello*, seiner | *ad ello, lui* } ihm | *da ello*, v. ihm |
| c. | | | | *li, ei, i*, ihm | |
| Fem. a. | | *ella*, sie | *di ella*, ihrer | *ad ella*, ihr | *da ella*, v. ihr |
| c. | | | | *gli*, ihr | |

| Plural | Subject Nominativ | Directes Object Accusativ | Indirectes Object Genetiv | Dativ | Ablativ |
|---|---|---|---|---|---|
| 1. Person | | | | | |
| a. | *nói*, wir | *noi*, uns | *di nu*, unserer | *a nui*, uns | *da noi*, v. uns |
| c. | | *ci, ne*; uns | | *ci, ne*; uns | |
| 2. Person | | | | | |
| a. | *vói*, ihr | *voi*, euch | *di voi*, euer | *a voi*, euch | *da voi*, v. euch |
| c. | | *vi, v'*; euch | | *vi, v'*; euch | |
| 3. Person | | | | | |
| Masc. a. | *églino*, sie | *loro, lor*; sie | *di loro*, ihrer | *a loro*, ihnen | *da loro*, v. ihnen |
| | *essi*, sie | s. *essi*, sie | *di essi*, ihrer | *ad essi*, ihnen | *da essi*, v. ihnen |
| c. | | *li, gli*; sie | | *loro*, ihnen | |
| Fem. a. | *élleno, elle*, sie | *loro, lor*; sie | *di loro*, ihrer | *a loro*, ihnen | *da loro*, v. ihnen |
| | *esse*, sie | s. *esse*, sie | *di esse*, ihrer | *ad esse*, ihnen | *da esse*, v. ihnen |
| c. | | *le*, sie | | *loro*, ihnen | |
| Reflexiv | | | | | |
| a. | | *sè* } sich | *di sè*; seiner, ihrer | *a sè* } sich | *da sè*, v. sich |
| c. | | *si, s'* } sich | | *si, s'* } sich | |

Alte Formen:

| | | | | | |
|---|---|---|---|---|---|
| 1. Pers. a. | *no', nui, nue* } wir | *nui*, uns | *di nui*, unserer | *a nui, noi* } uns | *da nui*, v. uns |
| c. | | *ne*, uns | | *ne*, uns | |
| 2. Pers. a. | *vui*, ihr | *vui*, euch | *di vui*, euer | *a vui*, euch | *da vui*, v. euch |
| c. | | *ve*, euch | | *ve*, euch | |
| 3. Pers. | | | | | |
| Masc. a. | *egli, ei, e', elli, ellino* } sie | *elli*, sie | *di elli*, ihrer | *ad elli*, ihnen | *da elli*, v. ihnen |
| c. | | *gli, i*; sie | | *gli, i*; ihnen | |
| Fem. a. | *elle*, sie | *elle*, sie | *di elle*, ihrer | *ad elle*, ihnen | *da elle*, v. ihnen |
| c. | | *gli*, sie | | *le, gli*, ihnen | |

Aus diesem Schema geht hervor, dass die selbständigen Pronomina Personalia *(pr. assoluti)* Formen für alle Casus aufweisen, während die verbundenen *(pr. congiuntivi)* sich auf den Accusativ und Dativ beschränken.

### Anmerkungen.

§ 84. *Io* apostrophirt zuweilen *i'*. *Egli* erscheint auch in verkürzter Form und zwar als *ei* od. *e'*. Als Pronomen der dritten Person kommt. namentlich für Dinge, auch das Pronomen *esso* fem. *essa* Pl. *essi, esse* zur Anwendung; diese Formen kommen im Accusativ (im directen Object) selten vor. Eine beliebte Abkürzung ist *lor* für *loro*.

*Mi, ti, vi, lo, la* können vor jedem Vocal apostrophirt werden; *ci* und *gli* nur vor dem Vocal *i*; *le* wird nie apostrophirt, um es mit *lo* und *la* (= *l'*) nicht zu verwechseln.

Die Accusativform *il* ist nur vor Consonanten ausser *s imp.* anwendbar. wie *il vedo* ich sehe es (ihn), *il sento* ich höre es (ihn); *lo* hingegen kann überall stehen: *lo vedo, lo sento, lo amo* ich liebe ihn. *lo studio* ich lerne es.

Im gemeinen Leben (namentlich im florentinischen Dialecte) sind *la* für *ella* und *le* für *elle* sehr üblich: *la disse* sie sagte, *la fece* sie machte st. *ella disse, ella fece; . . . . la [pianta] non mi vuòl far noci* Manz. cap. 3, er [Nussbaum] will mir keine Nüsse bringen; *le dissero* sie sagten, *le fécero* sie machten statt *elle dissero, elle fécero*.

Der Italiener besitzt eigentlich kein neutrales Pronomen, welches dem deutschen „es“ entspricht. „Es ist wahr“ heisst also einfach *è vero*, es ist möglich *è possibile*. Jedoch hört man häufig *egli* im neutralen Sinne angewendet, z. B. *egli è vero, egli è possibile;* zuweilen *gli* statt *egli*, wie *gli è vero, gli è una disgrazia* es ist ein Unglück.

In der Umgangssprache vertritt oft *la* als neutrales Pronomen den Gegenstand, wovon die Rede ist, wobei man an *còsa* denkt: *Vuol Ella che gliéla dica?* Gold., Tut., I. 6. Wollen Sie, dass ich es Ihnen gerade heraussage? *Non la finisce mái [di vestirsi]* Ib. 8, er wird nie fertig (mit dem Anziehen).

Auf diese Weise sind viele Redensarten entstanden, wie *farla ad uno* einem einen Streich spielen, *affibbiárla ad uno* einem etwas aufbinden, *pagarla cara* es theuer bezahlen u. s. w.

---

### § 85. Pronomina Personalia mit einander verbunden.

Wenn die Pronomina *mi, ti, si, ci, vi* mit *lo, la, le, li* und *ne* verbunden werden, so verwandeln sie ihr *i* in *e*. Also nicht *mi lo, ti la, si le* etc., sondern *me lo, te la, se le, ce li, ve ne* u. s. f., Formen, die man auch in einem Worte schreibt: *melo, tela, sele* u. s. w. und welche in *mel, tel, sel* u. s. w. abgekürzt werden können.

Für *mel (= me il), tel (= te il), sel (= se il)* etc. schreibt man auch *me 'l, te 'l, se 'l* u. s. w.

Dieselben Formen bilden mit dem Verbum ein einziges Wort: *parlármene* mir davon sprechen, *parlándotene* dir davon sprechend.

*Gli* in der Verbindung mit *lo, la, le, li, ne* lautet *glie: glielo, gliela, gliele, glieli, gliene,* auch getrennt *glie lo, glie la* u. s. w.; hierbei ist zu bemerken, dass *gli* in Verbindungen auch für *le* steht; *glielo dico* heisst also ich sage es ihm *(= io lo dico a lui)* und ich sage es ihr *(= io lo dico a lei), le lo dico* ist falsch.

Die Pronomina *mi, ti, ci, vi, lo, la, li, gli, le* und *ne* bilden ferner mit *ècco* (lat. ecce), ein einziges Wort: *èccomi* da bin ich, *èccoti* da bist du, *èccoci* da sind wir u. s. w.

Statt *con me, con te, con sè* gebraucht man auch *meco, teco, seco* = lat. mecum, tecum, secum.

---

## § 86. Pronomina Personalia in Verbindung mit dem Verbum.

Die Congiuntivi *mi, ti, si, gli, li, la, le, lo, ci, ne, vi* verschmelzen mit dem Verbum, wenn sie demselben nachstehen: *parliámogli* lasst uns ihm sprechen, *màndami* schicke mir (mich); bei der Verschmelzung verliert der Infinitiv den Auslaut: *parlarti* (f. *parlare ti*) dir sprechen, *mandarci* f. *mandare ci*) uns schicken; die Infinitive auf *-rre* verlieren die letzte Silbe als *opporsi* (für *opporre si*) sich widersetzen.

Die Endung *-no* stösst das *o* aus, die Endung *-nno* die letzte Silbe: *diconsi* (f. *dicono si*) st. *si dicono, dansi* (nicht *danno si*) st. *si danno.* Die Endung *-mo* verliert *o: facciámlo* (nicht *facciámo lo*) thun wir es. Die genannten *Congiuntivi, gli* ausgenommen, verdoppeln ihren anlautenden Consonanten, wenn das Verbum accentuirt oder einsilbig ist: *parlòmmi* (nicht *parlò mi*) st. *mi parlò* er sprach mir, *fallo* (nicht *fa lo*) thue es.

---

## § 87. Pronomina Personalia der Anrede.

In der Anrede bedient man sich der Pronomina *tu, voi* und *ella* nebst den zugehörigen Objectsformen.

1. *Tu* du ist wie im Deutschen der Ausdruck der gegenseitigen Vertraulichkeit, der nahen Verwandtschaft, der innigen Freundschaft und Liebe.

Beispiele:

*Hai* **tu** *posto mano all' edizione del Marchetti?* Leop. Ep. 338; *Mio caro, è lungo tempo che non* **ti** scrivo, Ib. 315 (Leop. an s. Freund Brighenti); **Tu ti** *lagni del mio lungo silenzio,* Ib. 382 (Leop. an s. Schwester Paolina); *Ma* **tu** *mi dici d'èsser molto infelice,* Ib. 85 (Leop. an s. Freund Giord.); *Ma òggi* .... **tu** *devi èssere la mia spòsa,* Carc. Gab. e Cam. p. 291.

**Tu** ist zugleich der Ausdruck des Zorns und der Verachtung: *Ajùtati,* *ajùtati*, *chè ora son fatti e non paròle,* D'Az., Ett. Fier. 297.

Tu gebraucht man auch gegen ganz untergeordnete Diener: *Puòi* **tu** *camminare? Credo di sì, signore; Come* **tu** *rifiùti il mio denaro?* Gold. Burb. a. II s. 21.

2. **Voi** ihr ist die gewöhnlichste Anrede. Sie wird besonders angewandt zwischen Bekannten von gleichem Stande, in den gewöhnlichen Verhältnissen zu Freunden und Untergebenen.

Beispiele:

*O Dio!* **voi** *non sapete in che pena sono stato questi giorni per* **voi**, Leop. Ep. 30 (L. an Giord.); *Amico, dove andate* (**voi**)? Gold.; *Amico,* **voi** *mi sorprendete,* **voi** *m'incantate,* Id.

Im Geschäftstyle bedient man sich ebenfalls der Anrede **voi**.

---

§ 87. 1. Die Anrede mit **tu** ist die älteste und kommt vom Latein. Dante selbst bedient sich derselben, mag er verworfene und von ihm verachteten Seelen anreden, oder die, welchen er zugeneigt ist wie Virgilio und Francesca da Rimini. Die Gebirgsbewohner vieler Provinzen Italiens sagen noch zu jedermann **tu**.

2. Diese Anrede ist aus dem lateinischen **vos** hervorgegangen. **Voi** ist für Dante der Ausdruck der Ehrerbietung; so redet er die edleren Seelen (z. B. Farinata degli Uberti) in seiner Divina Commedia stets mit **voi** an; Par. XVI. 10 wird er von Beatrice belächelt, weil er *Cacciaguida*, seinen Ahnherrn, mit **voi** anredet.

In der Anrede an Gott und in der Dichtkunst schwankt der Gebrauch zwischen **tu** und **voi**:

*Padre nòstro, che* **sèi** *ne' cièli* od. *che* **sièto** *ne' cièli* (Vater Unser); *O Musa,* **tu** *che di caduchi allòri* etc., Tas. Ger. lib. 1. 2; **Tu** *magnànimo Alfonso,* Ib. 1. 4.; *Piàcciavi, generosa Ercùlea pròle* ecc., Ar. Or. 1. 3.; **Voi** *sentirete fra i più degni Eròi,* Ib. 4.

3. Die feinste und höflichste Weise, eine Person anzureden, geschieht, abweichend vom Deutschen, mit der 3 Ps. Sg. und zwar mit den Pronomina **ella** od. **lei**.

Diese Art der Anrede hat ihren Ursprung von dem jetzt nicht mehr gewöhnlichen **Vòstra Signoría** contrahirt **Vossignoría**, gew. geschrieben **V. S.**, Eure Herrlichkeit, wovon **ella** das Relativ ist. **Ella** sollte nur im Casus rectus und **lei** in den übrigen Casus angewendet werden, man sagt aber in Rom und in vielen Provinzen Italiens, auch **lei** im Casus rectus.

Eine natürliche Folge dieser Anrede durch **ella** od. **lei** ist, dass man sich des Possessivums **suo** (auch **di lei**) bedienen muss, wenn man die Sachen der angeredeten Person bezeichnen will.

DECLINATION.

| | | | | |
|---|---|---|---|---|
| | *Vossignoría* | | *Ella* auch *Lei* | Sie |
| *di* | *Vossignoría* | *di* | *Lei (suo, sua)* | Ihr |
| *a* | *Vossignoría* | *a* | *Lei (Le)* | Ihnen |
| | *Vossignoría* | | *Lei, La* | Sie |
| *da* | *Vossignoría* | *da* | *Lei* | von Ihnen |

Beispiele:

*Còsa dic'* **ella**, *signora Rosàura? Per me son contentissima,* Gold. Tut. 1. 5.; *Verrò dove* **lei** (f. ella) *vuòle,* Ib. 1. 2.; *Toc-*

3. Vostra Signoría als ehrende Anrede findet sich schon bei den ältesten Schriftstellern, aber ohne das entsprechende **ella**; die Personen wurden noch stets mit voi angeredet. Erst mit dem 16. Jahrh. wird die jetzt allgemein übliche Anrede durch ella eingeführt. *Machiavelli* richtet sie nur an die höchsten Häupter, z. B. den Papst. A. Caro schwankt in seinen Briefen zwischen voi und ella; in Tasso's Briefen ist das ella für vornehme Personen schon vorherrschend. Ueber die italienische An-

*cherèbbe* **a lei**, *se avesse un pòco più di prudènza*, Ib. 1. 5.; **Lei** (f. ella) *faccia pure quel che vuòle*, Ib.; **La** *vènero e* **la** *rispètto*, Ib. 1. 6.; *Signora Rosáura, ho da far***le** *una proposizione, ma vorrèi che vi fosse anche il* **suo** (auch di lei) *signor zio, perchè anch' egli è il suo* (auch *di lei*) *tutore*, Ib. 1.; *Le rincrescerà di lasciar la* **sua** *signora madre?* Ib. 1. 8.; *Oh così va bene! Se egli non verrà* **da lei, ella** *andrà da lui*, Ib. 1. 5.; *Con* **lei** *non vòglio più avér che fare*, Ib. 1. 6.

**Le** in Verbindung mit den Congiuntivi *la, lo, le, li, ne* heisst *gliela, glielo, gliele, glieli, gliene.*

Beispiele:

*Sarèbbe stato mèglio, se* **gliel'** *avesse detto*, Gold. Tut. 1. 5.; *Se* **gliel'** *avesse detto, si sarèbbe corrètta*, Ib.

In der Anrede durch **voi** ihr, **tu** du, richtet sich das darauf bezogene Adjectivum oder Participium nach dem Genus und Numerus der angeredeten Person. In der Anrede durch **ella** soll, den besten Schriftstellern zu Folge, das Adjectivum oder Participium, weil es als auf *Vossignoria* sich beziehend gedacht wird, immer femininum, sein.

In neuerer Zeit ist es allgemein üblich geworden, alle Formen der höflichen Anrede **Ella** mit grossen Anfangsbuchstaben zu schreiben.

Will man mehrere Personen auf die höflichste Art anreden, so bedient man sich des Pronomens **loro** abgek. **lor**, welches man mit **signori, signore** verbindet: *Lor signori mi fácciano* (zu Herren) thun sie mir, *lor signore mi fácciano* (zu Damen), (Plurale von *signore* und *signora*); *Ma* **lor signori** *son tròppo giusti, tròppo ragionévoli*, Manz. Pr. Sp. c. 1. Aber die Herren sind viel zu gerecht, viel zu vernünftig.

---

rede S. Brief 10 (Claudio Tolomei ad A. Caro), Brief 14 (Celso Cittadini a Belisario Bulgarini), Brief 18 (G. Baretti al Franzini) — Lettere precettive di eccellenti scrittori, P. Fanfani 11 ed. Fir. Barbèra 1871; Leop. an P. Giordani, Ep. 16; P. Verri, „Caffè", t. II. 1775–66.

## § 88. POSSESSIVA.

| | Singular Masc. | Singular Fem. | Plural Masc. | Plural Fem. |
|---|---|---|---|---|
| 1. Pers. | *mío* mein | *mía* meine | *mièi* meine | *míe* meine |
| 2. „ | *túo* dein | *túa* deine | *tuòi* deine | *túe* deine |
| 3. „ | *súo* sein (ihr) | *súa* seine (ihre) | *suòi* seine (ihre) | *súe* seine (ihre) |
| 1. „ | *nòstro* unser | *nòstra* unsere | *nòstri* unsere | *nòstre* unsere |
| 2. „ | *vòstro* euer | *vòstra* eure | *vòstri* eure | *vòstre* eure |
| 3. „ | *loro* ihr | *loro* ihre | *loro* ihre | *loro* ihre |

Diese Pronomina haben fast immer den bestimmten Artikel vor sich, mit welchem sie mittelst der Casuspartikeln declinirt werden: *il mío, del mío, al mío, dal mío, i mièi, dei mièi, ai mièi, dai mièi.*

---

### § 88. Alte Formen.

| | Singular Masc. | Singular Fem. | Plural Masc. | Plural Fem. |
|---|---|---|---|---|
| 1. P. | *meo, mi', mi, mo* | *ma* | *mie', mie, mia* | *miele, miei, mia* |
| 2. „ | *tio,* Bocc. *tujo, to* | *toa ta* | *tuo', toi, tui, tua, ti* | *tua* |
| 3. „ | *sio, so* | *soa, sa* | *suo', soi, sui, sua* | *suoe, sua* |
| 1. | | | | |
| 2. „ | *vosso* | *vossa* | | |
| 3. „ | *suo (=loro)* | *sua (=loro)* | *suoi, sua (= loro)* | *sue, sua (= loro)* |

#### Etymologisches.

*Mio* altit. *meo* stammt von meu(s)-m (= meom), wie *Dio* altit. *Deo* von Deus; *tuo* von tuu(s)-m (= tuo-m); *suo* von suu(s)-m (= suo-m). *Miei* kommt von mĕi (ĕ = ie, wie in *piede* v. pĕdem, u. a. vgl. Lautl. § 3); die lateinischen Formen tui, sui wurden zuerst *tŏi, sŏi,* alsdann *tuoi, suoi* (ŏ = uo, wie *buono* v. bonu(s)-m, vgl. Lautl. § 3); *nostro* ist das lat. noster (Acc. nostro-m); *vostro* wurde von voster (Acc. vostro-m) dem noster gleichlautend, nicht von vester entnommen. *Loro* aus illorum bleibt etymologisch richtig unflectirt.

#### Anmerkungen.

*Tui* und *sui* für *tuoi* waren bei den Alten sehr üblich, im Reim werden sie heute noch zugelassen. *Tio* und *sio* sind Anbildungen an *mio*. *Mia, tua, sua* im Plural waren besonders bei den Florentinern beliebt, welche noch jetzt *i mia parenti, i tua piedi, i fatti sua* u. s. w. sagen. Boccaccio (Dec. 8. 10) hat einmal *tujo* für *tuo*. *Vossa* für *vostra* hat sich im Compositum *Vossignoria* (§ 87) erhalten. *Mio, tuo, suo* und *mia, tua, sua* erleiden im Altit. Contraction, als *mo, to, so* und *ma, ta, sa,* Formen, die man als Suffixe meist den Verwandtschaftsnamen (auch *signore* Herr) anzuhängen pflegte, z. B. *fratelmo, figliuolto, signorso, mo-*

## DEMONSTRATIVA

§ 89. Die italienische Sprache kann die verschiedenen Grade der Nähe oder Entfernung eines Gegenstandes ebenso scharf unterscheiden wie die lateinische. Sie hat überdies vor der letzteren den grossen Vortheil, dass sie durch die Endung zum Theil aussdrücken kann, dass der angezeigte Gegenstand eine Person oder eine Sache ist. Diese Pronomina lassen sich in zwei Classen trennen: 1) Adjectivisch und substantivisch anwendbare Demonstrativa, 2) Bloss substantivisch anwendbare Demonstrativa.

---

### § 90. Adjectivisch und substantivisch anwendbare Demonstrativa.

| Singular | | Plural | |
|---|---|---|---|
| Masc. | Fem. | Masc. | Fem. |
| *questo* dieser (hier) | *questa* diese (hier) | *questi* diese (hier) | *queste* diese (hier) |
| *cotesto* dieser (da) | *cotesta* diese (da) | *cotesti* diese (da) | *coteste* diese (da) |
| *quello* jener | *quella* jene | *quelli, quei, que'* *quegli* jene | *quelle* jene |

#### Anmerkungen.

*Questo* (lat. hic) bezeichnet, was mit der redenden Person im Zusammenhang steht; *cotesto* (lat. iste) bezeichnet den Angeredeten und was mit ihm im Zusammenhang steht; *quello* (lat.

---

*gliama, mammata, suorsa* für *fratello mio, figliuol tuo, signor suo, moglie mia, mamma tua, sorella sua.* Getrennt vom Substantivum sind diese contrahirten Formen selten. Sam, sos, sis für suam, suos, suis sind auch im Latein vorhanden (Vgl. Diez, Gr. 11. 86). *Madonna* (contrah. *Monna*), *madama, madamigella, messere* (v. *mio sere* = *sire* v. *Signore*) und *Monsignore* wurden in der frühesten Zeit aus dem Französischen entlehnt.

§ 90 Alte Formen.

Statt *questo, -a, -i, -e* alt (poetisch auch bei neueren Dichtern) *esto, esta, esti, este*; statt *questo* und *questa* wiederum *sto sta, chisto chista.* Bei Jacopone da Todi *testo* für *cotesto*; statt *quello*: *quillo*; statt *quelli*: *chilli, queglino*; statt *quelle*: *quelleno.*

Etymologisches.

*Questo* kommt v. lat. eccu' istum, *questa* v. eccu' istam; *quello* entsteht aus eccu' illum, *quella* aus eccu' illam; *cotesta* bildete sich aus eccu' tibi istum, *cotesta* aus eccu' tibi istam.

ille bezeichnet den Entfernteren und was mit ihm zusammenhängt.

*Questo* und *questa*, *quello* und *quella* werden vor Vocalen, namentlich vor *a* und *o*, gewöhnlich apostrophirt: *quest'ornamento* diese Verzierung, *quest'altra formalità* (Manz. Pr. Sp. c. 1) diese andere Formalität, *quell'immaginazione* (Ib. c. 11) jene Einbildung.

Statt *cotesto* schreibt man, wegen der nahen Verwandtschaft des *t* mit *d*, auch *codesto* (vgl. Lautl. § 6).

In den sehr üblichen Compositis *stamane*, *stamattina* diesen Morgen, *stasera* diesen Abend und *stanòtte* diese Nacht zeigen sich noch die alten Formen *sto* und *sta* für *questo* und *questa*.

*Quello* steht vorzüglich vor *s impura* oder am Ende des Satzes (vgl. *bello*): *quello strale* jener Pfeil, *un' uòmo come quello* (Manz. Pr. Sp. c. 111) ein Mann wie jener. Vor anderen Consonanten wird *quello* gewöhnlich in *quel* abgekürzt (wie *bèllo* = *bèl*): *Quel ramo del lago di Como* etc. (Manz. Pr. Sp. c. 1).

Im Plural steht vor Vocalen und *s impura* *quegli* und *que'* (Vgl. *begli, bei, be'*): *quegli animali, quegli scellerati, quelli casi* od. *quei* und *que' casi, in que' tèmpi* (Manz. Pr. Sp. c. 1). Das Femininum im Plural erleidet keine Abkürzung.

## § 91. Bloss substantivisch anwendbare Demonstrativa.

Unter diesen gibt es drei, welche nur für männliche Personen im Singular und im Casus rectus verwendet werden dürfen:

*questi* dieser (Mann) hier
*cotesti* oder *codesti* dieser (Mann) da
*quegli* oder *quei* jener (Mann)

Es sind diese im Grunde die schon (§ 90) besprochenen Pronomina, nur dass sie hier die Endung *-i* statt *-o* annehmen.

---

§ 91. Etymologisches.

*Questi* stammt aus eccu' iste, *quegli* aus eccu' ille, *cotesti* aus eccu' tibi iste.

Anmerkungen.

Die alte Sprache widerspricht oft dem heutigen Gebrauch; sie setzt gar oft *questo*, *cotesto* und *quello*, wo man die persönlichen *questi*, *cotesti*

In den Casus obliqui verschwindet die besondere persönliche Form und die Endung *o* nimmt ihren ursprünglichen Platz wieder ein; also *questi* aber *a questo, di questo, da questo*, Acc. *questo*. Das Femininum hat keine besondere persönliche Form, ebenso der Plural.

---

§ 92. 1. Die übrigen „bloss substantivisch anwendbaren Demonstrativa" sind ebenfalls nur persönlich, aber für beide Genera.

| Singular | | Plural |
|---|---|---|
| Masc. | Fem. | Masc. u. Fem. |
| *costúi* dieser | *costèi* diese | *costoro* diese |
| *cotestúi* dieser (da) | *cotestèi* diese (da) | *cotestoro* diese (da) |
| *colúi* jener | *colèi* jene | *coloro* jene |

Anmerkungen.

2. Diese Pronomina können in den Casus obliqui und mit allen Präpositionen construirt werden: *a costui, di costui, da costui, con costui* u. s. w.; ausserdem besitzen sie, Kraft ihrer Form, die Eigenschaft eines lateinischen Genitivs seltener eines Dativs, indem sie zuweilen ohne Präposition stehen: *La costui fame* (Bocc. Fiam. 4) für *la fame di costui, Per lo costoro amore* (Id. Dec. 4. 3) für *per lo amore di costoro, Ma la costoro tròppa dimestichezza non è molto sicura* Nimiae familiaritates eorum neque tam fideles sunt (Vgl. Man. Pes. 809). *Le coloro immaginazioni* für *le immaginazioni di coloro* Ihre Einbildungen (Leop. St. d. g. u.).

3. *Cotestúi* und *cotestèi* (Pl. *cotestoro*) bezeichnen eigentlich die Person, welche dem Angeredeten nahe steht; der gew.

---

und *quegli* erwarten sollte, z. B. Pet. Trionfi: *Questo cantò gli errori e le fatiche.* Umgekehrt galten die bloss persönlichen Formen auch für Thiere und Sachen: *Questi (il leone) parea che contra me venesse* (Dan. Inf. 1. 46), *Quegli (amore) vuol ch'io ti perdoni, questi (sdegno) vuole* etc. (Bocc. Dec. 4. 1). Die persönliche Form (auf *i*) erscheint auch in den Casus obliqui: *A quegli che mi tien tanto affannato* (Bocc. 10. 7); seltener im Accusativ, wie Dan. Inf. 2. 104: *Che non soccorri* quei *che t'amò tanto?*

Etymologisches.

§ 92. 1. *Costui* kommt von eccu' istuic (Dat. v. istic), *cotestui* v. eccu' tibi istuic, *colui* v. eccu' illuic; *costei, cotestei* und *colei* haben sich auf *lei* gebildet; *costoro, cotestoro* sind zusammengesetzt aus istorum und *coloro* aus illorum.

Gebrauch beschränkt sich aber fast gänzlich auf *costúi, costèi* (Pl. *costoro*) und *colúi, colèi* (Pl. *coloro*).

4. Alle diese Pronomina sind nur im vertraulichen Umgang gebräuchlich, zuweilen verbindet man damit den Sinn einer gewissen Verachtung: *Don Abbondio* (Manz. Pr. Sp. c. 1) sagt von seiner *Perpètua: Vedete che bèi pareri mi sa dar costèi* Sehet ihr, welche schöne Rathschläge mir die da geben kann; *Chi è costui? cacciátelo vía* (R. F.) Wer ist der da? jagt ihn fort.

5. Zu den Demonstrativa gehört auch das einzige neutrale Pronomen *ciò* (v. ecce hoc) das, welches man mit allen Präpositionen construiren kann, z. B. *a ciò, di ciò, da ciò, con ciò* u. s. w. In der Verbindung mit *è* (ist) bildet *ciò* das Adverbium *cioè*, getrennt *ciò è* das heisst, lat. id est.

---

## RELATIVA.

§ 93. Die Pronomina relativa sind: *quále* (v. qualis) mit dem bestimmten Artikel, *che* (ausgesprochen *ché* v. quid), *cúi* (v. cujus) und *chi* (v. quis).

1. *Quále,* welcher, -e, -es, als Relativum nimmt stets den bestimmten Artikel an, verbindet sich mit allen Präpositionen und gilt für Personen und Sachen.

---

Die Alten bezogen diese Pronomina auch auf Thiere und Sachen: *A seguitar costui* (papagallo) *si dispose* (Bocc. Fil. 7); *Seguendo lo giudicio di costei (fortuna)*, (Dan. Inf. 7. 83).

5. Die Alten sagten auch *ciò era, ciò fù, ciò sono, ciò erano* = das war, das sind, das waren. Bei den Aeltesten findet man sogar *ciò è a dire* = fr. c'est à dire: *Molte città di Lombardia rubellarono al detto Federigo:* ciò fu *Milano, Cremona* etc, G. Vill., (Cin. 1. 226); *La sesta condizione, che dee avere la confessione, si è* frequens; cioè a dire, *che si faccia spesso*, Passav. (Cin. 1. 227).

§ 93. 1. In der alten Sprache trifft man zuweilen dieses Relativum ohne Artikel, z B.: *Orlando appunto a Montalban giugnea, Quale era stato per molti paesi*, Pul. Morg. 11. 47. Die Alten sagten gern *lo quale* st. *il quale*, und die Aeltesten gebrauchen *li quagli* für *i quali: Lo qual per mezzo questa oscura valle*, Pet. Canz. 2; *Li quagli intesi non voglian che sieno*, Franc. Barberino 158. 10.

| Masculinum | | Femininum | |
|---|---|---|---|
| Sing. | Pl. | Sing. | Pl. |
| *il quale* | *i quali* | *la quale* | *le quali* |
| *del quale* | *dei quali* | *della quale* | *delle quali* |
| *al quale* | *ai quali* | *alla quale* | *alle quali* |
| *il quale* | *i quali* | *la quale* | *le quali* |
| *dal quale* | *dai quali* | *dalla quale* | *dalle quali* |

Mit den übrigen Präpositionen: *col quale, colla quale, pel quale* u. s. w.

Beispiel: *Deliberò (Giòve) valersi di nuòve arti a conservare questo mìsero gènere, le quali fúrono principalmente due,* Leop. st. d. g. u.

## Anmerkungen.

*Il quale* und *la quale* können vor Consonanten, ausgenommen vor *s impura,* das *e* abwerfen, also *il qual, la qual.* Vor Vocalen muss die Abwerfung des *e* durch den Apostroph angedeutet werden, also *il qual', la qual'. I quali* und *le quali* können sich vor Consonanten, *s imp.* ausg., zu *i quai, le quai* und sogar auch zu *i qua', le qua'* gestalten. Vor *s imp.* und Vocalen steht immer die volle Form *quali.* Statt *il quale, la quale* und *i quali, le quali* setzt man im Nominativ und Accusativ meistens und lieber für beide Genera und Numeri *che*, gleich wie man im Deutschen statt des umständlicheren und nachdrücklicheren welcher, -e, -es das schwächere der, die, das setzt, Beispiel: *Tutti gli uòmini* **che** (st. *i quali*) *da principio popolárono la tèrra . .,* Leop. st. d. g. u. Alle Menschen, **die** Anfangs die Erde bevölkerten.

2. **Che** (ausgesprochen *ché*) der die das, persönlich und sächlich, gilt für beide Genera und Numeri:

**che, di che, a che, che, da che**

*Che* als persönliches Pronomen ist nur im Nominativ und Accusativ üblich. *Che* als sächliches Pronomen kann auch in allen Casus und mit allen Präpositionen angewendet werden. Doch muss man die Verbindungen **da che** und **per che** vermeiden, weil man sie leicht mit *da chè* oder *dacchè* seitdem, und *perchè* weshalb verwechseln kann.

---

2. Die Alten, namentlich die Dichter, haben die Präpositionen auch mit dem persönlichen *che* verwendet: *E la reina*, **di** ch'*io sopra dissi,*

Bezieht sich *che* auf einen ganzen vorangegangenen Satz, dann nimmt es den Artikel an, und als ein neutrales Pronomen geltend, steht es nur im Singular, also:

**il che, del che, al che, il che, dal che**

wofür auch *la qual còsa* (was), *alla qual còsa, dalla qual còsa.* Beispiel: *Imperciocchè gl'infelici hanno ferma opinióne che églino sarèbbero felicissimi quando si riacéssero dei pròpri mali:* **la qual còsa** (st. *il che), come è la natura dell' uòmo, non máncano mai di sperare che debba loro succèdere in qualche mòdo,* Leop. st. d. g. u. Da die Unglücklichen überzeugt sind, dass sie sehr glücklich sein würden, wenn sie nur erst ihre Leiden los werden könnten, geben sie, wie es in der menschlichen Natur liegt, nie die Hoffnung auf, dies auf irgend eine Art zu erreichen.

3. **Cúi** (dessen, deren, dem, der, den) hat keinen Nominativ und gilt für beide Genera und Numeri.

**—, di cui, a cui, cui, da cui.**

Mit den anderen Präpositionen: *con cui, per cui, in cui* u. s. w.

*Cui* vertritt *quale* und *che* in allen Casus obliqui; es bezieht sich vorzugsweise auf Personen, doch auch auf Sachen. Beispiele: *Doni, questo è un male* **a cui** *si dee rimediare,* G. Goz. Dif. d. Dan. d. 11; *E così i nòstri giórni fóssero come quelli,* **in cui** *veramente amiamo!* Carc. Ang. Mar. Prol.; *Cui sèrpe mòrse, lucèrta teme* Wen eine Schlange biss, der fürchtet eine Eidechse, Düringsfeld. *Cui* ersetzt im Accusativ *che,* wo es zweifelhaft sein könnte, ob *che* lat. **qui** oder **quem** bedeute; '*l'uòmo che* (od. *il quale) ha ammirato*' heisst also 'der Mann

---

Pet. (Cin. 1. 160). Beispiele mit *da che* und *per che* liefert die alte Sprache nicht selten: *Che riso e pianto son tanto seguaci, a la passion,* **da che** *ciascun si spicca.* Dan. Purg. 107. Hart ist das bei den Alten vorkommende *che* für *di che, a che: Il giudeo liberamente d'ogni quantità,* **che** *il Saladino il richiese, il servì,* Bocc. Dec. 1. 3; *Ed io son un di quei* **che** *'l pianger giova,* Pet. canz. 4. Noch härter ist neutrales *che* für *quel che* was: *Ed a gli umani è dato, sedersi insieme, e dir,* **che** *lor incontra,* Pet. (Cin. 1 166). *Che* wird sogar in der alten Sprache unterdrückt: *Non vi rimase un sol,* [che] *non lacrimassi,* Pul. Morg. 22. 150.

3. Die Alten gebrauchen *cui* auch im Nominativ: **Cui** *la fama una volta perde, appena unqua la restituisce,* Alb. Giud. (Cin. 1. 316).

welchen er bewundert hat' und 'der Mann, welcher bewundert hat'; *'l'uòmo cui ha ammirato'* kann nur heissen, 'der Mann, welchen er bewundert hat.'

*Cui* kann die Stelle von *di cui* und *a cui* vertreten, z. B.: *Vi sono balli e spettácoli,* **cui** (st. *a cui*) *non interrènga la prima?* Gold. Burb. 1. 2.

4. **Chi** (wer, der — welcher) ist das einzige Relativum, welches durchaus nur auf Personen bezogen werden darf. Es bleibt unveränderlich für beide Genera und Numeri, doch wird es vorzugsweise im Singular verwendet:

**chi** **di chi** **a chi** **chi** **da chi**

*Chi* hat eine complexive Kraft, indem es die Stelle eines demonstrativen und eines relativen Pronomens zugleich vertritt. *Chi* in bestimmter Beziehung bedeutet so viel als **colui — il quale** *(che)* oder **quegli — il quale** *(che)* der welcher; in unbestimmter Beziehung enthält *chi* den Begriff von **uno — il quale** *(che)* einer der, oder **alcuno — il quale** *(che)* Jemand — der. Beispiele: **Chi** *vede queste còse senza rídere, non ha un sènso cómico delicato,* De Am. Pag. Sp. 250; **Per chi** *studia il cuòre e le sue miglióri affezióni,* Carc. Ang. Mar. Prol.; *Eppure v'è* **chi** *non ama queste creature!* De Am. Pag. Sp. 249.

## INTERROGATIVA.

§ 94. Die Pronomina interrogativa *(pronomi interrogativi)* sind der Form nach dieselben, die soeben als Pronomina relativa angeführt worden sind, nämlich:

*Quale?* welcher, welche, welches?
*che?* was? (welcher, welche, welches?)
*chi?* wer?
*cui?* wessen, wem, wen?

Alle diese Pronomina werden mit den einfachen Casuszeichen declinirt und verbinden sich mit allen Präpositionen.

1. *Quále,* abgekürzt *quál,* hat im Plural *quáli,* auch *quái* und *qua'*; es ist persönlich und sächlich, und unterscheidet sich

---

4. Die seltenen Beispiele, wo *chi* sächlich ist, sind nicht nachzuahmen: *Guanciali,* **chi** *di velluto, e* **chi** *di raso,* Fir. As. (Cin. 1. 203).

§ 94. 1. *Chente* (Pl. *chenti*) für *quale?* ist ganz veraltet: (Lab.)

vom relativen *quále*, dass es immer ohne Artikel steht. Beispiele: *Qual guiderdone?* Leop. Plot. Porf. Welcher Lohn? *A quale di cotesti vent'anni . . ?* Id. Vend. Pass. Welchem dieser zwanzig Jahre? *Quali preválgono ne'tuòi pópoli, i prègi o i difètti?* Leop. Ter. Lun. Was wiegt denn bei deinen Bewohnern vor, die Vorzüge oder die Fehler? (Heyse). *Di quali hai maggiór còpia, di bèni o di mali?* Ibid. Wovon hast du grösseren Vorrath, von Gütern oder von Uebeln? (Heyse). *Quai patti vuòi tu?* G. Goz. Oss. 1. 49; *Da qual parte del cièlo . . ?* Ib. 54.

2. *Che* (ausgesprochen *ché*) ist ein neutrales Pronomen; statt *che* sagt man auch *che còsa* und im Gespräche einfach *òsca*. *Che* wird oft und zierlich für das persönliche und sächliche *quale* gebraucht.

Beispiele: *Come, che vuòi tu dire?* Leop. Plot. Porf. Wie, was willst du sagen? *Che còsa è il piacere?* Id. Tas. Gen. Was ist das Vergnügen? *Còsa c'è?* Gold. Tut. 1. IX. Was gibt's? *Di che colore sono cotesti uòmini? Che uòmini?* Leop. Ter. Lun. Von welcher Farbe sind diese Menschen? Welche Menschen? *Oh, che vita vorreste voi dunque?* Id. Vend. Pass. Oh, welches Leben wünschtet ihr also? *Che nuòve?* Leop. Fol. Gn. Welche Neuigkeiten? *A che pensavi tu in quel tèmpo?* G. Goz. Oss. 1. 55.

3. *Chi* ist nur persönlich und unveränderlich in beiden Genera und Numeri. Beispiele: *Chi sono questi sciagurati?* Leop. scom. Prom. Wer sind diese Unglücklichen? *Chi li ha uccisi?* Ib. Wer hat sie getödtet? *Chi veggo?* Gold. Burb. 11. 14. Wen sehe ich?

4. *Cui* ersetzt zuweilen *chi* in den Casus obliqui; statt *a cui* kann nur *cui* stehen. Beispiele: *a cui parli tu?* oder *cui parli tu?* st. *a chi parli tu?* Mit wem sprichst du? — *Con cui andate voi?* st. *con chi andate voi?* Mit wem gehet ihr?

---

## INDEFINITA.

Die Pronomina indefinita (*pronomi indefiniti*) sind theils substantivisch, theils adjectivisch, meistentheils aber sowohl substantivisch wie adjectivisch.

---

*Chente è il modo, chenti sono i vocaboli?* (Cin. 1. 192). Ueber ein dialectisches *quegno* fem. *quigna* (quinam?) = *quale*, S. N. Caix, Pron. it. 1. 43.

## Verzeichniss.

*Uno* (v. unus) fem. *una*, einer, eine, eines; subst. und adj.: *Uno lèva la lèpre e un altro la piglia* Einer jagt den Hasen und ein anderer fängt ihn, D. Mit *uno* werden viele Pronomina indefinita gebildet.

*alcuno* (v. aliqu(is)-unus) fem. *alcuna* Jemand, irgend einer, -e Pl. *alcuni, alcune* einige; subst. nur pers., adj. pers. und sächl. *Alcuno* mit der Negation heisst keiner und ist ohne Plural: *A gusto guasto, non è buòno alcun pasto*, S.: *Dei giovani ne muòre alcuno (= qualcuno), dei vècchi non ne campa niúno* Von den Jungen stirbt wohl Einer, von den Alten bleibt keiner leben, D.

*certuno* (v. certus-unus) irgend Jemand, ein gewisser, fem. *certuna*, Pl. *certuni, certune;* subst. u. persönl. Statt dessen

*un cèrto* (v. unus-certus) ein gewisser, fem. *una cèrta*, Pl. einfach *certi, certe;* subst. und adj, pers. und sächl. *taluno* (v. talis-unus) ein gewisser, fem. *taluna*, Pl. *taluni, talune;* subst. und pers.; *Vi sono taluni che vògliono giudicare delle còse che non conóscono*, Th. Cl. 84. Statt dessen auch

*un tale* (v. unus talis) ein gewisser, fem. *una tale*, Pl. *tali* masc. und fem.; subst. und adj., pers. und sächl.

*quálche* (v. qualis-quam) irgend ein, masc. und fem., nur Sing., adj., pers. und sächl.: *Tra la spiga e la mano, sèmpre s'interpone qualche nòdo* Zwischen die Aehre und die Hand kommt immer [irgend] ein Knoten, D.

*qualcuno* (v. qualis-quam-unus), irgend einer, fem. *qualcuna*, nur Sing., subst. pers., adj. pers. und sächl. sehr selten: *Non fu mai sì gran banchetto, che qualcún non desinasse male*, S.

*qualcheduno* (v. qualis-quam-et-unus) fem. -*a* wie *qualcuno*.

*qualcòsa* (= qualche còsa) Etwas: *È mèglio qualcòsa che niènte* Etwas ist besser als Nichts.

*ogni* (v. omnis) jeder, jedes, jede, masc. und fem., nur Sing.,

---

*alcuno* bei den Alten auch gleich *uno: Ed appersono alcuna porta della terra*, G. Vill. (Cin. 1. 51).

*qualche* im Pl. selten: *Addormentato in qualche verdi boschi*, Pet. c. 37.

*Qualcheduno* leitet Caix (Studi d. Etimg. it. e rom.) v. altit. *qualche-uno* ab, mit eingeschobenem *d* (= *qualche-d-uno*) zur Vermeidung des Hiatus. Vgl. *Ciascheduno*.

*ogni* bei den Aeltesten auch subst.: *Non è già pregio stare, ove stanno*

adj., pers. und sächl.: *Ogni mulino vuòl la sua acqua*, S. Jede Mühle will ihr Wasser; *Ogni fatica mèrita ricompènsa*, S. Jede Mühe verdient Lohn. Pl. nur in *Ognissanti* Allerheiligenfest und vor Zahlen: *ogni due anni* alle zwei Jahre.

*ognuno* (v. omnis-unus) ein jeder. fem. *ognuna*, nur Sing., subst. und pers.: *Ognuno tira l'acqua al suo mulino* Jeder leitet das Wasser auf seine Mühle, D.

*ciascuno* (v. quisque unus) ein jeder, fem. *ciascuna*, nur Sing., subst. nur pers., adj. pers. und sächl.: *ciascuno per sè pesca* Jeder fischt für sich, D.

*ciaschedunо* (v. quisque-et-unus) fem. *ciascheduna*, wie *ciascuno*.

*cadúno* (v. quisque ad unus) fem. *-a*, wie *ciascuno*.

*niúno* (v. ne(c)-unus), fem. *-a*, keiner, keine, keines, Niemand, subst. pers., adj. pers. und sächl., nur Sing., nach dem Verbum mit der Negation *non*: *Voce d'uno, voce di niuno* Eines Stimme, keines Stimme, D.; *Niuna persona senza difètti, niun peccato senza rimòrso*, S. Keine Person ohne Fehler, keine Sünde ohne Reue.

*nessuno* (v. ne-ipse-unus) fem. *-a*. wie *niuno*, subst. kommt auch sächl. vor: *Nessuna meraviglia dura più di tre giorni*, S. Kein Wunder dauert mehr als drei Tage: *Nessuno dà quel che non ha*, S. Niemand giebt, was er nicht hat; *Vèntre digiúno non òde nessuno* Nüchterner Bauch hört auf Niemand, D.; *Chi vuòl èssere in più luòghi non è in nessuno* Wer an mehreren Orten sein will. ist an keinem.

---

*tutti; ma stare ore ogni cade*, Fr. Guitt. Lett. 3 (Cin. 3. 365). Im Pl.: *li miei ogni altri trapassare di gran lunga desideri*, Bocc. Fiam.

*ogna, ognia, ogne, onne* = *ogni*.

*ogni uno, ognunque* = *ognuno* bei den Alten auch adj. und mit dem Verbum im Pl.: *Corsono in piazza ognun subitamente*, Pul. Morg. XVII. 98.

*ciascuno* und *ciascheduno* bei den Alten auch im Plural. *Ciascheduno* leitet N. Caix (Pron. it. 1. 47) von *ciasche-uno* mit eingeschobenem *d* zur Aufhebung des Hiatus, wie *ladico* v. *laïco*, *redina* v. *rèina*; derselbe führt folgende alt-dialectische Formen an: *ciascheuno, cescheuno, ciascahuno, cuscahaun, chascaun, zascaun*.

*cataиno, catuno, caduno*, auch im Pl., = *cadauno*.

*niuno* b. d. Alten auch im Pl., ganz alt *neuno, gnuno, ignuno* und *nimo* (= lat. nemo).

*nissuno* = *nessuno*, beide auch im Plural gebräuchlich. Im Sinne von *nessuno* wird auch, namentlich von den Alten, das Substantivum *persona* (= fr. personne) mit *non* verwendet: *S'egli non c'è persona, che abbiam noi a fare?* Wenn Niemand da ist, was sollen wir thun?

*veruno* (v. vel-unus) fem. *veruna*, stärker als *niuno*.

*nullo* (v. nullus) fem. *nulla*, wie *niuno*; jetzt nur in einigen Redensarten gebräuchlich: *Nulla nuòva, buòna nuòva* Keine Nachricht, gute Nachricht.

*nulla* (v. nulla) Nichts, nach dem Verbum mit der Negation *non*: *Chi tutto abbraccia, nulla stringe* Wer Alles umfasst, hält nichts fest, D. *Chi attènde al suo non pèrde (mai) nulla* Wer auf das Seine achtet, verliert nichts.

*niènte* (v. ne(c)-ens) Nichts, nach dem Verbum mit der Negation *non*: *Chi tròppo vuòle, niènte ha* (od. *non ha niènte*) Wer zu viel will, hat Nichts, D.

*chiúnque* (v. quis, quid-unquam) wer es sei, ein jeder; masc. und fem., nur Sing., subst. und pers.

*quale* (v. qualis) wer es sei, ein jeder; masc. u. fem. Pl. *quali*, adj. pers. und sächl.

*qualunque* (v. qualis-unquam) wer es sei, ein jeder, masc. und fem., selten im Pl., subst. und adj., pers. und sächl.

*qualsíasi* (v. *qual sía si*) oder *qualsisía* (= *qual si sía*), wer oder was es auch sei; masc. und fem., subst. und adj., pers. und sächl., Pl. *qualsisíano* selten.

*qualsivòglia* (= *qual si vòglia*) wer oder was es auch sei; masc. und fem., adj., pers. und sächl., Pl. *qualsivògliano* selten: *L'uòmo in qualsivòglia cattivo incontro, dee sapersi governare con la ragióne tranquilla*, Th. Clas. 219.

*chicchè* (= *chi che*) wer auch immer, subst. und pers.

*chicchessía* (= *chi che sía*) wer es sei, ein jeder; masc. und fem., ohne Plural, subst. und pers.: *Io non fo sì facilmente amicizia con chicchessía*, Gold. Burb. III. 3.

*checchè* (= *che che*) was auch immer, subst. und sächl.

---

*nul* = *nullo, veruno*; Pl. nur bei den Aeltesten und selten.
*nonnulla* = *nulla*.
*neente, neiente, nente* = *niente*.
*chiunche, chiunqua* = *chiunque*.
*chente* (v. *che ente* — lat. ens entis), Pl. *chenti* = *quale*; *chente* zuw. auch = *qualunque*, *chente* mit *quale* = *quanto*.
*chentunque, qualunche, qualunqua* = *qualunque*.
*checchè* (= *che che*), bei den Alten auch adj.

---

*carelle* und *corelle* (v. quod velles), Etwas, sind pöbelhafte Ausdrücke; mit der Negation bedeuten sie „Nichts". Vgl. Caix, Pron. it. I. 46, wo neu- und alt-dialectische Formen derselben angeführt werden.

*checchessia* (= *che che sia*) was es auch sei, subst. und sächl.
*quánto* (v. quantus), *-a*, *-i*, *-e*; adj., selten subst., pers. und sächl.; heisst wie viel, wie gross.

*quantunque* (v. quantus-unquam) so viel, so sehr, wie lange, wie oft; adj. und subst., pers. und sächl.

*alquánto* (v. aliquantus), *-a*, einiges, etwas: Pl. *-i*, *-e*; adj. und subst., pers. und sächl.

*tanto* (v. tantus), *-a*, Pl. *-i*, *-e*, so viel, so gross; adj., pers. und sächl.: *Non bisogna méttere tanta carne al fuòco* Man muss nicht so viel Fleisch an's Feuer setzen, D.

*cotanto* (v. aeque tantus), *-a*, so viel, so gross; Pl. *cotanti*, *-e*; adj., pers. und sächl.; stärker als *tanto*

*altrettanto* (v. alter tantus), *-a*, Pl. *-i*, *-e*, eben so viel, subst. und adj., pers. und sächl.

*altro* (v. alter), *-a*, Pl. *-i*, *-e*, Anderer, andere; adj., pers. und sächl. *Altra* subst. = *altra dònna*, *altro* subst. = *altra còsa*, etwas anderes; *Altro è dire, altro è fare*, S. Etwas anderes ist sagen, etwas anderes ist thun; *Altri tèmpi, altri costumi* Andere Zeiten, andere Sitten, D. *Altro* subst. = *altro uòmo*: *Voi lo conoscete mèglio d'ogni altro*, Gold. Burb. 111. 3; *Farò portare la lèttera da un altro*, Ib. 1. 5.

*altri* (v. alter) ein Anderer; Sing., subst., pers.: *È buon comprare quando altri vuol véndere*, S. Es ist gut zu kaufen, wenn ein Anderer verkaufen will.

*altrúi* (v. alterius) wie *altri*, aber nur obliquus (vgl. *cui*), subst. und pers.; st. *ad altrui, di altrui* auch *altrui*; *l'altrui* = *la ròba d'altrui* was des Nächsten ist, sein Eigenthum; *Chi per l'altrui man s'imbocca, rade vòlte si satolla* Wer sich durch Anderer Hand nährt, wird selten satt, D.; *Chi dei panni altrui si vèste, prèsto si spòglia* Wer sich mit Anderer Sachen kleidet wird bald ausgezogen, D.; *Chi dell' altrui prènde, la sua libertà vende*, S.

*altrettale* (v. alter talis) eben ein solcher; masc. und fem., Pl. *-i*, adj., pers. und sächl., stärker als *tale* und *cotale*.

*tale* (v. talis) abgek. *tal* solcher, -e, -es; masc. und fem., Pl.

---

*alquantuni* = *alquanti*.
*altrui* bei den Alten auch im Nominativ, doch selten.
*altrotale* st. *altrettale* selten.
*tagli*, *cotagli* für *tali*, *cotali*.

*tali* und vor einfachen Consonanten häufig *tài* und *ta'*, subst. pers. = *taluno*, adj. pers. und sächl. bedeutet wie — so: *Tal paése, tal usanza* Wie das Land, so der Brauch, D.; *Tal lascia l'arròsto che pòi brama il fumo* Mancher lässt den Braten stehen, der nachher den Rauch wünscht, D.; *A tal santo, tal offèrta* Wie der Heilige, so das Opfer, D.

*cotale* (v. aeque talis) und *cotal*, masc. und fem., Pl. *cotali, cotài*; stärker als *tale*.

*molto* (v. multus), *-a, -i, -e* viel; subst. und adj., pers. u. sächl.: *Molto fumo e pòco arròsto* Viel Rauch und wenig Braten, D.; *Molte mani fanno l'òpera leggièra* Viel Hände machen die Arbeit leicht, D.; *Chi a molti dà terrore, di molti abbia timore*, S.

*pòco* (v. paucus), *-a, -chi, -che*, wenig; subst. und adj., pers. und sächl.; *Pòco fièle fa amaro molto mièle* Wenig Galle macht viel Honig bitter. D.; *Pòco danaro, pòca mèrce* Wenig Geld, wenig Waare, Id.; *Al buòn intenditór pòche paròle* Dem guten Hörer wenig Worte, Id.

*parécchio* (v. mtl. pariculus), *-a*, viel; Pl. *parécchi, parécchie* mehrere; subst. und adj., pers. und sächl.: *È parecchio tèmpo che non lo vedo, ci ho speso parecchio, Sono parecchie settimane che non l'ho veduto, Parecchi di quella famiglia son mòrti gióvani*, R. F.

*tròppo* (v. mtl. truppus woher auch *truppa*) fem. *-a*, Pl. *-i, -e* zu viel; subst. und adj., pers. und sächl.: *Il consiglio femminile còsta caro o è tròppo vile* Der Frauenrath kostet viel oder ist zu schlecht. D.

*tutto* (v. totus), fem. *-a*, Pl. *-i, -e*, Ganz, Alles, Alle; subst. und adj., pers. und sächl.: *Di nòtte tutti i gatti sono neri* Bei Nacht sind alle Katzen schwarz, D.; *Non son tutti santi quelli che van in chièsa* Es sind nicht Alle Heilige, die zur Kirche gehen. Id.; *Non è tutto òro quel che luce* Es ist nicht Alles Gold, was glänzt.

Das unbestimmte man wird im Italienischen durch das Reflexivum *si* ausgedrückt: *si sènte* man hört, *si dice* man sagt. Das Verbum steht im Singular oder im Plural, je nachdem das

Die ältere Sprache behandelt oft das *si* als Subject wie das deutsche man, daher das Verbum im Singular, wo man es im Plural erwarten

Object, welches im Italienischen Subject wird, im Singular oder im Plural steht: *si racconta una stòria* man erzählt eine Geschichte, *si raccóntano stòrie* man erzählt Geschichten.

---

ASSEVERATIVA.

§ 96. Pronomina asseverativa nennt man folgende Demonstrativa, welche mit kräftigerem Nachdruck die Identität der Person oder Sache bezeichnen:

Singular:

| Masc. | | Fem. | |
|---|---|---|---|
| **stesso** / **medésimo** / **desso** | derselbe od. selbst | **stessa** / **medésima** / **dessa** | dieselbe od. selbst |

Plural:

| Masc. | Fem. | |
|---|---|---|
| **stessi** | **stesse** | dieselben |
| **medésimi** | **medésime** | od. |
| **dessi** | **esse** | selbst |

Auch **esso** ist mit dem deutschen „selbst" gleichbedeutend, wenn es vor einem Pronomen oder vor einem Substantivum steht, wo es unverändert bleibt; also *con esso lui* heisst so viel als *con lui stesso*, *con esso lei* — *con lei stessa*, *con esso loro* — *con loro stessi*, *in esso poèma* — *nello stesso poèma*.

Beispiele: *Aminta è quel che di là spunta, è desso*; Tas. Am. II. 1. Aminta ist es, der dort hervorkömmt; (ja) er ist

---

sollte: *Quando le lingue vanno a perfezione, si fa* (st. *si fanno*) *e pigliasi* (st. *pigliansi* oder *si pigliano*) *de' vocaboli nuovi secondo i bisogni*.

Man findet auch st. *si* das dem franz. on und dem prov. om entsprechende *uomo*, alle von lat. homo: *Per chiamar ch'uom faccia*, Pet. c. 6.

§ 91. Alte Formen.

Für *stesso*: *istesso*; für *medesimo*: *medesmo*, *medemo*; für *esso*: *isso*. Man findet auch die Superlativa *stessissimo*, *medesissimo*, *medesimissimo*.

Verändert wird *esso* namentlich bei den Alten: *A volerne con esse le mani pigliare*, Boc. Dec. VI. 10.

Etymologisches.

*Stesso* für *istesso* ist aus lat. ist'-ipsum, *medesimo* aus met-ipsimus, *desso* aus id-ipsum, *esso* altit. *isso* aus ipsus oder ipsum entstanden.

es; *No, è necessario che gli parliate voi stessa,* Gold. Burb. 1. 2. Nein, es ist nöthig, dass Sie selbst mit ihm sprechen; *Perchè mi sono ingannato io medésimo?* Ib. 1. 15. Warum habe ich mich selbst betrogen? *In esso poèma pòi vi entra un vècchio,* G. Goz. dif. Dan. 1.

## VERBA.

§ 97. Die romanische Umgestaltung hat in die lateinische Conjugation ziemlich tief eingegriffen. Verbalformen sind verloren gegangen, verschiedene Modi und Tempora sind verschwunden, zugleich aber wurde Manches der Muttersprache völlig Unbekannte geschaffen. Die Hauptergebnisse dieser Umgestaltung sind folgende.

1. Verbalformen. Es wurden zunächst zum Ersatz der aufgegebenen Conjugationsformen Hülfsverba angewendet. Die passivische Flexion ist weggefallen; nur das Participium Perfecti besteht fort und ersetzt, nach lateinischem Vorbilde,* in Verbindung mit esse die weggefallenen Modi und Tempora des Passivs: *sono amato.* Somit mussten auch die Verba Deponentia und Semideponentia untergehen. Sie wurden in Activa umgesetzt, ein Wechsel, der sich schon im Vulgärlatein von Anfang an verfolgen lässt.**

2. Modi. Das Supinum ist spurlos verschwunden und hat seine Functionen dem Infinitiv übergeben. Das Gerundium dauert nur im Ablativ fort mit der Bedeutung eines Participium Präsentis: *lodando* (v. laudando) lobend.

Ein neuer Modus, Conditional genannt, wurde eingeführt. Der Infinitiv und der Imperativ haben sich nur im Präsens erhalten; auch das Participium nur im Präsens mit adjectiver Bedeutung.

---

§ 97. * Brachet (Gr. hist. 185) führt folgende Beispiele an, die er in merovingischen Handschriften gefunden hat: Ut ibi luminaria debeant esse procurata (st. procurari). — Hoc volo esse donatum (st. donari). — Quod ei nostra largitate est concessum (st. conceditur).

** Plautus hat arbitrare, moderare, numerare, partire, venerare etc. für arbitrari, moderari, numerari, partiri, venerari. Viele Beispiele bei Rönsch. Ib. und Vul. s. 297.

3. Tempora. Die Tempora der Vergangenheit, das Imperfectum und Perfectum ausgenommen, werden aus dem Participium und einem Hülfsverbum zusammengesetzt. Das Futurum ist gleichfalls periphrastisch gebildet: es entsteht aus der Verbindung des Infinitivs mit dem Präsens Indicativi des Hülfsverbums *avere* (= habere); *amerò* ist also ein Compositum von *amare* - *ho*. Nur das Futurum von fieri hat einige Formen hinterlassen, welche aber der dichterischen Sprache angehören: *fia, fiano.*

Auf dieselbe Weise ist das Conditional entstanden, welches aus dem Infinitiv und dem Perfectum Indicativi von *avere* zusammengesetzt ist: *amerèi, ameresti, amerèbbe* u. s. w. lassen sich in *amare -èi* (alt für *èbbi*), *-esti* (f. *avesti*), *-èbbe* auflösen.

Die poetische Sprache bewahrt ein Conditional das gebildet ist aus dem Infinitiv mit dem Imperfectum habebam, wie *ameria* = *amare-(av)ia.*

Das Plusquamperfectum Conjunctivi hat sich behauptet, aber in der Geltung des Imperfectum, also ama(vi)ssem = amarem, it. *amassi.*

4. Personen. Die consonantischen Auslaute s, t, m gehen verloren: *ama* (amat), *credi* (credis), *amava* (amabam), *amava* (amabat). Nach abgestossenem t setzt man, wenn n vorausgeht, ein *o*, welches aber auch wieder abgeworfen werden kann: lat. aman-t, it. *áman-o* od. abg. *áman*. In der poetischen Sprache fällt zuweilen auch *n* aus: cantarun-t = *cantáron-o* = *cantáro* und wiederum mit abgeworfenem *o* *cantâr.*

Die 2. Pers. Sing. endet stets in *i*, welches aus der 3. und 4. lat. Conjugation und aus einzelnen Formen der 1. und 2. in alle Zeiten und Conjugationen übertragen wurde: *credi* (credis), *amasti* (amâsti = amavisti), *ami* (amas), *amavi* (amabas).

---

3. Zum Futurum. Die periphrastische Bildung dieses Tempus ist gemein-romanisch; derselben liegt der lat. Gebrauch des Infinitivs bei habeo zu Grunde, wovon man bei Rönsch, It. und Vul. S. 447—49, viele Beispiele findet, wie: multa habeo dicere, multa habeo adhuc vobis loqui, revelari habet, habebat revelari, habemus amittere u. s. w. Vgl. Fr. j'aimerai = j'aimer ai, sp. amaré = amar he, Port. amarei = amar hei, Prov. amarai = amar ai. In einigen romanischen Sprachen ist eine Trennung der Futurform sogar möglich: Port. avisa-lo-hei (avisarei), vingar-nos-hemos (vingaremos), acha-la-heis (achareis), vê-la-heis (vereis) vgl. Reinh. Gr. 214.

Zum Conditional. Mit *ebbi* (= *ei*) bildeten die Alten *potrebbi, vorrebbi* = *potrei, vorrei*, und ähnliche.

Die 3. Pers. Sing. und die 2. Pl. schwächen nach Abstossung des auslautenden Consonanten das i zu *e*: *crede* (credit), *òde* (audit, *lodavate* (laudabatis), *lodate* (laudatis). Umgekehrt oft steigt das e zu *i*: *lòdi* (laudem, laudet), *lodassi* (lauda(vi)ssem). Der Vocal u steigt zu o: *lèggono* (legunt), *amárono* (amārunt = ama[ve]runt).

5. Der Hiatus in den Endungen der 2. und 4. Conjugation im Indicativ und Conjunctiv wird, nach § 4, getilgt: *vedo* (video), *sèrro* (servio), *valga* (valeam).

6. Die Betonung weicht manchmal vom Lateinischen ab, z. B. *divido* (dívido), *estimo* (aéstimo), *invòco* (invoco), *credite* (créditis), *crediámo* (crédimus), *amássimo* (amassémus), *amáste* (amassétis).

7. Der Ablaut (d. h. Veränderung des Stammvocals wie ago egi, facio feci), welcher im Latein schon vorhanden ist, hat im Italienischen Fortschritte gemacht. Hingegen zeigt die Attraction einen Rückschritt. Eine der Muttersprache fremde Erscheinung ist die Diphthongierung des Stammvocals (vgl. § 107).

Sind jetzt die Hauptzüge, welche die italienische Conjugation von der lateinischen trennen, bekannt, so treten wir nun den italienischen Verba näher.

—

## FLEXIONSARTEN.

§ 98. Die Flexion der italienischen Verba ist zweifach: schwach (*débole*) und stark (*fòrte*). Diese Scheidung hat zum Theil ihren Grund im Latein und beruht auf der Betonung des Perfectums, welche bald auf die Endung, bald auf den Stamm fällt.

Verba mit betonter Endung sind schwach: *am-á-i, cred-è-i, dorm-í-i;* Verba mit betontem Stamm sind stark, wobei zu bemerken ist, dass die Stammbetonung sich auf die erste, dritte Person Sing. und dritte Pl. beschränkt: *vidi, vedesti, vide, vedemmo, vedeste, videro.*

Das starke Verbum pflegt man anomal (unregelmässig) zu nennen; es ist ebenso regelmässig wie jedes andere, nur folgt es einem verschiedenen Gesetze.

Anomala nenne man die Verba, welche auf kein bestimmtes Gesetz zurückgeführt werden können. Solche sind z. B. die Auxiliaria *èssere* und *avere*. Ihre Erlernung muss der der übrigen Verba vorangehen, weil sie zur Bildung der analytischen Tempora dienen.

---

## AUXILIARIA

§ 99. Zur Conjugation des Passivs bedient man sich des Hülfsverbums *èssere*, zur Bildung der zusammengesetzten Zeiten des Activs, sowohl des Verbums *avere* als auch des Verbums *èssere*, letzteres nur bei den Verba neutra und reflexiva.

# *AVERE*

| | INFINITIVO | PARTICÍPIO | GERUNDIO |
|---|---|---|---|
| Pres. | *avere* haben | *avènte* habend | *avèndo* habend |
| Perf. | *avere avuto* gehabt haben | *avut-o,-a,-i,-e* gehabt | *avèndo avuto* gehabt habend |

## INDICATIVO.

| | Presente | Imperfètto | Perfètto Definito | Futuro Imperfètto |
|---|---|---|---|---|
| 1 | *ho* ich habe | *av-eva,-evo,-éa* ich hatte | *èbbi* ich hatte | *avrò* ich werde haben |
| 2 | *hái* | *avevi* | *avesti* | *avrái* |
| 3 | *ha* p. *ave* | *av-eva, -éa* p. *avia* | *èbbe* | *avrà* |
| 1 | *abbiámo* | *avevamo* | *avemmo* | *avremo* |
| 2 | *avete* | *avevate*, s. *aveáte* | *aveste* | *avrete* |
| 3 | *hanno, -han* | *avévano, avéano* p. *avíeno, aviéno* | *èbbero* | *avranno* |
| | **Perfètto Indefinito** | **Trapassatto Imperf.** | **Passato Perfètto** | **Futuro Perfètto** |
| | *ho avuto* u. s. w.<br>ich habe gehabt | *avèva avuto* u. s. w.<br>ich hatte gehabt | *èbbi avuto* u. s. w.<br>ich hatte gehabt | *avrò avuto* u. s. w.<br>ich werde gehabt haben |

## § 99. ALTE FORMEN.

| | INFINITIVO | PARTICIPIO | GERUNDIO |
|---|---|---|---|
| Pres. | *Abbere, Abere* u. a. | *abbiente, abente* (lat. habentem) | *abbiendo, ab(b)endo* |
| Perf. | | *abbiuto, abuto, auto* u. a. | |

| | | | | |
|---|---|---|---|---|
| 1 | *aggio, abbo, hajo, avo, ao*[1] | *avevo, aveo* | *abbi, ei, avei, avetti* | *averò, avò, aver-aio, -abbo* |
| 2 | *aggi, ab(b)i* | *avei* | *esti* | *averai, avai* |
| 3 | *hane, hae ave* | *avia* abg. *ia, avie* | *abbe, happe, av-è, -ette* | *averà, avà, averae* |
| 1 | *avemo, aviamo* | *aveamo* | *ebbimo, avemmo,* | *averemo, avemo* |
| 2 | *abbete, abete* (habetis) | *aveate* | *este* | *averete, avete* |
| 3 | *abbeno, abeno* (habent) | *aviano, avieno, aveno* | *ebbono, abbero, averono*[2] | *averanno, avanno* |

1 *hone hoe*, 2 *avettono avettero*

| | CONGIUNTIVO. | | CONDIZIONALE | IMPERATIVO |
|---|---|---|---|---|
| | Presènte | Imperfètto | Imperfètto | |
| 1 | *ch'io abbia* dass ich habe | *avessi* ich hätte | *avrèi* p. *avría* ich würde haben | — |
| 2 | *che tu abbia, abbi* | *avessi* | *avresti* | *abbi* habe du |
| 3 | *ch'egli abbia* | *avesse* | *avrèbbe* p. *avría* | *abbia* |
| 1 | *che noi abbiamo* | *avéssimo* | *avremmo* | *abbiamo* |
| 2 | *che voi abbiate* | *aveste* | *avreste* | *abbiate* |
| 3 | *ch'églino ábbiano* | *avéssero* | *avrèbbero* p. *avríano* | *ábbiano* |
| | Perfètto | Trapassato | Perfètto | |
| | *ch'io ábbia avuto* etc. | *avessi avúto* u. s. w. | *avrèi avuto* u. s. w. | |
| | Dass ich gehabt habe | dass ich gehabt hätte | ich würde gehabt haben | |

| | CONGIUNTIVO | | CONDIZIONALE | IMPERATIVO |
|---|---|---|---|---|
| | Presente | Imperfetto | Imperfetto | |
| 1 | *aggia, abbie* | *avesse, abesse* | *averei, avia, averia*[1] | — |
| 2 | *aggia, aggi, abbie* | *avesse, avestu (= avesti tu)* | *averesti, avesti, averia*[2] | *abbie, aggi* |
| 3 | *aggia, abbi, abbie* | *avessi* | *averebbe, avebbe, averia*[3] | *abbi, abbia, aggia* |
| 1 | *aggiamo, aviamo* | *avessino, avessemo* | *averemmo, avemmo*[4] | *aggiamo* |
| 2 | *aggiate, aviate* | *avessi, avesti* | *avereste, aveste* | *aggiate* |
| 3 | *aggiano, abb-ino, -ieno* | *avess -ino, -eno, -ono* | *averebbero, avebbero*[5] | *abbino, aggiano* |

[1] *averie avria* [2] *averia avria avie averave* [3] *avria* [4] *avressimo* [5] *avriano avrieno aviano avieno avrebbono.*

## Anmerkungen zu Avere.

**Participio Presènte.** *Avènte* ist, wie fast alle Participia Präsentis, ziemlich veraltet und seine Anwendung jetzt selten.

**Indicativo Presènte.** Von den neueren Formen dieses Tempus ist nur *avete* von der lateinischen Form wenig abgewichen. Statt *ho, hai, ha, hanno* schreiben einige *ò, ài, à,ànno* (S. § 9): *hanno* entsteht nicht aus habent: es ist nach *ha* gebildet, indem man *-no* beigefügt hat.

**Imporfètto.** *Avevo* statt *aveva* ist in der Umgangssprache beliebt.

**Perfètto Definito.** Habui, habuit, habuere gaben zuerst *abbi, abbe* od. *happe, abbero,* deren *a* kraft der Analogie zu *e* gestiegen ist; vgl. *feci, stètti,* und *sèppi* v. *sapui.*

**Futuro** *(Imperfètto).* Dieses Tempus ist aus dem Infinitiv *avere* und dem Indicativ Präsentis *o, ai, a, emo* f. *abbiamo, ete* f. *avete, hanno* gebildet, also: *avere-o, avere-ai* u. s. w. und durch Contraction: *avrò, avrai* u. s. w.

**Condizionale** *(Imperfètto).* Entsteht aus dem Infinitiv avere und dem Perfectum *ei* (alt für *ebbi*), *esti* (aus *avesti*), *ebbe, emmo* (v. *avemmo*), *este* (v. aveste), *ebbero,* also: *avere-ei, avere-esti* etc., contrahirt: *avrèi, avresti. Avría* — *avere-ia* (v. *av-ia*), *avríano* = *avere-iano* (v. *av-iano*).

---

**Futuro** *(Imperfètto).* Die Entstehung des Futurum findet eine treffende Bestätigung in den alten Formen *aver-aio, aver-abbo* u. s. w., wo *-aio* und *-abbo* alte Formen des Indicativ Präsentis sind.

# *ÈSSERE*

| | INFINITIVO | PARTICÍPIO | GERÚNDIO |
|---|---|---|---|
| **Pres.** | *èssere* sein | *essènte* sciend | *essèndo, sèndo* sciend |
| **Perf.** | *èssere stato* gewesen sein | *stato, -a, -i, -e* gewesen | *essèndo stato* gewesen sciend |

INDICATIVO

| | Presènte | Imperfètto | Perfètto Definito | Futuro Imperfètto |
|---|---|---|---|---|
| 1 | *sono* ich bin | *èra* od. *èro* ich war | *fui* ich war | *sarò*, p. *fia* ich werde sein |
| 2 | *sèi* od. *sè'* | *èri* | *fosti* | *sarái* |
| 3 | *è* | *èra* | *fu* | *sarà*, p. *fia* |
| 1 | *siámo* | *eravamo* | *fummo* | *saremo* |
| 2 | *siète* | *eravate* | *foste* | *sarete* |
| 3 | *sono* | *èrano* | *fúrono* p. *furo* | *saranno* p. *fiano* |
| | **Perfètto Indefinito** | **Trapassato Imperf.** | **Trapassato Perfètto** | **Futuro Perfètto** |
| 1 | *sono stato, -a*<br>ich bin gewesen | *èra stato, -a*<br>ich war gewesen | *fui stato, -a*<br>ich war gewesen | *sarò stato, -a*<br>ich werde gewesen sein |
| 1 | *siámo stati, -e*<br>wir sind gewesen | *eravamo stati, -e*<br>wir waren gewesen | *fummo stati, -e*<br>wir waren gewesen | *saremo stati, -e*<br>wir werden gewesen sein |

| | INFINITIVO | PARTICIPIO | GERUNDIO |
|---|---|---|---|
| | **Pres.** *esse* (= lat. esse) *sire* v. *essire*<br>*sere* v. *essere*, *sare* v. *essare* | **Perf.** *essuto* od. *issuto* (v. *essere*)<br>*suto* (v. *sere*) | **Pres** *sendo*<br>*siando* |

| | | | | | |
|---|---|---|---|---|---|
| 1 | *son* (vgl. lat. sum) *so* | *ero, iera* | *foi* | *serò* (v. *sere*) | *sirò* (v. *sire*)[1] |
| 2 | *se* | *ero, iera* | *fusti, fostu* (= *fosti tu*) | *serai* | *sirai* |
| 3 | *ee, este* | *iera* | *fue, fo, foe* | *serà* | *sirà*[2] |
| 1 | *s(i)emo, somo* (= sumus) | *eramo, saramo* | *fuimo* | *seremo* | *siremo* |
| 2 | *ste* | *erate, sarate* | *fuste* | *serete* | *sirete* |
| 3 | *enno, en* (gebildet auf *è*) | *erono* | *funo forno foro(n,o)* | *seranno* | *siranno*[3] |

[1] *saraio, sarabbo, sirao, serabbo* u. a., *fia* (lat. fiam) [2] *fie* (fiet) [3] *fieno* (fient).

| | CONGIÙNTIVO Prosènte | CONGIÙNTIVO Imperfètto | CONDIZIONALE Imperfètto | IMPERATIVO |
|---|---|---|---|---|
| 1 | *ch'io sia* dass ich sei | *fossi* ich wäre | *sarèi* p. *saría, fòra* ich würde sein | |
| 2 | *che tu sia, sii* | *fossi* | *saresti* s. p. *saría* | *sia, sii* sei du |
| 3 | *ch'egli sia* p. *sie* | *fosse* | *sarèbbe* p. *saría, fòra* | *sia* m. p. *sie* |
| 1 | *che noi siámo* | *fóssimo* | *saremmo* | *siámo* |
| 2 | *che voi siáte* | *foste* | *sareste* | *siáte* |
| 3 | *ch'eglino siano* p. *sieno* | *fóssero* | *sarèbbero, -ono* p. *sariano, fòrano* | *siano* m. p. *sieno* |
| | **Perfètto** | **Trapassato** | **Perfètto** | |
| 1 | *ch'io sia stato, -a* dass ich gewesen sei | *fóssi stato, -a* ich wäre gewesen | *sarèi stato, -a* ich würde gewesen sein | |
| 1 | *che noi siámo stati, -e* dass wir gewesen seien | *fóssimo stati, -e* wir wären gewesen | *sarémmo stati, -e* wir würden gewesen sein | |

| | CONGIUNTIVO Presente | CONGIUNTIVO Imperfetto | CONDIZIONALE Imperfètto | | | |
|---|---|---|---|---|---|---|
| 1 | *sie* (siem) | *fossi* (fuissem) | *serei* (v. *sere*), | *sirei* (v. *sire*), | *saria* (v. *sare*), | *fore -e, -a* (forem) |
| 2 | *sie* (sies) *sii, sei* | *fussi* | *seresti* „ | *siresti* „ | *saria* „ | *for -e, -a* |
| 3 | *sie* (siet) *sii, sea*[1], *fia* (fiat) | *fusse, fossi* | *serebbe* „ | *sirebbe* „ | *saria, sarè* „ | *for -e, -a* |
| 1 | *sima* (simus) | *fussimo* | *seremmo* „ | *siremmo* „ | *sariamo* „ | *foramo* |
| 2 | *site* (sitis) | *fuste* | *sereste* „ | *sireste* „ | *sariate* „ | |
| 3 | *sieno* (sient), *siòno* | *fussero, fussino* | *serebbero* „ | *sirebbero* „ | *sariano* „ | *forano* |
| | *seano, fieno* (fiant) | *fossino* | *sarebbono,* | *sarebbino,* | *sarebbeno,* | *sarebboro* |

[1] *sarestu* (= saresti tu) Imperativo 3. Pers. Sing. *sii* Pl. *siino.*

## Anmerkungen zu èssere.

Zu den beiden Stammformen des lateinischen Verbums (es-, fu-), ist noch eine dritte hinzugekommen, die im Participium *stato* (auf *stare* stehen od. bleiben gebildet) auftritt.

**Infinitivo Presènte.** Der Infinitiv hiess ursprünglich, gleich dem lateinischen, *esse*, ist aber wie viele andere Infinitive, durch Beifügung der Silbe *-re* (*èsse-re*), auf die Endung der drei ital. Conjugationen zurückgeführt worden.

**Participio Presente.** *Essènte* ist höchst selten gebraucht worden.

**Part. Perfètto.** *Stato*, vgl. franz. été = altfr. esté vom Infinitiv ester.

**Gerúndio Presènte.** Statt *essèndo* kommt auch *sèndo* vor.

**Indicativo Presente.** Das lat. sum gab zuerst altit. *son*; hernach wurde es durch Beifügung des *o* (*son -o*) der ersten Person aller Verba gleichförmig gemacht, vgl. *amo, credo, dòrmo.* Ebenso erging es der zweiten Person *sèi* (v. *sere*), welche ursprünglich *se* lautete; *sèi* bekam also die gleiche Endung wie *ami, credi, dormi.* Die dritte Person Sing. *è* trägt zur Unterscheidung von der Copula *e* den Accent. Sumus gab altit. *somo*, und der Infinitiv *sere* erzeugte *semo*; diese beiden Formen wurden dem Streben nach Gleichförmigkeit gemäss, durch *siámo* verdrängt, vgl. *amiámo, crediámo, dormiámo.*

**Imperfètto.** *Eramo, erate* wurden ebenfalls der Gleichförmigkeit wegen *eravamo, eravate*; vgl. *amarámo, amaráte* etc. Mit *èro*, statt *èra*, verhält es sich wie mit *avevo* st. *aveva.*

**Perfètto Definito.** Hier bemerke man die innige Verwandtschaft zwischen dem geschlossenen *o* und dem *u*; der Gebrauch zwischen beiden Vocalen hat lange geschwankt; die Einführung des *o* st. *u* vor *s* wird Castelvetro zugeschrieben.

**Futuro** (*Imperfètto*). Ausser den ächt italienischen Bildungen wie *sarò* (v. *sare -o*), *sarài* (v. *sare -ai*) u. s. w., gibt es auch lateinische, welche jetzt nur dem Dichter erlaubt sind, nämlich *fia* (lat. fiam), *fia* (v. altit. *fie* = lat. fiet) und *fiano* (v. altit. *fieno* = lat. fient).

**Condizionale** (*Imperfètto*). Ausser der Form *sarèi* (v. *sare -ei*), *saresti* (v. *sare -esti*) u. s. w., tritt uns noch eine zweite, jetzt nur dichterische, entgegen: *saria* (v. *sare -aria*) *sariano* (v. *sare -ariano*), wo nur *-ia* und *-iano* als Flexion wirken. Bei den Dichtern auch *fòra, fòra* und *fòrano* v. altit. *fore, fore, foreno* = lat. forem, foret, forent.

**Congiuntivo Presènte.** Die 2. Pers. Sing. *sii* ist jetzt fast gebräuchlicher als *sia*.

**Imperfètto.** Dichter bedienen sich auch der alten Form *fussi* u. s. w. v. lat. fuissem u. s. w.

**Imperativo.** Dieses Tempus entlehnt alle seine Formen dem Conjunctiv.

## CONJUGATIONEN.

§ 100. Die Infinitivendung aller ital. Verba ist *re*; nach dem Vocale, welcher dieser Endung vorangeht, zerfallen die Verba in drei Conjugationen:

| a-Conjugation | e-Conjugation | i-Conjugation |
|---|---|---|
| -are | -ĕre, -ēre | -ire |
| *amare* | *crédere, temére* | *dormire* |
| lieben | glauben, fürchten | schlafen |

Die lateinischen Conjugationsendungen wurden also beibehalten, mit dem Unterschiede aber, dass die Scheidung der Verba auf *ĕre* und *ēre* wegfällt, weil die verschiedene Betonung des Infinitivs auf die Conjugation keinen weiteren Einfluss übt.

Die lateinischen Verba verharren bei ihrem Uebergang in's Italienische nicht immer in derselben Conjugation, welcher sie in der Muttersprache angehörten.

Beispiele:

Lat. **ēre**: ridēre, mordēre, movēre **ēre**: apparēre, abhorrēre
=
Ital. **ĕre**: *ridere, mòrdere, muòvere* **ire**: *apparire, abborrire*

Lat. **ĕre**: tremĕre, consumĕre **ĕre**: cadĕre, sapĕre **ĕre**: agere, influere
=
Ital. **are**: *tremare, consumare* **ēre**: *cadére, sapére* **ire**: *agire, influire*

Neue Schöpfungen wurden der schwachen Flexion, und mit Vorliebe der ersten Conjugation *(are)* angepasst.

ALTE UND NEUE CONJUGATION.

§ 101. Wenn wir die alte und neue Conjugation genau in's Auge fassen, so treffen wir Formen an, welche den entsprechenden lateinischen in auffallender Weise ähnlich sind; neben diesen aber andere Formen, welche denjenigen der Muttersprache ferner stehen. Vgl. it. *amemo* und *amiamo* mit lat. amemus.

Haben wir es hier mit den (in der Einleitung) besprochenen Sprachschichten, der gelehrten und der volksthümlichen, zu thun? Diesen zwei Strömungen muss ohne Zweifel, zum Theil wenigstens, die Mannigfaltigkeit an Formen zugeschrieben werden. Schwer ist es aber die Grenzen zwischen beiden festzustellen, zu sagen, wo das Volk aufhört und wo der Gelehrte anfängt: sodass eine auf diesem Princip beruhende Trennung der Formen kaum möglich ist.

Indem ich unten eine Schematisirung versuche, stelle ich zwei verschiedene Flexionen auf:

1. Ueberkommene Flexion.

2. Fexion nach Analogie.

In der ersten behaupten sich die Vocale der lateinischen Flexion in ziemlich consequenter Weise, *dorm*-iamo (dormiamus); in wenigen Fällen handelt es sich auch um eine Aufrechthaltung der lat. Consonanten: altit. *audivi* für *udii.*

Die zweite zeigt eine gewisse Neigung, sich von der lateinischen Flexion zu emancipiren. Sie wird von der Analogie beeinflusst: *am*-emo (-emus) und *cred*-amo (-amus) werden zu *am*-iamo und *cred*-iamo wegen *dorm*-iamo (-iamus); so bildet sie auch einzelne Personen des Plurals durch Anfügung von Suffixen an die entsprechende Person des Singulars: Sing. *credette* Pl. *credèttero;* ausserdem verdoppelt sie einige Consonanten: *dorm-i*mmo für *dorm-imo* (-i[vi]mus). Kurz, wir finden uns hier einer mehr romanischen Gestaltung der Conjugation gegenüber.

Es muss hier gleich bemerkt werden, dass diese Scheidung der Flexion für das Futurum und das Conditional wegfällt; es sind dies analytische Tempora, welche mit dem Latein wenig zu thun haben (vgl. § 97). Bei diesen hat die Analogie nur vereinzelt eingewirkt.

Alle Formen der neueren Conjugation sind in der alten

vertreten. Bei der Vergleichung beider, wird man erkennen, in welchem Verhältnisse die jetzt gebräuchliche italienische Flexion zu der altitalienischen steht, und wie jene entstanden ist. Es wird uns somit klar werden, dass die jetzige Conjugation ein durch verschiedene Entstehungsprocesse gebildetes Ganzes und dass sie ebenso wenig vollkommen und consequent wie die alte Conjugation ist. Man wird einsehen, dass die alten Formen nicht so willkürlich sind, wie man sie darzustellen pflegt, vielmehr ebenso wohl begründet wie die jetzt vorgezogenen.

Die lateinische Flexion ist der italienischen beigefügt, um die Vergleichung zu erleichtern.

Zwischen [ ] sind die Formen gesetzt, nach welchen man andere gebildet hat: *dorm-[iamo]*. Zwischen ( ) ist die Person des Singulars angegeben, welche eine entsprechende des Plurals, durch Anhängung von Suffixen, veranlasst hat: *amáss-ero* (3 Sing. *-asse)*. Die fettgedruckten Formen finden sich in der neueren Conjugation wieder.

Die Verba *amare, credére, dormire* in der alten Conjugation sind nur beispielshalber gewählt, nicht als ob man für alle Personen der verschiedenen Tempora Belege gefunden hätte. Die Lücken können jedoch durch Verba gleicher Art ausgefüllt werden.

## § 102. PARADIGMATA DER DREI CONJUGATIONEN.

### ACTIVUM — ATTIVO.

| | 1 | 2 | 3 |
|---|---|---|---|
| | | INFINITIVO | |
| Pres. | *am-are* lieben | *créd-ere* glauben | *dorm-ire* schlafen |
| Perf. | *aver am-ato* geliebt haben | *aver cred-uto* geglaubt haben | *aver dorm-ito* geschlafen haben |
| | | PARTICIPIO | |
| Pres. | *am-ante* liebend | *cred-ènte* glaubend | *dorm-ènte (-iente)* schlafend |
| Perf. | *am-ato* geliebt | *cred-uto* geglaubt | *dorm-ito* geschlafen |
| | | GERUNDIO | |
| Pres. | *am-ando* liebend indem man liebt od. liebte | *cred-èndo* glaubend indem man glaubt od. glaubte | *dorm-èndo* schlafend indem man schläft od. schlief |
| Perf. | *avèndo am-ato* indem man geliebt hat od. hatte. | *avèndo cred-uto* indem man geglaubt hat od. hatte | *avèndo dormito* indem man geschlafen hat od. hatte |

## § 102. ALTE CONJUGATION.

| | | | |
|---|---|---|---|
| | | INFINITIVO | |
| Pres. | *am* -are, *-ari, -à* | *cred* -ere, *-eri, -è* | *dorm* -ire, *-iri, -ì* |
| | | PARTICIPIO | |
| Pres. | -ante v. -antem | [-ente], *-iente* v. -entem | -ente, *[-iente]*, *-ziente*, *-scente* v. -ien-tem, tientem, scentem |
| Perf. | -ato v. -atum | -uto v. -utum | -ito v. -itum |
| | | Participium Futuri | |
| | *-aturo* v. -aturum | *-ituro* v. -iturum | *-ituro* v. -iturum |
| | | GERUNDIO | |
| Pres. | -ando v. *ando* | [-endo], *-iendo* v. -endo | [-iendo], -endo v. iendo |

| Pres. | INDICATIVO | | |
|---|---|---|---|
| 1 | *am-o* ich liebe | *cred-o* ich glaube | *dòrm-o* ich schlafe |
| 2 | *am-i* | *cred-i* | *dòrm-i* |
| 3 | *am-a* | *cred-e* | *dòrm-e* |
| 1 | *am-iámo* | *cred-iámo* | *dorm-iámo* |
| 2 | *am-ate* | *cred-ete* | *dorm-ite* |
| 3 | *ám-ano* | *créd-ono* | *dòrm-ono* |
| Perf. | *ho am-ato* ich habe geliebt | *ho cred-uto* ich habe geglaubt | *ho dorm-ito* ich habe geschlafen |

INDICATIVO

| Pres. | Ueberkommende Flexion | | | | | | |
|---|---|---|---|---|---|---|---|
| 1 | *am*-o | lat. -o | *cred*-o | lat. 2. -(e)o | 3. -o | *dorm*-o | lat. -(i)o |
| 2 | -*a* | -as | -*e*, -i | es | -is | -i | -is |
| 3 | -a | -at | -e | et | -it | -*i* | -it |
| 1 | -*amo* | -amus | -*emo* | -emus | -imus | -*imo* | -imus |
| 2 | -*ati* | -atis | -*eti* | -etis, | -itis | -*iti* | -itis |
| 3 | -ano | -ant | -*eno*, -ono | -ent | -unt | -ono | -(i)unt |
| | Flexion nach Analogie | | | | | | |
| 1 | *am-e* [Conj. -*e*] | | *cred-e* | | | *dorm-e* | |
| 2 | -*e*, -i | | [-*e*], [-i] | | | -*e* [-i] | |
| 3 | -*e* | | [-e] | | | -e | |
| 1 | -*emo*, -iamo | | [-*emo*], -iamo | | | -*emo* [-iamo] [Conj. Pr.] | |
| 2 | -*ete*, -ate | | [-ete] | | | -*ete*, -ite | |
| 3 | -*eno*, -*ono* | | [-*eno*]. [-ono] | | | -*eno*, [-ono] | |

| | Imporfètto | | |
|---|---|---|---|
| 1 | *am-ava, -avo* ich liebte | *cred-eva, -evo, -éa* ich glaubte | *dorm-iva, -ivo, -ía* ich schlief |
| 2 | *am-avi* | *cred-evi* | *dorm-ivi* |
| 3 | *am-ava* | *cred-eva, -éa* | *dorm-iva, -ía* |
| 1 | *am-avamo* | *cred-evamo* | *dorm-ivamo* |
| 2 | *am-avate* | *cred-evate* | *dorm-ivate* |
| 3 | *am-ávano* | *cred-évano, -éano* | *dorm-ivano, -íano* |
| | Trapassato Imperfètto | | |
| | *aveva am-ato* u. s. w. ich hatte geliebt | *aveva cred-uto* u. s. w. ich hatte geglaubt | *aveva dorm-ito* u. s. w. ich hatte geschlafen |

| | Imperfetto | | | | | | | |
|---|---|---|---|---|---|---|---|---|
| | Ueberkommene Flexion | | | | | | | |
| 1 | **am-ava** | **lat. -abam** | **cred-ea** | **-eva** | **lat. -ebam** | **dorm-ia** | **-iva** | **lat. -i(e)bam** |
| 2 | ***-avi*** | **-abas** | ***-ei*** | ***-evi*** | **-ebas** | ***-ii*** | ***-ivi*** | **-i(e)bas** |
| 3 | **-ava** | **-abat** | **-ea** | **-eva** | **-ebat** | **-ia** | **-iva** | **-i(e)bat** |
| 1 | **-avamo** | **-abamus** | ***-eamo*** | **-evamo** | **-ebamus** | ***-iamo*** | **-ivamo** | **-i(e)bamus** |
| 2 | **-avate** | **-abatis** | ***-eate*** | **-evate** | **-ebatis** | ***-iate*** | **-ivate** | **-i(e)batis** |
| 4 | **-avano** | **-abant** | **-eano** | **-evano** | **-ebant** | **-iano** | **-ivano** | **-i(e)bant** |
| | Flexion nach Analogie | | | | | | | |
| 1 | ***am-avo* [Ind. Pr. *-o*], *-ave* [Cong. Pr. *-e*]** | | ***cred-evo* [Ind. Pr. *-o*], *-eve* [Cong. Pr. *-e*]** | | | ***dorm-ivo* [Ind. Pr. *-o*], *-ive* [Cong. *-e*]** | | |
| 2 | **-avi [Ind. Pr. *-i*]** | | ***-ei* v. -evi [Ind. Pr. *-i*]** | | | ***-ii* v. -ivi [Ind. Pr. *-i*]** | | |
| 3 | ***-ave* [Cong. Pr. *-e*]** | | ***-ie* v. *-ive* [Cong. Pr. *-e*]** | | | ***-ie* [Cong. *-e*]** | | |
| 1 | **[*-avamo*]** | | ***-avamo*** | | | ***-avamo*** | | |
| 2 | **[*-avate*]** | | ***-avate*** | | | ***-avate*** | | |
| 3 | ***-avono* [Ind. Pr. *-ono*]** | | ***-evono* [Ind. Pr. *-ono*], *-ièno* (3 Sing.)** | | | ***-ivono* [Ind. Pr. *ono*] *-ièno* (3 Sing.)** | | |

**Perfetto Definito**

| | | | |
|---|---|---|---|
| 1 | *am-ái* ich liebte | *cred-éi, -etti* ich glaubte | *dorm-ii* ich schlief |
| 2 | *am-asti* | *cred-esti* | *dorm-isti* |
| 3 | *am-ò* | *cred-è, -ette* | *dorm-ì* |
| 1 | *am-ammo* | *cred-emmo* | *dorm-immo* |
| 2 | *am-aste* | *cred-este* | *dorm-iste* |
| 3 | *am-árono* | *cred-érono, -éttero* | *dorm-írono* |

**Trapassato Perfètto**

| | | |
|---|---|---|
| *èbbi am-ato* u. s. w. ich hatte geliebt | *èbbi cred-uto* u. s. w. ich hatte geglaubt | *èbbi dorm-ito* u. s. w. ich hatte geschlafen |

**Perfetto Definito**

**Ueberkommene Flexion**

| | | | |
|---|---|---|---|
| 1 | *am* **-ai** lat. -a(v)i | *cred*-**ei** vgl. lat. del-e(v)i | *dorm*-**ii** lat. -i(v)i |
| 2 | **-asti** -a(vi)sti | **-esti** -e(vi)sti | **-isti** -i(vi)sti |
| 3 | *-à* -a(vi)t, *-ao* -av(it) | **-è** -e(vi)t | **-i** -i(vi)t |
| 1 | *-amo* -a(vi)mus, *-aimo* a(v)imus | *-emo* -e(vi)mus | *-imo* -i(vi)mus |
| 2 | *-asti* -a(vi)sti | *-esti* -e(vi)stis | *-isti* -i(vi)stis |
| 3 | **-arono** -a(ve)runt | **-erono** -e(ve)runt | **-irono** -i(ve)runt |

**Flexion nach Analogie**

| | | | |
|---|---|---|---|
| 1 | *am -ao* [Ind. Pr. *-o*] | *cred -eo* [Ind. Pr. *-o*] | *dorm -io* [Ind. Pr. *-o*] |
| | *-etti* | **-etti** [vgl. it. stetti = lat. steti] | *-itti, -etti* |
| 2 | *-aste* [Cong. Pr. *-e*] | *-este* [Cong. Pr. *-e*] | *-isti* [Cong. Pr. *-e*] |
| 3 | -ò, *-oe* [Cong. Pr. *-e*], [*-ao*] | -è, *-ee* [Cong. Pr. *-e*], *-eo* | -i, *-ie* [Cong. Pr. *-e*], *-io* |
| | *-ette* [vgl. 1. Pers. *-etti*] | **-ette** [vgl. 1 Pers. *-etti*] | *-itte, -ette* [Vgl. 1. Pres.] |
| | **-ammo** | **-emmo** | **-immo** |
| 1 | **-aste** [Ind. Pr. *-e*] | **-este** [Ind. Pr. *-e*] | **-iste** [Ind. Pr. *-e*] |
| 2 | *-ono, -onno* (3 Sg. *-ò*) | *-eno, -enno* (3 Sg. *-è*) | *-ino, -inno* (3 Sg. -i) |
| 3 | [*-oro*] (3 Sg. *-ò*), *-aono* (3 Sg. *-ao*) | *-oro, -iero* [vgl. lat. -ierunt] | *-oro, -iero* (vgl. lat. -ierunt) |
| | *-ettero* (3 Sg. *-ette*) | **-ettero** (3 Sg. *-ette*) | *-ittero, -ettero,* (3 Sg. *-itte, -ette*) |

| Impf. | Futuro | | |
|---|---|---|---|
| 1 | *am-er-ò* ich werde lieben | *cred-er-ò* ich werde glauben | *dorm-irò* ich werde schlafen |
| 2 | *am-er-ái* | *cred-er-ái* | *dorm-ir-ái* |
| 3 | *am-er-à* | *cred-er-à* | *dorm-ir-à* |
| 1 | *am-er-emo* | *cred-er-emo* | *dorm-ir-emo* |
| 2 | *am-er-ete* | *cred-er-ete* | *dorm-ir-ete* |
| 3 | *am-er-anno* | *cred-er-anno* | *dorm-ir-anno* |
| Perf. | *avrò am-ato* u. s. w.<br>ich werde geliebt haben | *avrò cred-uto* u. s. w.<br>ich werde geglaubt haben | *avrò dorm-ito* u. s. w.<br>ich werde geschlafen haben |

Futuro

*am-ar-* od. *am-er-*, *cred-er-*, *dorm-ir-*

| | | |
|---|---|---|
| 1 | -ò, | *-ao*, *-abbo*, *-aggio*, *-oe* [Ind. Pr. *-e*] |
| 2 | -ai, | *-ae* [Ind. Pr. *-e*] |
| 3 | -à, | *-ae* [Ind. Pr. *-e*] |
| 1 | -emo, | *-eno* |
| 2 | -ete | *-eti* [Vgl. Ind. Pr. *amati*, *credeti*, *dormiti*] |
| 3 | -anno | *-ano* |

| Pres. | CONGIUNTIVO | | |
|---|---|---|---|
| 1 | *am-i* dass ich liebe | *cred-a* dass ich glaube | *dorm-a* dass ich schlafe |
| 2 | *am-i* | *cred-a* | *dorm-a* |
| 3 | *am-i* | *cred-a* | *dorm-a* |
| 1 | *am-iámo* | *cred-iámo* | *dorm-iámo* |
| 2 | *am-iáte* | *cred-iáte* | *dorm-iáte* |
| 3 | *ám-ino* | *créd-ano* | *dòrm-ano* |
| Perf. | *abbio ama-to* u. s. w. dass ich geliebt habe | *abbia cred-uto* u. s. w. dass ich geglaubt habe | *abbia dorm-ito* u. s. w. dass ich geschlafen habe |

| Pres | CONIUNGTIVO<br>Ueberkommene Flexion | | | | | |
|---|---|---|---|---|---|---|
| 1 | *am-e* | lat. -em | *cred*-a | lat. -am | *dorm*-a | lat. -(i)am |
| 2 | -*e* | -es | -a | -as | -a | -(i)as |
| 3 | -*e* | -et | -a | -at | -a | -(i)at |
| 1 | -*emo* | -emus | -*amo* | -amus | -iamo | -iamus |
| 2 | -*ete* | -etis | -*ate* | -atis | -iati, **-iate** | -iatis |
| 3 | -*eno* | -ent | -ano | -ant | -ano | -(i)ant |
| | **Flexion nach Analogie** | | | | | |
| 1 | *am* [-*e*], [-i], -*a* | | *cred*-*e*, -*i*, [-a] | | *dorm*-*e*, -*i*, [-a] | |
| 2 | [-*e*], [-i], -*a* | | -*e*, -*i*, [-a] | | -*e*, -*i*, [-a] | |
| 3 | [-*e*], [-i], -*a* | | -*e*, -*i*, [-a] | | -*e*, -*i*, [-a] | |
| 1 | -iamo | | -iamo | | [-iamo] | |
| 2 | -*iati*, -iate | | -*iati*, -iate | | [-*iati*], [-iate] | |
| 3 | -*eno*, [-ino] (3 Sg. -*i*) | | -*eno*, -*ino* (3 Sg. -*i*) | | -*eno*, -*ino* (3 Sg. -*i*) | |

| | Imperfetto | | |
|---|---|---|---|
| 1 | *am-assi* dass ich liebte | *cred-essi* dass ich glaubte | *dorm-issi* dass ich schliefe |
| 2 | *am-assi* | *cred-essi* | *dorm-issi* |
| 3 | *am-asse* | *cred-esse* | *dorm-isse* |
| 1 | *am-ássimo* | *cred-éssimo* | *dorm-íssimo* |
| 2 | *am-aste* | *cred-este* | *dorm-iste* |
| 3 | *am-ássero* | *cred-éssero* | *dorm-íssero* |
| | **Trapassato** | | |
| | *avessi am-ato* u. s. w. dass ich geliebt hätte | *avessi cred-uto* u. s. w. dass ich geglaubt hätte | *avessi dorm-ito* u. s. w. dass ich geschlafen hätte |

| | Ueberkommene Flexion | | | | | |
|---|---|---|---|---|---|---|
| 1 | *am-asse* | lat. -a(vi)ssem | *cred-esse* | vgl. lat. dele(vi)ssem | *dorm-isse* | lat. -i(vi)ssem |
| 2 | *-asse* | -a(vi)sses | *-esse* | -sses | *-isse* | -i(vi)sses |
| 3 | -asse | -a(vi)sset | -esse | -sset | -isse | -i(vi)sset |
| 1 | *-assemo* | -a(vi)ssemus | *-essemo* | -ssemus | *-issemo* | -i(vi)ssemus |
| 2 | -aste | -a(vi)ssetis | -este | -ssetis | -iste | -i(vi)ssetis |
| 3 | *-asseno* | -a(vi)ssent | *-esseno* | -ssent | *-issemo* | -i(vi)ssent |

| | Flexion nach Analogie | | |
|---|---|---|---|
| 1 | *am* -assi [Cong. Pr. *-i*] | *cred* -essi [Cong. Pr. *-i*] | *dorm* -issi [Cong. Pr. *-i*] |
| 2 | -assi [Id.] | -essi [Id.] | -issi [Id.] |
| 3 | *-assi* [Id.] | *-essi* [Id.] | *-issi* [Id.] |
| 1 | -assimo [wegen *-assi*] | -essimo [weg. *-essi*] | -issimo [weg. *-issi*] |
| 2 | *-assi?* | *-essi?* | *-issi?* |
| 3 | -assero (3 Sg. *-asse*) | -essero (3 Sg. *-esse*) | -issero (3 Sg. *-isse*) |
| | *-assino* (3 Sg. *-assi*) | *-essino* (3 Sg. *-essi*) | *-issino* (3 Sg. *-issi*) |
| | *-assono* [Ind. Pr. *-ono*] | *-essono* [Ind. Pr. *-ono*] | *-issono* [Ind. Pr. *-ono*] |
| | *-assoro* [Perf. Def. *-oro*] | *-essoro* [Per. Def. *-oro*] | *-issoro* [Perf. Def. *-oro*] |

| Impf. | CONDIZIONALE | | |
|---|---|---|---|
| 1 | *am-er-èi*, m. p. *-ìa* ich würde | *cred-er-èi*, m. p. *-ìa* ich würde | *dorm-ir-èi*, m. p. *-ìa* ich würde |
| 2 | *am-er-esti* [lieben | *cred-er-esti* [glauben | *dorm-ir-esti* [schlafen |
| 3 | *am-er-èbbe*, m. p. *-ìa* | *cred-er-èbbe*, m. p. *-ìa* | *dorm-ir-èbbe*, m. p. *-ìa* |
| 1 | *am-er-emmo* | *cred-er-emmo* | *dorm-ir-emmo* |
| 2 | *am-er-este* | *cred-er-este* | *dorm-ir-este* |
| 3 | *am-er-èbbero*, m. p. *-ìano* | *cred-er-èbbero*, m. p. *-ìano* | *dorm-ir-èbbero* m. p. *-ìano* |
| Perf. | *arrèi am-ato* u. s. w.<br>ich würde geliebt haben | *arrèi cred-uto* u. s. w.<br>ich würde geglaubt haben | *arrèi dorm-ito* u. s. w.<br>ich würde geschlafen haben |

| | CONDIZIONALE | | | | | | | | |
|---|---|---|---|---|---|---|---|---|---|
| | Bildungen mit dem Perfectum | | | | | Bildungen mit dem Imperfectum Ind. | | | |
| | *am-ar-* od. *am-er-*, *cred-er-*, *dorm-ir-* | | | | | | | | |
| 1 | **-ei,** | *-ebbi,* | — | — | — | *-ea* | **-ia** | *-ie* [Ind. Pr. *-e*] | *-are* [Ind. Pr. *-e*] |
| 2 | **-esti,** | — | — | — | — | *-ea* | *-ia* | *-ie* [Id.] | *-are* [Id.] |
| 3 | **-è** | **-ebbe** | — | — | — | *-ea* | **-ia** | *-ie* [Id.] | *-are* [Id.] |
| 1 | **-emmo** | *-ebbimo* | — | — | — | — | *-iamo* | — | — |
| 2 | **-este** | *-esti* | — | — | — | — | *-iate* | — | — |
| 3 | **-ebbero,** | *-ebbeno,* | *-ebbono,* | *-ebbano,* | *-ebboro* | — | **-iano** | *-ieno* (3 Sg.) | — |

| | IMPERATIVO | | |
|---|---|---|---|
| 1 | — | — | — |
| 2 | *am-a* liebe du | *cred-i* glaube du | *dòrm-i* schlafe du |
| 3 | *am-i* | *cred-a* | *dòrm-a* |
| 1 | *am-iámo* | *cred-iámo* | *dorm-iámo* |
| 2 | *am-ate* | *cred-ete* | *dorm-ite* |
| 3 | *ám-ino* | *créd-ano* | *dòrm-ano* |

IMPERATIVO

**Ueberkommene Flexion**

| | | | |
|---|---|---|---|
| 2 | *am*-a lat. -a<br>-ate -ate | *cred*-e lat. -e<br>-ete -ete | *dorm*-i lat. -i<br>-ite -ite |

**Flexion nach Analogie**

| | | | |
|---|---|---|---|
| 2 | *am-i, -e* | *cred-i,* [*-e*] | *dorm* [-i], *-e* |
| 3 | [-i], *-a, -e* [Cong. Pr.] | *-i* [-a], *-a* [Cong. Pr] | *-i* [-a], *-e* [Cong. Pr.] |
| 1 | -iamo | -iamo | [-iamo] [Cong. Pr.] |
| 3 | [-ino]. *ano, -eno* (3 Sg. *-i, -a, -e*) | *-ino,* [-ano], *-eno* (3 Sg. *-i, -a, -e*) | *-ino,* [ano], *-eno* (3 Sg. *-i, -a, -e*) |

## Anmerkungen zu den Paradigmata.

**Infinitivo.** Der Infinitiv erleidet also Apocope des *e*, indem man sagen kann *amár, credér, dormír.*

**Participio Presènte.** 1. Neben *apparènte* v. *apparire* und *fiorènte* v. *fiorire*, hat man die Participia *appariscènte* und *fioriscènte*, welche inchoative Infinitive wie *appariscere*, *fioriscere*

---

**Infinitivo.** Bei den Alten trat Assimilation des *r* in *l* ein, wenn dem Infinitiv ein Pronomen wie *lo, la, li, le* angehängt wurde: *amallo, credello, sentillo*, f. *amarlo, crederlo, sentirlo.* Der Infinitiv erleidet auch bei den Alten die Metathese des *r chiedre* st. *chieder* verlangen, *credre* st. *creder* glauben, *spendre* st. *spender* ausgeben, zugleich auch Apocope der ganzen letzten Sylbe: *mostra* od. *mostrà* st. *mostrare* zeigen, *vede* od. *vedè* st. *vedere* sehen u. a., und dies namentlich wenn der Infinitiv vom Imperativ des Verbums *andare* abhängig ist: *vatti appicca* od. *appiccà* (st. *appiccare*) geh' zum Henker, *va a pesca* od. *a pescà* (st *pescare*), *va a dormi* od. *dormì* (st. *dormire*), Ausdrücke, denen man jetzt noch in verschiedenen Mundarten begegnet.

Die alten Italiener hatten versucht alle Verba auf eine einzige Conjugation zu beschränken; da man aber in der Wahl des Paradigma schwankte, so sind manche Verba bald nach der ersten, bald nach der zweiten, bald nach der dritten Conjugation flectirt worden, daher doppelte Infinitive, z. B.:

| | | | | | | | |
|---|---|---|---|---|---|---|---|
| ere | *mandare* | *restare* | *trovare* | are | *annichilare* | *schifare* | *affrenare* |
| = | schicken | bleiben | finden | = | vernichten | meiden | zäumen |
| are | *mandere* | *restere* | *trovere* | ire | *annichilire* | *schifire* | *affrenire* |
| ere | *spegnere* | *ancidere* | *pungere* | ere | *vedere* | *stridere* | *tenere* |
| = | löschen | tödten | stechen | = | sehen | kreischen | halten |
| are | *spegnare* | *ancidare* | *pungare* | ire | *vedire,* | *stridire,* | *tenire* |
| ire | *arricchire* | | *favorire* | ire | *sentire* | *aprire* | *venire* |
| = | bereichern | | begünstigen | = | hören | öffnen | kommen |
| are | *arriccare* | | *favorare* | ere | *sentere* | *aprere* | *venere* |

Der Conjugationstausch zeigt sich schon im Lateinischen: lavĕre für lavare, sonĕre f. sonare, exercĕre f. exercere, lugire f. lugere. Vgl. Rönsch It. u. Vul. s. 213.

Man findet die Infinitivendungen *-ari, -eri, -iri*, wie *fari, diri* (nach lateinischem Vorgang z. B. altercare neben altercari, osculare neb. osculari, assentire neb. assentiri).

**Participio Presente.** 1. Bei den Alten auch *languiscente* und *ardiscente* u. a., welche an Infinitive wie *languiscere* und *ardiscere* st. *languire* und *ardire* denken lassen. Hier mag wohl die Doppelförmigkeit vieler lat. Verba Einfluss geübt haben, denn bekanntlich besitzen die Lateiner florēre und florescĕre, splendēre und splendescĕre, languēre und

voraussetzen. Man bemerke auch *escandescènte* (v. lat. escandescĕre) toll werdend. 2. *Ubbidire* bildet *ubbidiènte*. Nachahmung der lat. Participia der 4. Conjugation, wie z. B. audientem. Die Verba *sentire, dissentire, consentire, patire, balbutire* bilden *senziènte, dissenziènte, consenziènte* (= lat. sentientem). *paziènte, balbuziènte.*

**Participio Perfètto.** Viele Participia Perfecti der ersten Conjugation haben eine kürzere Parallelform, welche direct aus dem Verbalstamm entsteht, wie

| | | |
|---|---|---|
| *truncato* u. *tronco* abgeschnitten | *contato* u. *conto* gezählt | *destato* u. *desto* aufgewacht |
| *mozzato* u. *mozzo* abgehauen | *cioncato* u. *cionco* gezecht u. a. | *colmato* u. *colmo* überfüllt |
| | *gonfiato* u. *gonfio* geschwollen. | |

Vgl. lateinische Doppelformen: potatus u. potus, truncatus und truncus, adjuvatus und adjutus etc.

Die kürzere Form gehört vorzüglich der Dichtersprache an, und fungirt in den meisten Fällen als Adjectiv, selten als Participium.

**Participium Futuri.** 1. Reste solcher lat. Participia wie periturus, nasciturus, rediturus etc. sind die als Adjectiva geltenden *venturo* und *futuro*. Weniger üblich sind *perituro, imperituro, duraturo, nascituro.*

---

languescĕre u. a. mit den entsprechenden Participia: florens und florescens, splendens und splendescens, languens und languescens. Vgl. prov. parer und pareisser.

2. Dasselbe altit. auch bei der zweiten Conjugation: *splendiente* v. *splendere*, *abbiente* v. *abbere*, *udiente* v. *udire* u. v. a. Vgl. Span. creciente, perteneciente, escribiente.

3. Indem die Alten, wie schon bemerkt, bald eine Conjugation bald die andere für ein und dasselbe Verbum zu Grunde legten trifft man doppelte Participia wie *combattante* (v. combattare) st. *combattente* (v. *combattere*) *consumente* (v. *consumere*) st. *consumante* (v. *consumare*), und so jetzt noch *tagliente* (v. *tagliere*) st. *tagliante* (v. *tagliare*).

Auf dieselbe Weise lassen sich Participia Perfecti wie *sentuto* für *sentito*, *servuto* f. *servito*, *alleggerato* f. *alleggerito* etc. erklären.

**Participio Perfetto.** Solche kürzere Participia Perfecti waren bei den Alten in bedeutend grösserer Anzahl vorhanden.

**Participia Futuris.** 1. Auch ihr Gebrauch war ausgedehnter: *passuro, fatturo* u. a.

2. Die Lateiner besassen ein Participium Futuri Passivi: nascendus, invocandus, verendus u. s. w. In demselben Sinne sagt der Italiener *memorando, reverèndo, venerando.*

**Imperfètto Ind.** Die Endung *-o* (*amavo*), wodurch die 1. Pers. sich von der 3. gut unterscheiden lässt, ist in der Umgangssprache gäng und gebe.

**Perfètto Definito.** *Amò* ist contrahirt aus *amáo* = amáu mit vocalisirtem v von amáv = amáv- it. Die Nebenformen auf *-etti, -ette* sind nach Analogie von *stètti* (v. stare) = lat. steti entstanden. Andere erklären diese Formen durch Perfecta wie crédidi (v. credĕre), astiti (v. assistere) mit fortgerücktem Tone credíddi. Andere noch wollen hier provenzialischen Einfluss finden: vendidit, prov. vendet = it. *vendette*. Die 3. Pers. Pl. hat den Ton auf der drittletzten Silbe; in Folge dessen erlaubt sie eine dreimalige Abkürzung: *amárono* = *amáron* = *amâro* = *amâr, credérono* = *credéron* = *credéro* - *credêr, dormírono* = *dormíron* = *dormíro* = *dormîr.*

**Futuro** (*Imperfètto*). Das Futurum wurde also aus dem Infinitiv und dem Präsens Indicativi gebildet (vgl. § 97). Der charakteristische Vocal *-a* der 1. Conjugation (*amar-ò*), wurde durch die Schwere der betonten Endungen nach und nach zu *e* abgeschwächt.

---

2 Doch kennt die jetzige Sprache nur einzelne Beispiele, während die alte daran reicher war: *nascendo, invocando* etc.

**Gerundio Presente.** Der Wechsel der Conjugationen hat auch doppelte Gerundia hervorgebracht, wie *combattando* (v. *combattare*) st. *combattendo* (v. *combattere*), *insuperbiando* (v. *insuperbiare*) st. *insuperbiendo* (v. *insuperbire*) u. a. Man findet auch *temiendo, audiendo, sentiendo.*

**Indicativo Presente.** Die 1. Pers. Pl. bildete auch *-iano* mit Vertauschung des *m* in *n*, abgek. *-ian*, eine Endung, die noch bei der Composition mit Partikeln im dichterischen Gebrauche ist: *consentiangli, lasciaulo.* Auch *-emo* erleidet die Apocope des *o* und somit die Vertauschung des *m* in *n*: *vedemo* = *vedem* = *veden.*

**Perfetto Definito.** In *-itti* wurde der charakteristische Vocal *i* der 3. Conjug. beibehalten. Man findet auch die vollständige lateinische Form auf -ivi: *audivi* = *udii.* Für die 2. Pers. Sing. bemerke *pregastù* für *pregasti tu, dicestù* f. *dicesti tu* und ähnliche. Die 3. Pers. Pl. hat auch *amorno* und *amorono* aus amaverunt; Entstehungsprocess: *amorno* v. *amor(o)no* = amau'run-t' = amauerun-t mit vocalisirtem v aus amaverun-t.

**Futuro** (Imperfetto). Der charakteristische Vocal *a* der 1. Conjug. wurde bei den ältesten Dichtern regelrecht beibehalten: *amar-ò* u. s. w.

**Condizionale.** Der Conditionalis entstand bekanntlich aus dem Infinitiv und dem Perfectum von *avere* (vgl. § 97). Die übrigen romanischen Sprachen bedienen sich des Imperfectum von habere zur Bildung dieses Tempus. Spuren einer solchen Bildung sind im Italienischen die poetischen Nebenformen auf *-ía*, Flexion v. *avía* st. *avéa*.

---

## ORTHOGRAPHIE UND AUSSPRACHE EINIGER VERBA.

§ 103. Wie einige Substantiva und Adjectiva, so sind auch einige Verba, in Bezug auf Orthographie und Aussprache, gewissen Eigenthümlichkeiten unterworfen. Als Beispiele führe ich nur das Präsens Indicativi und Conjunctivi, zuweilen das Futurum (Impf.) an, wo alle zur Erklärung nöthigen Fälle vertreten sind.

### ERSTE CONJUGATION.

Die Gutturalen *c* und *g* in *-care* und *-gare* bewahren stets ihren runden Laut, indem sie vor *e* und *i* ein **h** annehmen:

*cerc-are* (v. circare) suchen  *pag-are* (v. pacare) zahlen

| Ind. | | Fut. | | Cong. | |
|---|---|---|---|---|---|
| Sing. *-o* | Pl. **-h***iámo* | Sing. **-h***erò* | Pl. **-h***eremo* | Sing. **-h***i* | Pl. **-h***iámo* |
| **-h***i* | *-ate* | **-h***erai* | **-h***erete* | **-h***i* | **-h***iáte* |
| *-a* | *-ano* | **-h***erà* | **-h***eranno* | **-h***i* | **-h***ino* |

---

Aehnlich im Prov.: am-ar-ai, -ar-as, -ar-a, -ar-em, ar-etz, ar-on. Das Futurum erleidet oft Contraction: *generrà* f. *genererà*, *guarrà* f. *guarirà* u. a. Die neuere Sprache hat ähnliche Contractionen beibehalten. Bemerke altit. Contractionen wie *guardrai* f. *guarderai*, *dimandrai* f. *dimanderai*, *credranno* f. *crederanno*, *ubbidrete* f. *ubbidirete*, und so heute noch *vedrò* f. *vederò*, *vedrai* f. *vederai* u. v. a.

**Condizionale.** Die Bildungen des Condition. mit Hülfe des Imperfectums sind in der alten Sprache weit ausgedehnter. Der charakteristische Vocal a der 1. Conjugation hatte sich in der ältesten Sprache wie beim Futurum behauptet. Die Endung *-ea* kommt v. *area* = *ave(r)a*. Die Endung *-ie* und *-ia* wurde durch Einfluss der *-e*-Endung bewirkt. Die Endung *-ave* kommt von den alten Formen des Imperfectums *-ava*, *-avi*, *-ava* mit Beeinflussung der *e*-Endung. *Esti* mit der Endung *-i* wie die 2. Pers. Pl. anderer Tempora. Nach fehlerhafter Analogie gebildet sind Formen auf *-essi*, *-essimo*, wie *-amaressi*, *amaressimo* (Nachahmungen des Imperfectums Conjunctivi: *amássi*, *amassimo*). Der Condition. erleidet dieselben Contractionen wie das Futurum.

Das *i* nach den Palatalen *c'* und *g'* in *-ciare* und *-giare* fällt vor **e** und **i** aus, weil es als Zeichen des gequetschten Lautes unnütz geworden ist; desgleichen das *i* nach dem weichen *sc* in *sciare.*

*bac-iare* (basiare) küssen, *mang-iare* (manducare) essen, *lasc-iare* (altit. lassare = laxare) lassen

| Ind. | | Fut. | | Cong. | |
|---|---|---|---|---|---|
| Sg. *-i-o* | Pl. *-i-ámo* | Sg. **-e***rò* | Pl. **-e***remo* | Sg. **-i** | Pl. *-i-ámo* |
| **-i** | *-i-áte* | **-e***rai* | **-e***rete* | **-i** | *-i-áte* |
| *-i-a* | *-i-ano* | **-e***rà* | **-e***ranno* | **-i** | **-i-***no* |

Das *i* in *gliare* fällt nur vor einem zweiten **-i** aus; vor *e* bleibt es stehen, um den mouillirten Laut des *-gl* zu erhalten.

*tagl-i-are* schneiden

| Ind. | | Fut. | | Cong. | |
|---|---|---|---|---|---|
| Sg. *-i-o* | Pl. *-i-ámo* | Sg. *-i-erò* | Pl. *-i-eremo* | Sg. **-i** | Pl. *-i-ámo* |
| **-i** | *-i-áte* | *-i-erai* | *-i-erete* | **-i** | *-i-ate* |
| *-i-a* | *-i-ano* | *-i-erà* | *-i-eranno* | **-i** | **-i-***no* |

Tonloses **i** vor einem andern *i* fällt im Inlaute weg; im Auslaute bleibt es stehen:

*glor-***i***-are* rühmen

| Ind. Sg. | | Pl. | Cong. Sg. | | Pl. |
|---|---|---|---|---|---|
| | *-i-o* | *-i-ámo* | | *-i-i* | *-i-ámo* |
| | **-i-***i* | *-i-áte* | | *-i-i* | *-i-áte* |
| | *-i-a* | *-i-ano* | | *-i-i* | *-i-no* |

ZWEITE CONJUGATION.

Die Palatalen *c'* und *g'* in *-cere* und *-gere* mit tonlosem *e* werden vor **a** und **o** guttural; das weiche *sc* in *scere,* wird in denselben Fällen hart:

*vínc-ere* (vincere) siegen, *lègg-ere* (legere) lesen, *conosc-ere* (cognoscere) kennen

| Ind. Sg. | | Pl. | Cong. Sg. | | Pl. |
|---|---|---|---|---|---|
| | **-o** | *-iámo* | | **-a** | *-iámo* |
| | *-i* | *-ete* | | **-a** | *-iáte* |
| | *-e* | **-o***no* | | **-a** | **-a***no* |

Hingegen behauptet das palatale *c'* in *cere* mit betontem *-e* stets seinen gequetschten Laut; und verdoppelt sich vor **-io**, **-ia**.

*Giac-ere* (jacere) liegen

| Ind. Sg. | | Pl. | Cong. Sg. | | Pl. |
|---|---|---|---|---|---|
| | *-c-***io** | *-c-***iá***mo* | | *-c-***ia** | *-c-***iá***mo* |
| | *-i* | *-ete* | | *-c-***ia** | *-c-***iá***te* |
| | *-e* | *-c-***io***no* | | *-c-***ia** | *-c-***ia***no* |

9*

Das betonte *e* der Verba auf *ere* wird im Futurum und im Conditional oft ausgestossen: *avere* haben, *avrò, avrái, avrà* etc.; *avrèi, avresti* etc.; *sapere* wissen, *saprò, saprèi; vedere* sehen, *vedrò, vedrái.*

### DRITTE CONJUGATION.

Das palatale *c'* in *cucire* (consuere) nähen bewahrt stets den gequetschten Laut; das palatale *g'* in *fuggire* (fugere[1]) fliehen wird vor **o** und **a** guttural.

Indicativo

| *cuc-ire* | | | *fugg-ire* | | |
|---|---|---|---|---|---|
| Sing. | -io | Pl. -*iámo* | Sing. | -o | Pl. -*iámo* |
| | -*i* | -*ite* | | -*i* | -*ite* |
| | -*e* | -io*no* | | -*e* | -o*no* |

Congiuntivo

| | | | | | |
|---|---|---|---|---|---|
| Sing. | -i*a* | -*iámo* | Sing. | -a | -*iámo* |
| | -i*a* | -*iáte* | | -a | -*iáte* |
| | -i*a* | -i*ano* | | -a | -a*no* |

Das weiche *sc* in -*scire* wird vor *a* und *o* hart: *uscire* (exire) ausgehen, *èsco, èsca, èscono, èscano* etc. vgl. § 107.

---

### INCHOATIVFORM.

§ 104. Viele Verba der dritten Conjugation schieben im Präsens aller drei Modi die Sylbe **-isc-** zwischen Stamm und Flexion ein. Diese Form schliesst sich an die durch -*isc*- od. -*esc*- verlängerte Form der lateinischen Inchoativa (concup-isc-o, flor-esc-o) und erinnert an das in einigen Tempora eingeschobene -iss- der französischen Conjugation auf -ir (fin-iss-ant, finiss-ait), Paradigma:

*fior-ire* (florere[1]) blühen.

| Ind. | | Cong. | | Imp. | |
|---|---|---|---|---|---|
| *fior*-**isc**-*o* | *fior-iámo* | *fior*-**isc**-*a* | *fior-iámo* | *fior*- | *fior-iámo* |
| **-isc**-*i* | -*ite* | **-isc**-*a* | -*iáte* | **-isc**-*i* | -*ite* |
| **-isc**-*e* | **-isc**-*ono* | **-isc**-*a* | **-isc**-*ano* | **-isc**-*a* | **-isc**-*ano* |

Die 1. und 2. Pers. Pl. sind also von der Inchoativform ausgeschlossen.

---

[1] Rönsch, It. und Vul. s. 284, führt Formen aus lat. Infinitiven fugire und florire für fugere und florere an.

Demnach zählt die dritte Conjugation (*-ire*) drei Klassen von Verba:

1. Verba, welche nur die reine Flexion haben.

| *aprire* | *bollire* | *coprire* | *dormire* | *partire* | *pentire*, refl. |
|---|---|---|---|---|---|
| (aperire) | (bullire) | (cooperire) | (dormire) | (part-) | (poenitere) |
| öffnen | sieden | decken | schlafen | abreisen | bereuen |
| *seguire* | *sentire* | *servire* | *sortire* | *vestire* | |
| (sequi) | (sentire) | (servire) | (surrectire) | (vestire) | |
| folgen | hören | dienen | ausgehen | kleiden | |

Anomala:

| *cucire* | *fuggire* | *morire* | *udire* | *uscire* | *venire* |
|---|---|---|---|---|---|
| (consuere) | (fugere) | (mori) | (audire) | (exire) | (venire) |
| nähen | fliehen | sterben | hören | ausgehen | kommen |

*Aprire* und *coprire* sind zugleich starke Verba (vgl. § 112). *Venire* ist stark und unregelmässig.

2. Verba, welche beide Flexionen, die reine und die gemischte resp. die inchoative, annehmen.

| *aborire* | *assorbire* | *convertire* | *divertire* |
|---|---|---|---|
| (abhorrere) | (absorbēre) | convertere | divertere |
| verabscheuen | einsaugen | bekehren | unterhalten |
| *forbire* | *invertire* | *languire* | *mentire* |
| (ahd. furban) | invertere | (languere) | (mentiri) |
| glätten | umkehren | schmachten | lügen |
| *nutrire* | *offrire* | *partire* | *pervertire* |
| (nutrire) | offerere | (part-) | (pervertere) |
| nähren | darbieten | theilen | verkehren |
| *salire* | *soffrire* | *sortire* | *sovvertire* |
| (salire) | (sufferre) | (sortiri) | sovvertere (sub.) |
| steigen | dulden | loosen | umstossen |

*Offrire* und *soffrire* sind zugleich starke Verba (vgl. § 12).

3. Verba, welche nur die inchoative Flexion haben.

Hierher gehören alle übrigen Verba, die unter den vorigen beiden Klassen nicht angeführt sind, und deren man ungefähr 430 zählt. (Vgl. § 102, Participium Präs.).

## PASSIVUM — PASSIVO.

§ 105. Nach § 97 wird das italienische Passivum durch das Hülfsverbum *èssere* und das Participium Perfecti *(amato, creduto, sentito)* gebildet. In einfachen Zeiten kann auch *venire* st. *èssere* in Anwendung treten.

### PARADIGMA.

#### INFINITIVO

**Presènte**

*èssere amato (-a, -i, -e)*
geliebt werden

**Perfètto**

*èssere stato (-a, -i, -e) amato (-a, -i, -e)*
geliebt worden sein

#### GERUNDIO

**Presènte**

*essèndo amato (-a, -i, -e)*
indem man geliebt wird od. wurde

**Perfètto**

*essèndo stato (-a, -i, -e) amato (-a, -i, -e)*
indem man geliebt worden ist od. war

#### INDICATIVO

**Presente**

*sono amato (-a)* ich werde geliebt
*siamo amati (-e)* wir werden geliebt

**Perfètto**

*sono stato (-a) amato (-a)* ich bin geliebt worden
*siamo stasti (-e) amati (-e)* wir sind geliebt worden

**Imperfetto**

*èra amato (-a)* ich wurde geliebt
*eravamo amati (-e)* wir wurden geliebt

**Trapassato Imperfetto**

*èra stato (-a) amato (-a)* ich war geliebt worden
*eravamo stati (-e) amati (-e)* wir waren gel. worden

**Perfetto Definito.**

*fui amato (-a)* ich wurde geliebt
*fummo amati (-e)* wir wurden geliebt

**Trapassato Perfetto**

*fui stato (-a) amato (-a)* ich war geliebt worden.
*fummo stati (-a) amati (-e)* wir waren gel. worden

FUTURO

**Imperfetto**

*sarò amato (-a)* ich werde geliebt werden
*saremo amati (-e)* wir werden geliebt werden

**Perfetto**

*sarò stato (-a) amato (-a)* ich werde gel. worden sein
*saremo stati (-e) amati (-e)* wir werden gel. worden sein

CONGIUNTIVO

**Presènte**

*ch'io sía amato (-a)* dass ich geliebt werde
*che noi siámo amati (-e)* dass wir geliebt werden

**Perfetto**

*ch'io sía stato (-a) amato (-a)* dass ich gel. worden sei
*che noi siámo stati (-e) amati (-e)* dass wir gel. word. seien

**Imperfetto**

*ch'io fossi amato (-a)* dass ich geliebt würde.
*che noi fóssimo amati (-e)* dass wir gel. würden

**Trapassato Imperfetto**

*ch'io fossi stato (-o) amato (-a)* dass ich gel. worden wäre
*che noi fóssimo stati (-e) amati (-e)* dass wir gel. w. wären

CONDIZIONALE

**Imperfetto**

*sarèi amato (-a)* ich würde geliebt werden
*saremmo amati (-e)* wir würden gel. werden

**Perfetto**

*sarèi stato amato (-a)* ich würde geliebt worden sein
*saremmo stati amati (-e)* wir würden geliebt worden sein

IMPERATIVO

*síi* od. *sía amato (-a)* werde geliebt
*sía amato (-a)*

*siámo amati (-e)* lasst uns geliebt werden
*siáte amati (-e)*
*síano* od. *síeno amati (-e)*

## REFLEXIVA — RIFLESSIVI.

§ 106. Verba reflexiva werden mit den persönlichen Partikeln *mi ti si ci vi si* verbunden und mit dem Hülfsverbum *èssere* construirt.

*RALLEGRARSI*

| INFINITIVO | PARTICIPIO | GERUNDIO |
|---|---|---|
| Pres. *rallegrarsi* sich freuen | *rallegrántesi* sich freuend | *rallegrándosi* sich freuend |
| Perf. *èssersi rallegrato,-a,-i,-e* sich gefreut haben. | *rallegrátosi, -tasi, -tesi, -tisi* | *essèndosi rallegrato, -a, -i, -e* sich gefreut habend. |

INDICATIVO

| | Pres. | Impf. | Perf. Def. | Fut. Impf. |
|---|---|---|---|---|
| | ich freue mich | ich freute mich | ich freute mich | ich werde mich freuen |
| 1. | *mi rallegro* | *mi rallegrav-a, -o* | *mi rallegrai* | *mi rallegrerò* |
| 2. | *ti rallegri* | *ti rallegravi* | *ti rallegrasti* | *ti rallegrerai* |
| 3. | *si rallegra* | *si rallegrava* | *si rallegrò* | *si rallegrerà* |
| 1. | *ci rallegriámo* | *ci rallegravamo* | *ci rallegrammo* | *ci rallegreremo* |
| 2. | *vi rallegrate* | *vi rallegravate* | *vi rallegraste* | *vi rallegrerete* |
| 3. | *si rallégrano* | *si rallegravano* | *si rallegrárono* | *si rallegreranno* |
| | Perf. Indef. | Trapas. Impf. | Passato Perf. | Fut. Perf. |
| 1. | *mi sono rallegrato, -a* | *mi èra rallegrato, -a* | *mi fui rallegrato, -a* | *mi sarò rallegrato, -a* |
| | ich habe mich gefreut | ich hatte mich gefreut | ich hatte mich gefreut | ich werde mich gefreut haben |
| 1. | *ci siámo rallegrati, -e* | *ci eravamo rallegrati, -e* | *ci fummo rallegrati, -e* | *ci saremo rallegrati, -e* |
| | wir haben uns gefreut. | wir hatten uns gefreut. | wir hatten uns gefreut | wir werden uns gefr. haben |

| | CONGIUNTIVO | | CONDIZIONALE | IMPERATIVO |
|---|---|---|---|---|
| | Presènte. | Imperfètto | Imperfètto | |
| | Dass ich mich freue | Dass ich mich freute | Ich würde mich freuen | freue dich |
| 1 | *ch'io mi rallegri* | *ch'io mi rallegrassi* | *mi rallegrerèi, -ía* | |
| 2 | *che tu ti rallegri* | *che tu ti rallegrassi* | *ti rallegreresti* | *rallégrati* |
| 3 | *ch'egli si rallegri* | *ch'egli si rallegrasse* | *si rallegrer-èbbe, -ía* | *si rallegri* |
| 1 | *che noi ci rallegriámo* | *che noi ci rallegrássimo* | *ci rallegreremmo* | *rallegriámoci* |
| 2 | *che voi vi rallegriáte* | *che voi vi rallegraste* | *vi rallegrereste* | *rallegráteví* |
| 3 | *ch'eglino si rallégrino* | *ch'eglino si rallegrássero* | *si rallegrer-èbbero, -íano* | *si rallégrino* |
| | Perfètto | Trapassato | Cond. Perfètto | |
| 1 | *ch'io mi sia rallegrato, -a*<br>dass ich mich gefr. habe | *ch'io mi fossi rallegrato, -a*<br>dass ich mich gefr. hätte | *mi sarèi rallegrato, -a*<br>ich würde mich gefr. haben | |
| 1 | *che noi ci siámo rallegrati, -e*<br>dass wir uns gefr. haben | *che noi ci fóssimo rallegrati, -e*<br>dass wir uns gefr. hätten | *ci saremmo rallegrati, -e*<br>wir würden uns gefr. haben | |

## DIPHTHONGIERUNG UND VOCALWECHSEL

§ 107. Der Einfluss des Accentes auf die Beschaffenheit des Vocals, wurde schon Lautlehre § 16 besprochen. Es gibt Verba, welche im Präsens aller Modi ihren Stammvocal *e* und *o* in *ie* und *uo* diphthongieren, wenn der Ton auf denselben fällt; sobald der Ton von der Stammsilbe weicht, wird der ursprüngliche Stammvocal hergestellt:

*neg-are* (necare) leugnen — *son-are* (sonare) spielen

| | Ind. | Cong. | Imp. | Ind. | Cong. | Imp. |
|---|---|---|---|---|---|---|
| 1 | *nièg*o | *nièghi* | | *suòno* | *suòni* | |
| 2 | *nièghi* | *nièghi* | *nièga* | *suòni* | *suòni* | *suòna* |
| 3 | *nièga* | *nièghi* | *nièghi* | *suòna* | *suòni* | *suòni* |
| 1 | *neghiámo* | *neghiámo* | *neghiámo* | *soniámo* | *soniámo* | *soniámo* |
| 2 | *negáte* | *neghiáte* | *negáte* | *sonáte* | *soniáte* | *sonáte* |
| 3 | *nièg*ano | *nièghino* | *nièghino* | *suònano* | *suònino* | *suònino* |

Wie *negare* zuweilen auch *pregare*; wie *sonare* — *tonare* donnern, *notare* (od. nuotare) schwimmen und hin und wieder *provare* versuchen, *trovare* finden.

Bei anderen Verbis tritt an der Tonstelle im Präsens ein Wechsel des Stammvocals ein: *udire* (audire), *uscire* (exire).

| | Ind. | Cong. | Imp. | Ind. | Cong. | Imp. |
|---|---|---|---|---|---|---|
| 1 | *òdo* | *òda* | | *èsco* | *èsca* | |
| 2 | *òdi* | *òda* | *òdi* | *èsci* | *èsca* | *èsci* |
| 3 | *òde* | *òda* | *òda* | *èsce* | *èsca* | *èsce* |
| 1 | *udiámo* | *udiámo* | *udiámo* | *usciámo* | *usciámo* | *usciámo* |
| 2 | *udite* | *udiáte* | *udite* | *uscite* | *usciáte* | *uscite* |
| 3 | *òdono* | *òdano* | *òdano* | *èscono* | *èscano* | *èscano* |

---

## SCHWACHE ANOMALA.

### ERSTE CONJUGATION.

§ 108. **Andare**, gehen, umgestellt aus lat. adnare, mischt sich mit lat. vadere: Ger. *andando*, Part. Pres. *andante*, Part. Perf. *andato*, conjugirt mit *èssere*.

---

**Andare**, *annare* (= Prov. an(n)ar, enar), Part. Perf. *annato* (= Prov. an(n)at).

| | Ind. Pres. | Perf. Def. | Cong. Pres. | Imper. | Imperf. Ind. |
|---|---|---|---|---|---|
| 1 | *vo, vado* | *-and-ái* | *vada* | | *andava* od. *andavo* |
| 2 | *vai* | *-asti* | *vada* | *va* | Futuro |
| 3 | *va* | *-ò* | *vada* | *vada* | *andrò* od. *anderò* |
| 1 | *andiámo* | *-ammo* | *andiámo* | *andiámo* | Cond. |
| 2 | *andate* | *-aste* | *andiáte* | *andate* | *andrèi* od. *anderèi* |
| 3 | *vanno* | *-arono* | *vádano* | *vádano* | u. *and(e)ría* |

Die Composita wie *riandare* durchgehen od. untersuchen, *trasandare* darüber hinausgehen, sind regelmässig, z. B.: Ind. Pres. *riándo trasando, riándi trasandi* u. s. w.

ZWEITE CONJUGATION.

**Assistere** (ass = ads-), beistehen, bildet sein Part. Perf. nach der III. Conjug. *assistito;* desgleichen alle mit *sistere* zsgz. Verba, wie *esístere* existiren, *insístere* darauf bestehen, Part. Perf. *esistíto, insistíto,* mit *avere* conjugirt. *Concèpere* neb. **concepire**, Part. Perf. *conceputo* neb. *concepíto* und *concètto,* mit *avere* conjugirt.

**Dovere** (debēre), müssen, wechselt den Stammvocal an der Tonstelle; Ger. *dovèndo,* Part. Pres. *dovènte,* Perf. *dovuto*, conjugirt mit *avere.*

| | Ind. Pres. | Impf. | Cg. Pres. | Imp. | Fut. |
|---|---|---|---|---|---|
| 1 | *devo, debbo, deggio* | *dov-era, -evo-, -éa* | *debb-a*[1] | — | *dovrò, doverò* |
| 2 | *devi* p. *dei* | *-evi* | *debb-a*[1] | *devi* | Cond. |
| 3 | *deve* p. *dee, debbe* | *-eva, -éa* | *debb-a*[1] | — | *dovrèi, doverèi* |
| | | | | | *dovría, dovería* |

m. p. [1] *deggia.*

---

| | Ind. Pres. | Perf. Def. | Cong. Pres. | Imper. | Futuro |
|---|---|---|---|---|---|
| 1 | *and-o, vao, vaio*[1] | *and-iedi, -etti* | *and-i, vadi* | — | *andarò, andraio,* |
| 2 | *-i, -e, vadi, va* | *-esti* | *-i, vadi* | *and-a* | *andraggio* |
| 3 | *-a, vae, vade* | *-oe, -iede, -ette* | *-i, -e, vadi*[4] | *-i, vadi*[4] | Cond. |
| 1 | *-amo, -emo* | *-aimo, -emmo*[3] | *-iamo* | *and-iamo* | *andarei, andaria* |
| 2 | *-ate, -ati* | *-asti, -este* | *-iate* | *and-à* | Imperf Cong. |
| 3 | *-ano, vadono*[2] | *-or(o)no, -oro,* *-on(n)o* | *-ino, va-* *dino* | *vad-iano, -ino* | *and-essi, -essi,* *-esse* etc. |

[1] *voe* [2] *vano, vonno, von* [3] *andiedemo* [4] *vadia.*

Composita auch nach vadere gebildet: *trasvò, trasvai* etc.

**Dovere**, *devere, deb(b)ere,* Ger. *dobbiendo,* Part. Pres. *dovente,* Part. Perf. *debito.*

| | Ind. Pres. | Impf. | Cong. Pres. | | | Perf Def. |
|---|---|---|---|---|---|---|
| 1 | *debb(i)o, deo* | *dov-eva, -ea* | *deb(b)-ia,* | *degg-ia,* | *dev-a*[2] | *devei* |
| 2 | *debbi, dei, de'* | *dov-ei, -ee* | *-ia* | *-ia* | *-a*[3] | Fut. |
| 3 | *debbe, dee, dè*[1] | *dov-eva, -ea* | *-ia* | *-ia* | *-a*[4] | *deverò* |

[1] *dea dia diè deo* [2] *dea* [3] *debbi devi debbie dea* [4] *dea*

| | Ind. Pres. | Impf. | Cong. Pres. | Imp. | Impf. Cong. |
|---|---|---|---|---|---|
| 1 | *dobbiámo*[1] | *dov-evamo* | *dobbiámo*[3] | *dobbiámo* | *dovessi* |
| 2 | *dovete* | *-evate* | *dobbiáte*[4] | *dovete* | |
| 3 | *dévono, débbono*[2] | *-évano, -éano* | *débbano*[5] | *débbano* | |

m. p. [1] *debbiámo deggiámo* [2] *déggiono déono denno den* [3] *deggia* [4] *deggiámo* [5] *deggiáte* [6] *déggiano.*

**Esigere** (exigere) fordern, Part. Perf. *es-atto*, conjugirt mit *avere.*

**Méscere** (miscere) mischen. Part. Perf. *mesciúto* bewahrt das weiche *sc* durch eingeschobenes *i* vor *u*; conjugirt mit *avere.*

**Páscere** (pascere) weiden, Part. Perf. *pasciúto* mit Beibehaltung des weichen *sc* durch eingeschob. *i* vor *u*; conjugirt mit *avere.*

**Potere** (lat. posse) können, wechselt seinen Stammauslaut; Ger. *potèndo*, Part. Pres. *potènte possènte*, Perf. *potuto*, conjugirt mit *avere.*

| | Ind. Pres. | Perf. Def. | Cond. | Cong. Pres. | Impf. Ind. |
|---|---|---|---|---|---|
| 1 | *posso* | *potei* | *potr-èi, -ía* | *possa* | *poteva, potéa* |
| 2 | *puòi* | *potesti* | *potresti* | *possa* | Fut. |
| 3 | *può, p. puòte puòle* | *potè* | *potr-èbbe, -ía* | *possa* | *potrò* |
| 1 | *possiámo* | *potemmo* | *potremmo* | *possiámo* | Impf. Cong. |
| 2 | *potete* | *poteste* | *potreste* | *possiáte* | *potessi* |
| 3 | *póssono, ponno* | *potérono* | *potr-èbbero, -íano* | *póssano* | |

---

| | Ind. Pres. | Impf. | Cong. Pres. | | | Cond. |
|---|---|---|---|---|---|---|
| 1 | *debbiamo, devemo*[1] | *devevamo*[4] | *-iamo* | *-iamo* | *-iamo* | *doveria,* |
| 2 | *debbete, devete*[2] | *dovavate*[5] | *-iate* | *-iate* | *-iate* | *dev(e)rei* |
| 3 | *debb-eno, -ono, -ano*[3] | *dovieno* | *-iano* | *-iano* | *-iano*[6] | |

[1] *demo, dov-iamo -iano -emo -eno* [2] *doveti* (lat. debuetis) [3] *deno deggono deono dieno dinno deano* [4] *dobbiavamo* [5] *dobbiavate.*

**Potere**, *podere*, *possere* (lat. posse), Ger. *possendo*, Part. Pres. *possente*, Perf. *possuto.*

| | Ind. Pres. | Perf. Def. | Cond. | Cong. Pres. |
|---|---|---|---|---|
| 1 | *posse* | *potti, puoti, possetti* | *poter-ei, -ia, -a* | *possi* (possim) |
| 2 | *puoti, po* | *potrestu* (= *potresti tu*) | *-esti, -ia, -a* | *possi* (possis) *posse* (possies) |
| 3 | *p(u)ote, puoe* | *pote, possette* | *-ebbe, -ia, -a* | *possi* (possit) |
| 1 | *pot-emo, -iamo, -iano* | *possemmo* | *-emmo, -iamo -amo* | *potiamo* |
| 2 | *poteti, podete, possete* | *potesti* | *-este, -iate* | *potiate, possite* (possitis) |
| 3 | *pono* | *possett-ono, -ano* | *-ebbero, -iano, -ano* | *possino* (possint) |

**Imperf. Ind.** *pot-ia, -ie, pod-ia, poss-e(r)a, -ia;* **Fut.** *poter-ò, -aio, -aggio,* **Imperf. Cong.** *potesse.*

**Sedere** (sedēre), sitzen, diphthongiert im Präsens an der Tonstelle, vgl. § 107; doch fällt die Diphthongierung in Position weg. Ger. *sedèndo,*[1] Part. Pres. *sedènte,*[2] Perf. *seduto,* conjugirt mit *avere.*

| | Ind. Pres. | Cong. Pres. | Imper. |
|---|---|---|---|
| 1 | *sièdo, seggo,* p. *seggio* | *sièda, segga* p. *seggia* | |
| 2 | *sièdi* [v. sedeo | *sièda, segga* p. *seggia* | *sièdi* |
| 3 | *siède*[3] | *sièda, segga* p. *seggia* | *sièda, segga,* p. *seggia* |
| 1 | *sediámo,* p. *seg-giámo* | *sediámo* p. *seggiámo*[5] | *sediámo,* p. *seggiámo*[5] |
| 2 | *sedete* | *sediáte,* p. *seggiáte* | *sedete* |
| 3 | *sièdono, séggono,* p. *séggiono* | *sièdano, séggano* p. *séggiano* | *sièdano, ségg-ano,* p. *séggiano* |

Impf. Ind. *sedeva* u. *sedea,* Perf. Def. *sedei* od. *sedetti,* Fut. *sederò,* Cond. *sederei,* Cong. Impf. *sedessi.*

DRITTE CONJUGATION.

**Cucire** (consuere), nähen, (S. § 104. 1.); conjugirt mit *avere.*
**Fuggire** (fugere), fliehen, (S. § 104. 1); conjugirt mit *èssere.*
**Morire** (mori), sterben, diphthongiert und zeigt andere Onomalien: Ger. *morèndo,* Part. Pres. *morènte morièntе,* Perf. *mòrto,* conj. mit *èssere.*

| | Ind. Pres. | Cond. | Cong. Pres. | Imper. |
|---|---|---|---|---|
| 1 | *muòro, muòio* | *mor(i)r-èi, -ìa* | *muòra, muòia* | |
| 2 | *muòri* | *mor(i)resti* | *muòra, muòia* | *muòri* |
| 3 | *muòre* | *mor(i)r-èbbe, -ìa* | *muòra, muòia* | *muòra, muòia* |
| 1 | *moriámo* | *mor(i)remmo* | *moriamo* | *moriámo* |
| 2 | *morite* | *mor(i)reste* | *moriáte* | *morite* |
| 3 | *muòrono, muòiono* | *mor(i)rèbbero, moririano* | *muòrano, muòiano* | *muòrano, muòiano* |

Impf. Ind. *moriva* p. *moria,* Perf. Def. *morii,* Impf. Cong. *morissi.*

---

**Sedere** [1] *seggendo* [2] *seggente* [3] *siè* [4] *sedemo* [5] *segghiamo.*

**Morire,** *morere*

| | Ind. Pres. | Cong. Pres. |
|---|---|---|
| 1 | *moro, mojo, moio* | *mora, muoja, moja, moia* |
| 2 | *mori, muoi, moi* | *mora, muoja, moja, moia* |
| 3 | *more* | *mora muoja, moja, moia* |
| 1 | *muoiamo, moiamo, mojamo* | *muoiamo, mojamo, moiamo* |
| 2 | — — — | — — — |
| 3 | *morono, moiono, mojono* | *morano, m(u)o-jano, -iano* |

**Salire** (salire), steigen, hat im Präsens die inchoative Form auf *-isco*; doch wird folgende Flexion vorgezogen: Ger. *salèndo* Part. Pres. *salènte* u. *sa(g)liènte*, Part. Perf. *salito*; conjugirt *mit èssere*.

| | Ind. Pres. | Perf. Def. | Cong. Pres. | Imper. | Impf. Ind. |
|---|---|---|---|---|---|
| 1 | *salgo*(lat. salio) | *salii* p. *salsi* | *salga* | | *saliva*, *salia* |
| 2 | *sali* | *salisti* | *salga* | *sali* | Fut. |
| 3 | *sale* | *salì* p. *salse* | *salga* | *salga* | *salirò* |
| 1 | *sa(g)liámo* | *salimmo* | *sa(g)liámo* | *sa(g)liámo* | Cond. |
| 2 | *salite* | *saliste* | *sa(g)liáte* | *salite* | *salirèi* |
| 3 | *sálgono* | *salírono* | *sálgano* | *sálgano* | Impf. Cong. |
| | p. *ságliono* | p. *sálsero* | p. *ságliano* | p. *ságliano* | *salissi* |

**Scalfire** (v. scalpere), ritzen, aufkratzen; Part. Perf. *scalfitto*, conjugirt mit *avere*

**Seguire** (sequi), folgen, kann im Präsens diphthongieren (S. § 104, 1.).

| | Ind. Pres. | Cong. Pres. | Imper. |
|---|---|---|---|
| 1 | *seguo* od. *sièguo* | *segua* od. *sièguа* | |
| 2 | *segui* od. *sièguі* | *segua* od. *sièguа* | *segui* od. *sièguі* |
| 3 | *segue* od. *sièguе* | *segua* od. *sièguа* | *segua* od. *sièguа* |
| 1 | *seguiámo* | *seguiámo* | *seguiámo* |
| 2 | *seguite* | *seguiáte* | *seguite* |
| 3 | *séguono* od. *sièguono* | *séguano* od. *sièguano* | *séguano* od. *sièguano* |

**Udire** (audire), hören, wurde schon § 107 besprochen.

**Uscire** (exire), ausgehen, wurde auch § 107 besprochen; *riuscire*, gelingen, geht wie *uscire*.

---

**Salire**, *saglire*, *sagliere*; Ger. *sa(g)liendo*, Part. Pres. *sa(g)liente*, Perf. *sagliuto*.

| | Ind. Pres. | Cong. Pres. | Imper. | Impf. Ind. |
|---|---|---|---|---|
| 1 | *saglio* | *saglia* | — | *sagliera*, *sagliva* |
| 2 | *sagli*, *salghi* | *saglia* | *salghi*, *sagli* | Fut. |
| 3 | *saglie* | *saglia* | *saglia* | *saglirò*, *saglierò* |
| 1 | flor. *salghiamo* | flor. *salghiamo* | flor. *salghiamo* | Cond. |
| 2 | *saglite*, *saliti* | „ *salghiate* | *saglite* | *saglirei*, *saglierei* |
| 3 | *sagliono* | *sagliano* | *sagliano* | Impf. Cong. |
| | | | | *saglissi*, *sagliessi* |

**Udire** altit. *aldire* und *audire*.

## STARKE FLEXION.

§ 109. Das Gebiet der starken Flexion ist im Italienischen ausgedehnter als in jeder anderen romanischen Sprache.

Infinitiv. Hier finden starke Contractionen statt: *dire f. dicere, fare* f. *fácere, bere* f. *bérere* (lat. bibere), mit Assimilation in *porre* f. *pónere* u. a.; die volle Form lebt zuweilen neben der contrahirten fort; Metathese des *-ng-* in *-gn-* ist üblich: *fingere = fignere, giúngere = giúgnere.*

Futurum u. Conditional haben das Schicksal des Infinitivs; Contraction und Assimilation greifen noch weiter um sich.

Das Präsens ist wieder reich an Anomalien, man betrachte folgende Aufstellung einiger Verba.

Indicativo

| | a | b | c | d |
|---|---|---|---|---|
| | (video) | (soleo) | (venio) | (jaceo) |
| 1 | *vedo* | *sòglio* | *vèngo* | *giáccio* |
| 2 | *vedi* | *suòli* | *vièni* | *giáci* |
| 3 | *vede* | *suòle* | *viène* | *giáce* |
| 1 | *vediámo* | *sogliámo* | *veniámo* | *giacciámo* |
| 2 | *vedete* | *solete* | *venite* | *giacete* |
| 3 | *védono* | *sògliono* | *vèngono* | *giácciono* |

Congiuntivo

| | a | b | c | d |
|---|---|---|---|---|
| | (videam) | (soleam) | (veniam) | (jaceam) |
| 1 | *veda* | *sòglia* | *vènga* | *giáccia* |
| 2 | *veda* | *sòglia* | *vènga* | *giáccia* |
| 3 | *veda* | *sòglia* | *vènga* | *giáccia* |
| 1 | *vediámo* | *sogliámo* | *veniámo* | *giacciámo* |
| 2 | *vediáte* | *sogliáte* | *veniáte* | *giacciáte* |
| 3 | *védano* | *sògliano* | *vèngano* | *giácciano* |

Indicativo. Aus dem Paradigma ergibt sich, dass in der ersten Person der Ableitungsvocal e od. i von eo und io verschiedene Schicksale erlitten hat: in **a** wird er syncopirt, in **b** bewirkt er die Erweichung des l *(gl)* in **c** verhärtet er sich zu *g*, in **d** gestaltet er sich zu einem Palatale. Die 2. und 3. Pers. Sing. bleiben dem lat. Vorbilde getreu; die 3. Pers. Pl. folgt den Lauteigenthümlichkeiten der 1. Sing., die 1. Pl. nicht immer; die 2. Pl. hält an dem Infinitiv fest.

Congiuntivo. Dieser Modus verfährt fast überall wie der Indicativ: im Singular geht er mit der 1. Sing. Ind., im Plural gehen 1 und 2 mit der 1 Pl. Ind., die 3 stimmt mit der entsprechenden im Ind.

Das Perfectum, welches als die am meisten entscheidende Form gilt, ist dem lateinischen Perfectum ziemlich getreu geblieben: die drei lateinischen Flexionen auf -i (vidi), -si (rasi) -ui (jacui) od. vi (crevi) sind mit einigen Lautveränderungen verblieben. Indess ist eine Erweiterung der Flexion -si auf Kosten der anderen Flexionen deutlich wahrzunehmen. Die Reduplication hat in *dièdi* (dedi) und *stètti* (steti) Spuren hinterlassen.

Das Participium Perfecti nimmt auch hier eine wichtige Stellung ein, obwohl es sich mehr als das Perfectum vom Lateinischen entfernt hat. Die Flexion -itus ist abhanden gekommen; sie wird theils von der Flexion -*so*, theils von der schwachen Flexion -*uto* verdrängt: *parso* (paritum), *reso* (redditus) *caluto* (calitum), *conosciuto* (cognitum). Bewahrt werden gewöhnlich -ctus und -ptus: *fatto* (factum), *scritto* (scriptum): -sus (it. -so) hat sich am festeten behauptet, zuweilen verstärkt durch ein *t* wie in *rimasto* (remansum) auch *rimaso, risposto* (responsum). Einige Verba, welche ein schwaches und ein starkes Perfectum aufweisen, haben ein doppeltes Participium: *fóndere* (fundere), *fondei* u. *fuṣi, fonduto* u. *fuṣo*. Einige Participia besitzen sogar drei Formen, deren eine, der lateinischen sehr nahe stehende veraltet od. nur noch poetisch ist: *veduto, visto* u. *viṣo* (visum). Zuletzt sei noch bemerkt, dass Perfecta und Participia eine gewisse Neigung zeigen, Hand in Hand mit einander zu gehen; man vergleiche z. B. *franto* (franctum) mit *fransi* (frēgi).

Das Imperfectum Conjunctivi entsteht weder aus dem italienischen Perfectum, noch aus dem lateinischen Plusquamperfectum, sondern stammt vom Infinitiv, und nimmt also eine schwache Form an. Man vergleiche

| Perfectum | Infinitiv. |
|---|---|
| *feci, rimasi, tacqui* | *fare (v. fácere) rimanere, tacere* |

Imperf. Conjunc.

*facessi, rimanessi, tacessi*

---

Imperfectum Conjunctivi. In den Schwestersprachen wird es vom Perf. abgeleitet: Franz. fis-fisse, Span. hice-hiciesse, Portug. fiz-fizesse.

§ 110. Der Ausgangspunkt zur Gruppirung der starken Verba bildet also das Perfectum Ind.; nach diesem Tempus lassen sich drei Classen unterscheiden:

| | Erste<br>it. -i = lat. i | Zweite<br>it. si (-ssi) = lat. si (-xi) |
|---|---|---|
| 1 | *vid -i* (vid -i) | *rima-si* (reman-si |
| 2 | *vedesti* | *rimanesti* |
| 3 | *vide* | *rimase* |
| 1 | *vedemmo* | *rimanemmo* |
| 2 | *vedeste* | *rimaneste* |
| 3 | *vídero* | *rimásero* |

Dritte<br>it. -ui, vi (bbi) = lat. -ui, -vi

| | | | |
|---|---|---|---|
| 1 | *gia icqu*(jacui) | *parvi* (parui) | *crebbi* (crevi) |
| 2 | *giacesti* | *paresti* | *crescesti* |
| 3 | *giacque* | *parve* | *crebbe* |
| 1 | *giacemmo* | *paremmo* | *crescemmo* |
| 2 | *giaceste* | *pareste* | *cresceste* |
| 3 | *giácquero* | *párvero* | *crébbero* |

Es sei abermals bemerkt, dass die starken oder stammbetonten Formen dieses Tempus nur drei sind, und zwar im Singular die erste und dritte, im Plural die dritte; die übrigen drei Formen sind flexionsbetonte od. schwache. Nur die Perfecta *fúi, dièdi, stètti* haben ausschliesslich starkbetonte Formen.

Die in der folgenden Zusammenstellung der starken Verba fehlenden Tempora und Personen werden selbstverständlich nach der schwachen Conjugation gebildet.

---

## ERSTE KLASSE.

### It. -i = Lat. i

§ 111. Der Stamm erleidet bald eine Art Ablaut des Vocals, bald die Verdoppelung des auslautenden Consonanten: *vidi* v. *vedere, venni* v. *venire.* Letztere erklärt sich aus der Vorliebe der Italiener Consonanten zu verdoppeln, wodurch man für einzelne Verba auch eine Unterscheidung des Perfectums vom Präsens Ind., in der dritten Person, erstrebt zu haben scheint: Präs. *cade,* Perf. *cadde* von *cadere.*

**Bere** syncopirt aus *bévere* (bibere) trinken, conjugirt mit *avere;* Ger. *bevèndo,* Part. Pres. *bevènte,* Perf. *bevuto* od. *beúto.*

| | Ind. Pres. | Impf. | Perf. Def. | Cg. Pres. |
|---|---|---|---|---|
| 1 | *bevo* p. *béo* | *bev-eva,-evo,-éa* | *bevvi, bev-ei, -etti* p. *bebbi* | *beva* p. *béa* |
| 2 | *bevi* p. *béi* | *bev-evi* | *bevesti* p. *beésti* | *beva* p. *béa* |
| 3 | *beve* p. *bée* | *bev-eva, -éa* | *bevve, bev-é, -ette* p. *bebbe* | *beva* p. *bèa* |
| 1 | *beviámo* p. *beiámo* | *bev-evamo* | *bevemmo* p. *beémmo* | *beviámo* |
| 2 | *bevete* p. *beéte* | *bev-evate* | *beveste* p. *beéste* | *beviáte* |
| 3 | *bévono* p. *béono* | *bev-évano,-éano, -iéno* | *bévvero, bevérono, bevéttero* p. *bébbero* | *bévano* p. *béano* |

Imper. *bevi* p. *béi, beva* p. *béa, beviámo, bevete* p. *beéte, bévano* p. *béano,* Fut. *beverò* und *berò,* Cond. *beverèi* u. *berèi* p. *beverία* u. *berία,* Impf. Cong. *bevessi.*

Composita. *imbévere* od. *imbere* (imbibere) einsaugen.

**Cadere** (-cadĕre) fallen, Ger. *cadèndo*[1], Part. Pres. *cadènte*[2] Perf. *caduto,* conjugirt mit *èssere.*

| | Ind. Pres. | Impf. | Pf. Def. | Cong. Pres. |
|---|---|---|---|---|
| 1 | *cado* p. *caggio*[**cadeo*] | *cad-eva, -éa* | *caddi*[9] | *cada* p. *caggia* |
| 2 | *cadi*[3] | *cad-evi* | *cadesti* | *cada* p. *caggia*[10] |
| 3 | *cade*[4] | *cad-eva,-éa*[6] | *cadde* | *cada* p. *caggia* |
| 1 | *cadiámo*[5] p. *caggiámo* | *cad-evamo*[7] | *cademmo* | *cadiámo* p. *caggiámo* |
| 2 | *cadete* | *cad-evate* | *cadeste* | *cadiáte* p. *caggiate* |
| 3 | *cádono* p. *cággiono* | *cad-évano, -éano*[8] | *cáddero* | *cádano* p. *cággiano* |

Fut. *caderò* p. *cadrò,* Cond. *cad(e)rèi* p. *cad(e)ría,* Imp. Cong. *cadessi.*

---

**Bevere,** *beiere, beere, bibere, berire:* Part. Pres. *beente,* Perf. *beiuto.*

| | Ind. Pres. | Impf. | Perf Def. | Cong. Pres. |
|---|---|---|---|---|
| 1 | *bibo, beio* | *beeva, beea* | — | *bea* |
| 2 | *bei* | *beevi* | — | *bei* |
| 3 | *beie* | *bee(v)a, beria* | — | *bea* |
| 1 | *beemo, beiemo* | *beevamo* | — | *beiamo* |
| 2 | *beete, beiete* | *beevate* | — | *beiate* |
| 3 | *beono, beiono* | *beevano, beeano* | *bevrono, bevettono* | *beiano* |

Fut. *beraggio,* Imper. *beiamo,* Impf. Cong. *beessi.*

**Cadere,** [1] *caggendo* [2] *caggente* [3] *caggi* [4] *cagge* [5] *cademo* [6] *cadia* [7] *cademo* [8] *cadiano* [9] schwach *cadei cadetti* [10] *cadi caggi.*

Die Formen mit *gg'* setzen lateinische Formen mit dem Ableitungsvocal e voraus, als cadeo statt cado, di -dj = g', S. § 4.

Comp. *accadere* vorfallen oder geschehen, *ricadere* wieder fallen, *scadere* u. *decadere* verfallen.

**Fare** syncopirt aus *fácere,* machen od. thun, Ger. *facèndo,* Part. Pres. *facènte,* Perf. *fatto,* conjugirt mit *avere.*

| | Ind. Pres. | Impf. | Perf. Def. | Cg. Prs. |
|---|---|---|---|---|
| 1 | *fo, faccio* | *fac-eva, -evo,* p. *-éa, féa* | *feci* p. *fei* | *faccia* |
| 2 | *fai* | *facevi* | *facesti* p. *festi* | *faccia* |
| 3 | *fa* p. *face* | *faceva* p. *facéa féa* | *fece* p. *fè, feo* | *faccia* |
| 1 | *facciámo* | *facevamo* | *facemmo* p. *femmo* | *facciámo* |
| 2 | *fate* | *facevate* | *faceste* p. *feste* | *facciáte* |
| 3 | *fanno* | *facévano* p. *-éano* p. *faciéno, féano* | *fécero* p. *fèro, fêr* p. *fér(o)no, fenno, fen* | *fácciano* |

Fut. *farò,* Cond. *far-èi* p. *-ía,* Impf. Cong. *facessi* p. *fessi,* Imper. *fa, faccia* etc.

Comp. *affarsi* sich schicken, *assuefare* gewöhnen, *confare* entsprechen, *contraffare* nachahmen, *disfare* zerlegen u. vernichten, *rarefare* verdünnen, *rifare* wieder machen, *soddisfare* genügen, *sopraffare* übervortheilen.

**Piòvere** (pluere), regnen, ist meist unpersönlich; in diesem Fall wird mit *avere,* sonst mit *èssere* conjugirt. Perf. Def. *piòvvi*[1] (volksthümlich schwach *piovei*[2]), *piovesti, piòvve*[3] *(piovè*[4]*) piovemmo, pioveste, piòvvero*[5] *(piovérono*[6]*).*

---

**Fare,** *facere, fari:* Ger. *facendo fando,* Part. Pres. *faccente faciente,* Fut. *fatturo.*

| | Ind. Pres. | Impf. | Perf. Def. | Cong. Pres. |
|---|---|---|---|---|
| 1 | *facio, foe* | *facei, fea* | *fe'* | *facci* |
| 2 | *faci* | — | *faesti* | *facci, faccie* |
| 3 | *face, fae, fao* | *feva, fea* | *fee, fiè* | *facci* |
| 1 | *faciamo, -emo femo* | *facciavamo* | *fecimo (fecimus)* | — |
| 2 | *facete, faite* | *facciavate* | *facesti* | — |
| 3 | *faceno, fano, fono faciano* | *facieno* | *feceno, feciono fieno, fiero* | *faccieno faccino* |

Fut. *far-aio, -aggio, -abbo,* Cond. *farebbi, farie,* Impf. Cong. *fessi.*

**Piovere:** [1] *piobbi* [2] *piovetti* [3] *piobbe* [4] *piovette* [5] *piobbero piovrono* [6] *piovettero piovettono.*

**Rómpere** (rumpere) brechen, Part. Perf. *rotto*, conjugirt mit *avere*. Perf. Def. *ruppi*[1], *rompesti*, *ruppe*[2], *rompemmo*, *rompeste*, *rúppero*[3].

Comp. *corrómpere* (cor-) verderben
*dirómpere* (di-) geschmeidig machen
*erómpere* (e-) hervorbrechen
*interrómpere* (inter-) unterbrechen
*irrómpere* (ir-) einbrechen
*prorómpere* (pro-) hervorbrechen

**Vedere** (lat. videre) sehen; Ger. *vedèndo*, *veggèndo*; Part. Pres. *vedènte*, *veggènte*; Perf. *veduto*, *visto* mit verstärkendem *t* v. poet. *viso* (visus), vgl. lat. comesus-comestus; conjugirt mit *avere*. (Vgl. §. 109.)

| | Ind. Pres. | Perf. Def. | Cong. Pres. |
|---|---|---|---|
| 1 | *vedo, veggo, veggio* | *vidi* | *veda, vegga, veggia* |
| 2 | *vedi* [lat. video | *vedesti* | *veda, vegga, veggia* |
| 3 | *vede* | *vide* | *veda, vegga, veggia* |
| 1 | *vediámo, veggiámo* | *vedemmo* | *vediámo, veggiámo* |
| 2 | *vedete* | *vedeste* | *vediáte, veggiáte* |
| 3 | *védono, véggono, véggiono* | *videro* | *védano, végg-ano, -iano* |

Imper. *vedi ve'*, *veda vegga veggia*, *vediámo veggiámo vedete*, *védano véggiano*, Impf. Ind. *vedera* p. *vedea*, Fut. *vedrò*, Cond. *vedrei*, Impf. Cong. *vedessi*.

| Comp. | Neug. |
|---|---|
| *prevedere* (prae-) vorhersehen | *avvedersi* (ad-) gewahr werden |
| *provvedere* (pro-) versehen | *rivedere* (re-) wiedersehen |

---

**Rompere**: [1] *roppi rompei rompetti* [2] *roppe rompè rompette* [3] *ruppono roppono romperono.*

**Vedere**, *videre*, *vedire*, *veggere* (= vejere), Ger. *veggiendo*, Part. Perf. *viso*.

| | Ind. Pres. | Perf. Def. | Cong. Pres. |
|---|---|---|---|
| 1 | *veggio, veo, vejo, vio* | *vedii, vedei, vedetti, viddi* | *veggia* |
| 2 | *vidi, vei* | *vidisti* (lat. *vidisti*) | *veggia* |
| 3 | *vide, vee, vè* | *vedde, vedè, vedette, vidde* | *veggia* |
| 1 | *veggiamo, vedemo, veggemo* | *veddimo, viddimo* | *veggiamo* |
| 2 | *vedeti* | — — | — |
| 3 | *veggiono, vedeno, vedino* | *viddero, vidono* <br> *veddero, ved-erono, -ettero* | *veggiano* |

Imper. —, *vegghi veggi, vegia, vegiamo*, —, —, Futuro *vederò vederaggio -oe*, Cond. *vederei vederia*.

**Venire** kommen, Ger. *venèndo,* Part. Pres. *veniènte,* Perf. *venuto,* Fut. *venturo* jetzt nur Adjectiv; conjugirt mit *èssere.*

| | Ind. Pres. | Pf. Def. | Fut. | Cg. Pres. | Imper. | Impf. Ind. |
|---|---|---|---|---|---|---|
| 1 | *vèngo* [1] [lat. venio | *venni* [5] | *verrò* [12] | *vènga* [7] | — | *ven-iva,-ivo,* p. *venia* [14] |
| 2 | *vièni* | *venisti* | *verrai* | *vènga* [8] | *vièni* | Impf. Cong. |
| 3 | *viène* [2] | *venne* | *verrà* | *vènga* [7] | *vènga* | *venissi* [15] |
| 1 | *veniámo* [3] | *venimmo* | *verremo* | *veniámo* [9] | *veniámo* | Cond. |
| 2 | *venite* | *veniste* | *verrete* | *veniáte* [10] | *venite* | *verrèi* [13] |
| 3 | *vèngono* [4] | *vénnero* [6] | *verranno* | *vèngano* [11] | *vèngano* | p. *verria* |

Comp. *avvenire* (ad-) sich ereignen, *divenire* (de-) werden, *prevenire* (prae-) zuvorkommen, *provenire* (pro-) herrühren. *sopravvenire* (super-) unverhofft ankommen, *sovvenire* (sub-) beistehen, *sovvenirsi* sich erinnern.

Herangezogene Verba.

Aus der dritten Klasse. lat. -ui

**Avere** (habere) haben, Perf. Def. *èbbi* (habui) S. § 99.

**Sapere** (sapĕre) wissen, Ger. *sapèndo,* Part. Pres. *sapiènte,* Perf. *saputo;* conjugirt mit *avere.*

| | Ind. Pres. | Pf. Def. | Fut. | Cg. Pres. | Imper. | Impf. Ind. |
|---|---|---|---|---|---|---|
| 1 | *so* | *sèppi* [sapui | *saprò* | *sappia* | — | *sap-eva,* *-evo, -éa* |
| 2 | *sai* | *sapesti* | *saprai* | *sappia* | *sappi* | Cond. |
| 3 | *sa,* p. *sape* | *sèppe* | *saprà* | *sappia* | *sappia* | *saprèi* |
| 1 | *sappiámo* | *sapemmo* | *sapremo* | *sappiámo* | *sappiámo* | p. *sapría* |
| 2 | *sapete* | *sapeste* | *saprete* | *sappiáte* | *sapete* | Impf. Cong. |
| 3 | *sanno* | *sèppero* | *sapranno* | *sáppiano* | *sáppiano* | *sapessi* |

---

Venire, [1] *vegno* [2] *vene* [3] *vegnamo* flor. *venghiamo* [4] *vegnano* [5] *venetti venii* [6] *venirono veniro vennono* [7] *vegna* [8] *vegni vegna* [9] *vegnamo* flor. *venghiamo* [10] *vegnate* fior. *venghiate* [11] *vegnano* [12] *venirò* u. s. w. [13] *venirei* u. s. w. [14] *venea* [15] *venessi.*

Sapere, *sapire, savere, assapere, assapire, scire* (lat. scire), Ger. *sap(p)iendo, saccendo,* Part. Pres. *sap(p)iente, saccente,* Perf. *scinto.*

| | Ind. Pres. | Perf. Def. | Cong. Pres. | Impf. Ind. |
|---|---|---|---|---|
| 1 | *sappio, saccio, soc* | *sappi, sapei, sapetti* | *sappi, saccia* | *sapia* |
| 2 | *sappi, sapi, sa'* | — — — | *sappie, sappi, sacci(e)* | Impf. Cg. *sapessi* |
| 3 | *sape, save, sae, sao* | *sappe, sapè, sapette* | *sappi, saccia* | Fut, |
| 1 | *sap-emo, -iamo, sacciamo, savemo* | *sappemmo* | *sacciamo* | *sap(p)erò, savraggio* |
| 2 | *sapete, savete, savè* | — -- — | *sappiati, sacciate* | Cond. |
| 3 | *sacciano, sanno* | *sapp-eno, -ettero, sciero* (lat. scierc) | *sacciano* | *sap(p)erei, sap(p)eria* |

Comp. Neug. *assapere* (ad-), mit *fare* gebraucht, *far assapere* zu wissen thun, Nachricht geben; *risapere* (re-) erfahren, Nachricht haben.

**Tenere** halten, Ger. *tenèndo,* Part. Pres. *tenènte,* Perf. *tenuto,* conjugirt mit *avere.*

| | Ind. Pres. | Perf. Def. | Fut. | Cg. Pres. | Imper. | Impf. Ind. |
|---|---|---|---|---|---|---|
| 1 | *tèngo* [lat. teneo | *tenni* (tenui) | *terrò* | *tènga* | — | *ten-eva,-evo, tenéa* |
| 2 | *tièni* | *tenesti* | *terrai* | *tènga* | *tièni* | Cond. |
| 3 | *tiène* | *tenne* | *terrà* | *tènga* | *tènga* | *terrèi* |
| 1 | *teniámo* | *tenemmo* | *terremo* | *teniámo* | *teniámo* | p. *terría* |
| 2 | *tenete* | *teneste* | *terrete* | *teniáte* | *tenete* | Impf. Cong. |
| 3 | *tèngono* | *ténnero* | *terranno* | *tèngano* | *tèngano* | *tenessi* |

**Volere** (lat. velle), wollen, Ger. *volèndo,* Part. Pres. *volènte,* Perf. *voluto,* conjugirt mit *avere.*

| | Ind. Pres. | Perf. Def. | Fut. | Cg. Pres. | Imper. | Impf. Ind. |
|---|---|---|---|---|---|---|
| 1 | *vòglio,vo'* | *vòlli* (volui) | *vorrò* | *vòglia* | — | *voleva,voléa* |
| 2 | *vuòi, vuo'* | *volesti* | *vorrai* | *vòglia* | *vògli* | Impf. Cong. |
| 3 | *vuòle* | *vòlle* | *vorrà* | *vòglia* | *vòglia* | *volessi* |
| 1 | *vogliámo* | *volemmo* | *vorremo* | *vogliámo* | *vogliámo* | Cond. |
| 2 | *volete* | *voleste* | *vorrete* | *vogliáte* | *vogliáte* | *vorrèi* p. *vorría* |
| 3 | *vògliono* | *vòllero* | *vorranno* | *vògliano* | *vògliano* | *vorrèbbero* p. *vorríano* |

---

**Tenere,** Ger. *tegnendo,* Part. Pres. *tegnente.*

| | Ind. Pres. | Perf. Def. | Cong. Pres. | Fut. |
|---|---|---|---|---|
| 1 | *tegno* | *tenei, tenetti* | *tegna* | *tenerò* |
| 2 | *tegni* | — | *tegna, tenghi* | |
| 3 | *tene* | *tenè, tenette* | *tegna* | Cond. |
| 1 | *tenemo, tegnamo* [1] | | *tegnamo,* flor. *tenghiamo* | *tenerei* |
| 2 | — | | *tegnate,* flor. *tenghiate* | Impf. Ind. |
| 3 | *tegnono* | *tenn-eno,-ono* [2] | *tegnano* | *tenea* |

[1] flor. *tenghiamo* [2] *tenerono tenettero*

**Volere,** *bolere, volire, velle,* Ger. *vogliendo,* Part. Pres. *vogliente,* Perf. *volsuto, volso.*

| | Ind. Pres | Perf. Def. | Cg. Pres. | Fut. |
|---|---|---|---|---|
| 1 | *vol(l)io, boglio* | *volsi* | *volia* | *volerò, vorr-aggio,* |
| 2 | *voli, vuoli, vuogli* | — | *volia,vogli* | *-ao, voglierò* |
| 3 | *vole, vo'* | *volse* | *volia,vogli* | Cond. |
| 1 | *volemo, voliamo* | — | *voliamo* | *vorr-ebbi,-avi,-ea,-ia* |
| 2 | *volite* (*volitis*) | — | *voliate* | *volerei, voglierei* |
| 3 | *vuolono, -eno, vol(l)iono volieno, v(u)olno, von(no)* | *volsero, vollono volleno, volloro* | *voglino voliano* | Impf. Ind. *voleva, boleva* |

**ZWEITE KLASSE.** Perf. -si, Part. -so **ERSTE GRUPPE.**

| -d-*ere* | Lat. -si, | -sum | |
|---|---|---|---|
| *Árdere* (ardēre) brennen, p. 3. Per. Perf. *ardeo* | *ar-si* | *ar-so* | A* |
| Comp. Neug. *riárdere* (re-) austrocknen | | | |
| *Chiúdere* (cl(a)udere[1]) Beifall zuklatschen | *chiú-si* | *chiú-so* | A |
| Comp. *conclúdere*, s. *conchiúdere* beschliessen | | | |
| *inclúdere*, s. *inchiúdere* einschliessen | | | |
| *esclúdere* (ex-) ausschliessen | | | |
| *dischiúdere* (dis-) auf- und ausschliessen | | | |
| *preclúdere* (prae-) verschliessen | | | |
| *schiúdere* (dis- od. ex-) auf- u. ausschliessen | | | |
| Neug. *acclúdere*, s. *acchiúdere* (ad-) beischliessen, beilegen | | | |
| *richiúdere* (re-) wieder einschliessen | | | |
| *racchiúdere* (re-ad-) in sich schliessen, enthalten | | | |
| *rinchiúdere* (re-in-) einschliessen, versperren | | | |
| *socchiúdere* (sub-) halb verschliessen | | | |
| *Lèdere* (laedere) = *offendere* verletzen | *lè-ṣi* | *lè-ṣo* | A |
| **Lidere* | | | |
| Comp. *elidere* ausstossen, wegwerfen, auch schwach | *eli-ṣi* | *eli-ṣo* | A |
| *Lúdere* (höchst selten) spielen | s. *lu-ṣi* | s. *lu-ṣo* | A |
| Comp. *allúdere* anspielen, auch schwach | | | |
| *delúdere* u. *illúdere* täuschen, hintergehen, auch schwach | | | |
| *elúdere* ausweichen, umgehen, auch schwach | | | |
| s. *Pláudere* vlt. u. defectiv. | | | |
| Comp. s. *appláudere*, neben *applaudire* schwach, Beifall zuklatschen, def. | s. *appláu-ṣi* | *appláu-ṣo* | A |

* A und E bedeuten *avere* und *essere*, womit man die Verba conjugirt.

---

Einige Verba haben in der alten Sprache schwache Perfecta und Participia. Das Vorhandensein eines dieser Tempora in der schwachen Form lässt auch das andere vermuthen.

*Ardere:* Perf. *ardeo* st. *ardè* für *arse.*

*Chiudere:* Perf. *chiudeo* st. *chiudè* für *chiuse*, *chiuderono* für *chiusero.*

*conchiudere:* Perf. *conchiudè* für *conchiuse.*

*Ledere* und *ledire*

[1] Bei Rönsch, It. und Vul. s. 465 finden sich viele Beispiele von cludere st. claudere.

| | | | |
|---|---|---|---|
| *Rádere* schaben | *ra-si* | *ra-so* | A |
| *Rídere* (ridēre) lachen | *ri-si* | *ri-so* | A |
| Comp. *arrídere* anlächeln | | | |
| *derídere* u. *irrídere* auslachen, verlachen | | | |
| *sorrídere* (sub-) lächeln | | | |
| *Ródere* nagen, benagen | *ro-si* | *ro-so* | A |
| Comp. *corródere* zernagen, zerfressen | | | |
| *Trúdere* | | | |
| Comp. *intrúdere* hineinstossen A, *intrúdersi* E sich ein- oder aufdringen | *intru-ṣi* | *intru-ṣo* | A E |
| *Vádere* | | | |
| Comp. *evádere* entgehen | *eva-ṣi* | *eva-ṣo* | E |
| *invádere* anfallen, einnehmen | | | |
| **Vídere* | | | |
| Comp. *divídere* theilen | *divi-ṣi* | *divi-ṣo* | A |
| *suddivídere* (sub-di-) unterabtheilen | | | |
| Neug. *ridivídere* (redi-) wieder theilen | | | |
| p. *Suadere* überreden, überzeugen | p. *suá-ṣi* | p. *sua-ṣo* | A |
| Comp. *dissuadere* abrathen | | | |
| *persuadere* überreden, überzeugen | | | |

**-g-ere**

| | | | |
|---|---|---|---|
| *Múlgere* | | | |
| Comp. s. *emúlgere* ausmergeln | s. *emul-si* | s. *emul-so* | A |
| s. *Mèrgere* tauchen | s. *mèr-si* | s. *mèr-so* | A |
| Comp. *emèrgere* auftauchen, hervortauchen, hervorkommen | | | |
| s. *demèrgere* versenken | | | |
| *immèrgere* u. *sommèrgere* (sub-) ein- und untertauchen | | | |
| *Spárgere* streuen, verbreiten, Part. auch *sparto* | *spar-si* | *spar-so* | A |
| Comp. *cospárgere* (= *cospèrgere*) bestreuen | | | |
| s. *dispárgere* (= *dispèrgere*) zerstreuen | | | |
| s. *Spèrgere* (spargere) = *spèrdere* verderben, besprengen, verschleudern | s. *spèr-si* | s. *spèr-so* | A |

---

*Radere:* Perf. *radei* für *rase.*
*Ridere:* *ridette* st. *ridè* für *rise.*
**Videre:* *dividere,* Part. *dividute* für *divise.*
*Suadere:* *persuadere,* Perf. *persuad-è, -ette* für *persuase.*
*Spargere* hat oft *sparto* st. *sparso.*

| | | | |
|---|---|---|---|
| Comp. *aspèrgere* besprengen, bespritzen | | | |
| *cospèrgere* bestreuen | | | |
| s. *dispèrgere* zerstreuen, verschleudern | | | |
| p. *Tèrgere* abtrocknen, abwischen | p. *tèr-si* | p. *tèr-so* | A |
| Comp. s. *astèrgere* } reinigen | | | |
| s. *detèrgere* } reinigen | | | |

## Herangezogene Verba
### Aus der ersten Klasse.

| -d-*ere* | Lat. -i | -sum | |
|---|---|---|---|
| **Cidere* (caedere) | | | |
| Comp. *decidere* entscheiden | *deci-si* | *deci-so* | A |
| *recidere* od. s. *ricidere* abschneiden | | | |
| s. *precidere* (prae-) abschneiden | | | |
| s. *circoncidere* (circum-) beschneiden | | | |
| s. *intercidere* durchschneiden | | | |
| *incidere* einschneiden | | | |
| *uccidere* (oc-) tödten | | | |
| Neug. p. *ancidere* (inc-) tödten | | | |
| *Sidere* | | | |
| Comp. s. *assidere* u. *assidersi* (ab-) sich setzen | s. *assi-si* | *assi-so* | E |
| **-nd-***ere* | | | |
| **Cendere* | | | |
| Comp. *accèndere* anzünden | *acce-si* | *acce-so* | A |
| s. *incèndere* anzünden | | | |
| Neug. *raccèndere* u. *riaccèndere* (re-accendere) wieder anzünden | | | |
| *Fèndere* (findere) spalten u. durchschneiden, gew. schwach, stark *fessi fesso* | | | |
| Comp. *difèndere* (de-) vertheidigen, beschützen, auch schwach | *dife-si* | *dife-so* | A |
| *offèndere* beleidigen, auch schwach | | | |
| *Fóndere* (fundere) giessen, schmelzen | *fu-si* | *fu-so* | A |
| Comp. *confóndere* verwirren, vermengen, verwechseln | | | |

*Fendere:* *offendere*, Part. *offenso* für *offeso*
*difendere*, Perf. *difendè* f. *difese*, *difenderono* f. *difesero*.
*Fondere*, Perf. 1. Pers. Sing. *fondei* f. *fusi*, Part. *fonduto*.

| | | | |
|---|---|---|---|
| *diffóndere* u. s. *effóndere* ausgiessen, verbreiten | | | |
| *infóndere* einflössen, eingiessen | | | |
| *profóndere* reichlich vergiessen, verschwenden | | | |
| *rifóndere* (re-) umgiessen | | | |
| *trasfóndere* (trans-) umgiessen, umfüllen | | | |
| Neug. s. *sconfóndere* (ex-con-) zerrütten, verwirren | | | |
| *Pándere* vlt. eröffnen, bekannt machen | | | |
| Comp. s. *spándere* u. *espándere* (ex-) = *spárgere*, ausbreiten, gew. Perf. schwach, Part. stark *spanto* | s. *spa(n)si* | s. *spa(n)so* | A |
| *Pèndere* (pendēre) hängen, herabhängen, schw. | | | |
| Comp. *appèndere* anhängen, aufhängen | *appe-si* | *appe-so* | A |
| s. *impèndere* = *impiccare* aufhängen | | | |
| *sospèndere* (sus-) aufhängen, schweben lassen, aufschieben | | | |
| *vilipèndere* verachten, verschmähen | | | |
| s. *dispèndere* / Neug. *spèndere* (ex,- dis-) ausgeben, spenden | | | |
| **Póndere* | | | |
| Comp. *rispóndere* (respondēre) antworten, Part. mit stärkendem *t* | *rispo-si* | *risposto* | A |
| Neug. *corrispóndere* (cum- respondēre) entsprechen, correspondiren | | | |
| *Prèndere* (prehendere) nehmen | *pre-si* | *pre-so* | A |
| Comp. *apprèndere* (ap-) lernen | | | |
| *comprèndere* (com-) begreifen, verstehen, enthalten | | | |
| *riprèndere* (re-) wiedernehmen, erwiedern, tadeln | | | |
| Neug. *imprèndere* unternehmen, lernen | | | |

*Pandere:* bei Rönsch, It. und Vul. s. 469, spandens = expandens, spansis = expansis v. spandere = expandere.

*Pondere:* *rispondere*, Perf. *rispondè* für *rispose*.

*Prendere:* Perf. *prendetti* für *presi*, *prendè* für *prese*, *prenderono* für *presero*.
*comprendere*, Perf. *comprendè* für *comprese*.
*apprendere* u. *apprendire*, Perf. *apprenderono* f. *appresero*.
*imprendere*, Perf. *imprendeo* st. *imprendè* f. *imprese*.

| | | | |
|---|---|---|---|
| *intraprèndere* (intra-) unternehmen | | | |
| *sorprèndere* u. *soprapprèndere* (super-) überraschen | | | |
| *Scéndere* (scandere) | | | |
| Comp. *discéndere* (descendere) hinuntersteigen | *disce-si* | *disce-so* | E |
| *ascéndere* hinaufsteigen | | | |
| *trascéndere* (trans-) übersteigen | | | |
| Neug. *scéndere* u. *descendere* hinuntersteigen | *sce-si* | *sce-so* | E |
| *condescéndere* (cum- de-) einwilligen | | | A |
| s. *condescéndere* (cum- de-) nachgeben | | | A |
| *scoscéndere* (ex- cum-) abbrechen, abreissen | | | |
| *accondiscéndere* (ad- cum-) einwilligen, nachgeben | | | A |
| -t-*ere* | | | |
| s. *Vèrtere* betreffen | | | |
| Comp. s. *convèrtere,* gew. *convertire* schwach, umwandeln, bekehren | *convèr-si* | *convèr-so* | A |
| s. *divèrtere,* gew. *divertire* schwach, abwenden, unterhalten | | | |
| s. *pervèrtere,* gew. *pervertire* schwach, verkehren, zerrütten | | | |
| s. *sovvèrtere,* gew. *sovvertire* schw., (sub-) umstossen | | | |
| s. *rivèrtere* (re-) umkehren | | | |
| s. *rivertire* (re-) = *convertire* umwandeln | | | |
| s. *invèrtere,* gew. *invertire* schwach, umkehren, umwenden | | | |

Aus der dritten Klasse.

| -l-*ere* | Lat. -ui, | -tum | |
|---|---|---|---|
| *Valere* gelten, Part. gew. schwach *valuto* | *val-si* | s. *val-so* | A |
| Comp. *prevalere* (prae-) überlegen sein | *preval-si* | *preval-so* | |
| *invalere* (in-) einführen, Überhandnehmen | | | |

*Scendere:* *discendere*, Perf. *discendè* und *discendette* für *discese*, *discenderono* für *discesero*, *discenduto* f. *disceso*.
*condiscendere*, Perf. *condiscendè* f. *condiscese*.
*trascendere*, Perf. *trascendè* f. *trascese*.
*ascendere*, Part. *ascenduto* f. *asceso*.
*Valere:* Perf. *valè* für *valse*, Part. *valuto* u. *valsuto* nach dem Perf. *valsi* gebildet.

| | | | |
|---|---|---|---|
| Neug. *rivalere* (re-) wieder benutzen, Part. auch schwach *rivaluto* | | | |
| s. *disvalere* (dis-) werthlos sein | | | |
| *equivalere* (aequi-) gleich gelten, Part. auch schwach *equivaluto* | | | |
| **-r-***ere* | | | |
| *Parere* scheinen, neb. Perf. *parvi* u. Part. *paruto* | p. *par-si* | *par-so* | E |
| Comp. s. *apparere*, gew. *apparire* schwach, erscheinen; Perf. auch *apparvi* | | | |
| *comparere*, gew. *comparire* schwach, erscheinen; Perf. auch *comparvi* | | | |
| s. *trasparere* (trans-) gew. *trasparire* schwach, durchscheinen; Perf. *trasparvi* | | | |
| Lat. Perfecta durch Reduplication. | | | |
| **-d-***ere* | | | |
| *Pèrdere* verlieren, auch schwach | *pèr-si* | *pèr-so* | A |
| Comp. *dispèrdere* zerstören, zerstreuen | | | |
| *Mòrdere* (mordēre) beissen | *mòr-si* | *mòr-so* | A |
| Comp. *rimòrdere* (re-) wieder beissen, Gewissensbisse haben | | | |
| **-nd-***ere* | | | |
| *Cóndere* | | | |
| Comp. p. *ascóndere* (abs-) verbergen, Part. auch *ascosto* | p. *asco-si* | p. *asco-so* | A |
| Neug. *nascóndere* (in- abs-) verbergen, neb. gew. Part. *nascosto* | *nasco-si* | s. *nasco-so* | |
| *Rèndere* altit. *rèddere* wiedergeben | *re-si* | *re-so* | A |
| Comp. *arrèndere*, *arrèndersi* (ad-) sich ergeben | | | |
| **-r-***ere* | | | |
| *Córrere* (currere) laufen, intrans. mit *èssere*, trans. mit *avere* | *cor-si* | *cor-so* | A<br>E |

*Parere*: *comparere*, Perf. *comparette* für *comparse*.
*apparere*, Perf. *apparette* für *apparse*.
*disparere*, Part. *disparuto* für *disparso*.
*Mordere*: Part. *morduto* für *morso*.
*rimordere*, Perf. *rimordette* für *rimorse*.

| | | | |
|---|---|---|---|
| Comp. | | | |
| *accórrere* (ac-) herbeiführen | | | |
| *concórrere* (con-) zusammenlaufen | | | |
| *decórrere* (de-) } verlaufen | | | |
| *trascórrere* (trans-) } verfliessen | | | |
| *discórrere* (dis-) sprechen, herumlaufen | | | |
| *incórrere* (in-) verfallen, gerathen in Etwas | | | |
| *occórrere* (oc-) vorfallen, entgegenkommen | | | |
| *percórrere* (per-) durchlaufen | | | |
| *precórrere* (prae-) vorlaufen | | | |
| *ricórrere* (re-) seine Zuflucht nehmen, wieder laufen | | | |
| *soccórrere* (suc-) zur Hülfe kommen | | | |
| Neug. | | | |
| *scórrere* (dis-) durchlaufen, verfliessen | | | |
| **Lat. Perfecta ohne bestimmten Charakter.** | | | |
| *Cèrnere* aussuchen, auslesen, selten und schwach | | | |
| Comp. *discèrnere* { unterscheiden, erkennen } auch gänzlich schwach | p. *discèr-si* | | A |
| Neug. *scèrnere* { aussuchen, auslesen } | p. *scèr-si* | | A |
| *Manere* vlt. bleiben, verbleiben | | | |
| Comp. *rimanere* (re-) bleiben, Part. gew. mit stärkendem *t rimasto* | *rima-si* | *rima-so* | E |
| *Pèllere* | | | |
| Comp. *espèllere* (ex-) heraustreiben | *espul-si* | *espul-so* | A |
| s. *repèllere* zurücktreiben | s. *repul-si* | *repul-so* | |
| **Quidere* (quirere = quaerere) | | | |
| Comp. *conquidere* (conquirere) überwinden, überwältigen | *conqui-ṣi* | *conqui-ṣo* | A |
| **Tridere* (terere) | | | |
| Comp. *intridere* (in-) einrühren, einreiben, beschmutzen | *intri-ṣi* | *intri-ṣo* | A |

*Manere: rimanere*, Perf. *rimanè* für *rimase*; zuw. *romanere*, daher *romase* *permanere*, Perf. *permanerono*.

| -d-*ere* | Lat. -ssi, | -ssum | |
|---|---|---|---|
| *Cèdere* abtreten, weichen, gew. schwach, meist | p. *cèssi* | p. *cè-sso* | A |
| Comp. *concèdere* zugeben, auch schwach | | | |
| *precèdere* (prae-) vorausgehen | | | |
| *succèdere* nach- und erfolgen, auch schwach | | | |
| *accèdere* hinzutreten, gew. schwach | | | |
| *eccèdere* (ex-) überschreiten, gew. schwach | | | |
| *procèdere* fortschreiten, gew. schwach | | | |
| *intercèdere* dazwischen treten, fürsprechen, gew. schwach | | | |
| -gg-*ere* | | | |
| s. *Figgere* u. *figere* heften, anheften, neb. Part. *fiso* u. *fitto* | s. *fi-ssi* | s. *fi-sso* | A |
| Comp. *affig(g)ere* heften, anheften | | | |
| *prefig(g)ere* (prae-) festsetzen | | | |
| *crocifig(g)ere* (cruci-) kreuzigen | | | |
| -m-*ere* | | | |
| *Prèmere* drücken, gew. schwach, Perf. *premei* Part. *premuto* | p. *prè-ssi* | p. *prè-sso* | A |
| Comp. *esprìmere* (exprimere) ausdrücken | | | |
| *comprìmere* zusammendrücken | | | |
| *deprìmere* niederdrücken | | | |
| *imprìmere* ein-drücken, -prägen | | | |
| *opprìmere* } unterdrücken | | | |
| *reprìmere* } unterdrücken | | | |
| *sopprìmere* (sup-) aufheben, unterdrücken | | | |
| Neug. *sprèmere* (ex-) herausdrücken, gew. schwach | | | |
| -t-*ere* | | | |
| *Méttere* (mittere) setzen, legen, stellen, gew. Perf. *misi* | p. *me-ssi* | *me-sso* | A |
| Comp. *amméttere* (ad-) zulassen | | | |
| *comméttere* (com-) auftragen, begehen | | | |

*Figgere: crocifiggere*, Perf. *crocifiggerono* für *crocifissero*.
*Premere: reprimere*, Perf. *reprimette* f. *represse*, Part. *reprimuto* f. *represso*.
*Mettere:* Perf. *mettè* f. *mise*, Part. *mettuto* f. *messo*, f. *promise*
*promettere*: Perf. *promettè* f. *promise*, *promettuto* f. *promesso*.

| | | | |
|---|---|---|---|
| *comprométtere* auf's Spiel setzen | | | |
| *diméttere* nachlassen, absetzen | | | |
| s. *interméttere* unterlassen | | | |
| s. *intraméttere* dazwischen legen | | | |
| *introméttere* (inter-) hineinbringen | | | |
| *om(m)éttere* auslassen, unterlassen | | | |
| *perméttere* erlauben | | | |
| *preméttere* (prae-) voransetzen | | | |
| *prométtere* versprechen | | | |
| *riméttere* wieder hinlegen, überliefern | | | |
| *sottométtere* / s. *somméttere* (sub-) unterwerfen | | | |
| *trasméttere* (trans-) übertragen | | | |
| Neug. *disméttere* u. *sméttere* nachlassen | | | |
| *scomméttere* (ex-com-) wetten | | | |
| *sprométtere* (ex-prom-) widerrufen | | | |
| | Lat. -xi, | -xum | |
| *Nèttere* (nectere) | | | |
| Comp. *annèttere* (an-) anknüpfen | *annè-ssi* | *annè-sso* | A |
| *connèttere* (con-) verknüpfen, verbinden | | | |
| Neug. *sconnèttere* (ex- con-) nicht gehörig verknüpfen, den Zusammenhang aufheben | | | |
| s. *Flèttere* (flectere) beugen, biegen, verbeugen | s. *flè-ssi* | s. *flè-sso* | A |
| Comp. s. *inflèttere* (in-) biegen, einwärts biegen | | | |
| *riflèttere* (re-) zurückwerfen (das Licht) | *riflè-ssi* | *riflè-sso* | A |
| Neug. *genuflèttere* (genu-) die Knie beugen | | | |
| **Cuòtere* (cutere) | | | |
| Comp *percuòtere* (per-) schlagen, stossen | *percò-ssi* | *percò-sso* | A |
| *discútere* genau untersuchen, erörtern | *discu-ssi* | *discu-sso* | A |
| *incútere* einjagen (Furcht) | *incu-ssi* | *incu-sso* | A |
| Neug. *scuòtere* (ex-) rütteln, schütteln | *scò-ssi* | *scò-sso* | A |
| *riscuòtere* (re- ex-) eintreiben, einfordern | *riscò-ssi* | *riscò-sso* | A |
| Isolirt. | | | |
| *Flúere* | | | |
| s. *inflúere* (= *influire* schwach) einwirken | s. *influ-ssi* | s. *influ-sso* | A |

**Cuotere*: *percuotere*, Perf. *percotè* für *percosse*.

| | | | |
|---|---|---|---|
| **-v-***ere* | | | |
| *Vivere* leben, Part. gew. schwach *vivuto*; *vissuto* stützt sich auf | *vi-ssi* | p. *vi-sso* | A |
| Comp. *convivere* zusammenleben | | | |
| *rivivere* (re-) wiederaufleben | | | |
| *sopravvivere* (super-) überleben | | | |

Herangezogene Verba

Aus der ersten Klasse.

| | | | |
|---|---|---|---|
| **-nd-***ere* | Lat. -i, | -ssum | |
| *Fèndere* (findere) gew. schwach, Perf. *fendei* Part. *fenduto* | *fe-ssi* | *fe-sso* | A |
| *Scindere* scheiden, trennen | *sci-ssi* | *sci-sso* | A |
| Comp. *rescindere* abschneiden, auch schwach | | | |
| **-v-***ere* | Lat. -i, | -tum | |
| *Muòvere* (movēre) bewegen | *mò-ssi* | *mò-sso* | A |
| Comp. *commuòvere* bewegen, rühren | | | |
| *promuòvere* befördern | | | |
| *rimuòvere* wieder bewegen, entfernen | | | |
| *sommuòvere* (sum-) von unten bewegen, antreiben | | | |
| Neug. *dismuòvere* u. *smuòvere* fortbewegen | | | |

**ZWEITE KLASSE** Perf. -si, Part. -to **DRITTE GRUPPE**

| | | | |
|---|---|---|---|
| **-g-***ere* | Lat. -xi, | -tum | |
| *Cingere* od. *cignere* gürten | *cin-si* | *cin-to* | A |
| Comp. *accingere* od. *accignere* refl. sich anschicken | | | E |
| s. *discingere* od. s. *discignere* entgürten | s. *discin-si* | *discin-to* | A |
| s. *incingere* od. s. *incignere* umgürten | s. *incin-si* | *incin-to* | A |
| s. *ricingere* od. *ricignere* umgeben, einfassen | *ricin-si* | *ricin-to* | A |

---

*Vivere*, Perf. *vivetti* f. *vissi*, *vivè* u. *vivette* f. *visse*, *viverono* u. *vivettero* f. *vissero*.
*rivivere*, Perf. *rivivette* f. *rivisse*.
*viviscere* (Lat. viviscere od. vivescere), Ind. Pres. *vivisco*.
*reviviscere* (Lat. reviviscere), Ind. Pres. *revivisco*, *revivisce*.
*vivitare* f. *vivere*
*bivere* f. *vivere*, Ind. Pres. *bive*, Impf. *bivea*.
*Muovere*, Perf. *movè* f. *mosse*, Part. *movuto* f. *mosso*

| | | | |
|---|---|---|---|
| Neug. *scíngere* od. *scignere* (ex-) entgürten | | | |
| *Fíngere* od. s. *fígnere* erdichten | *fin-si* | *fin-to* | A |
| Comp. *infíngere* (in-) od. s. *infígnere* sich stellen, verstellen | | | |
| *Giúngere* (jungere) od. *giúgnere* hinzufügen (A), anlangen (E) | *giún-si* | *giún-to* | A<br>E |
| Comp. *aggiúngere* (ad-) hinzufügen | | | A |
| *congiúngere* (con-) verbinden | | | |
| *disgiúngere* (dis-) trennen | | | |
| *ingiúngere* (in-) in einander fügen | | | |
| *soggiúngere* (sub-) hinzufügen, erwiedern | | | |
| Neug. *sopra-* od. *sovraggiúngere* (super-) dazukommen | | | E |
| *Múngere* (mulgĕre) od. *mugnere* melken | *mun-si* | *mun-to* | A |
| Comp. s. *emúlgere* (e-) ausmergeln | | | A |
| s. *emúngere* (e-) oder | | | |
| Neug. s. *smúngere* (e-) aussaugen | | | A |
| *Piángere* (plangere) od. *piágnere* weinen | *pián-si* | *pián-to* | A |
| Comp. *compiángere* (cum-) bemitleiden | | | |
| Neug. *rimpiángere* (re-im-) beklagen | | | |
| s. *Píngere* od. *pígnere* malen, neb. dem p. Part. *pitto* | s. *pin-si* | s. *pin-to* | A |
| Comp. *dipíngere* (de-) od. *dipígnere* abmalen | | | |
| s. *Píngere* od. *pígnere* (lat. impingere u. pangere) stossen | s. *pin-si* | s. *pin-to* | A |
| Comp. Neug. *ri-* od. *repíngere* od. *-pígnere* wieder- und zurückstossen | | | |
| *respíngere* (re-ex-) od. *respígnere* zurückstossen | | | |
| *spíngere* (ex-) od. *spígnere*, fortstossen, treiben | | | |
| *sospíngere* (sub-ex-) od. *sospígnere*, fortstossen | | | |
| s. *Indúlgere* (indulgĕre) nachsehen, übersehen | s. *indul-si* | s. *indul-to* | A |
| *Pòrgere* (porrigere) reichen | *pòr-si* | *pòr-to* | A |

*Giungere:* Perf. *gionsi* f. *giunsi*, *giunsono* f. *giunsero*, Part. *gionto* f. *giunto*.
*Piangere:* Perf. *piangeo* st. *piangè* f. *pianse*.
*Pingere:* Part. *pitto* (pictus) für *pinto*.

| | | | |
|---|---|---|---|
| Comp. *riporgere* (re-) wieder darreichen | | | |
| *sporgere* (ex-) hervorstrecken, hervorragen | | | |
| *Sórgere* vlt. u. p. *súrgere* aufstehen | *sor-si* | *sor-to* | E |
| Comp. *assórgere* (as-) aufstehen aus Ehrfurcht | | | |
| *insórgere* (in-) sich empören | | | |
| *risórgere* (re-) wieder aufstehen | | | |
| *Tíngere* od. *tígnere* färben | *tin-si* | *tin-to* | A |
| Comp. *intíngere* od. *intígnere* eintauchen | | | |
| *ritíngere* (re-) *ritígnere* wiederfärben | | | |
| *Úngere* od. *úgnere* salben, schmieren | *un-si* | *un-to* | A |
| Mit kleiner Abweichung | | | |
| *Stríngere* oder *strígnere* zusammenziehen, schnüren, drücken | *strin-si* | *stre-tto* | A |
| Comp. *astríngere* (ab-) zusammenziehen, zwingen | | | |
| *costríngere* (con-) zwingen, nöthigen | | | |
| s. *distríngere* eng zusammenziehen | | | |
| *re-* od. *ristríngere* / *re-* od. *ristrígnere* (re-) zusammenziehen, einziehen, einschränken | | | |
| -gu-*ere* | | | |
| s. *Stínguere* auslöschen | s. *stin-si* | s. *stin-to* | A |
| Comp. *estínguere* (ex-) auslöschen | *estin-si* | *estin-to* | A |
| *distínguere* unterscheiden | | | |
| -c-*ere* | | | |
| s. *Fólcere* u. *folcire* (fulcire) stützen, steifen, def. | | | |
| Comp. s. *soffólcere* (sub-) unterstützen, def. | s. *soffol-se* | s. *soffol-to* | A |
| *Tòrcere* (torquēre) drehen | *tòr-si* | *tòr-to* | A |
| Comp. *attòrcere* (at-) drehen, winden | | | |
| *contòrcere* (con-) kehren, wenden, verdrehen | | | |
| s. *distòrcere* (dis-) verdrehen | | | |
| *stòrcere* (ex-) verdrehen | | | |

*Stringere:* *costringere*, Perf. *costrignette* f. *costrinse.*
*Stinguere:* *distinguere* u. *distignere*, Perf. *distinguette* f. *distinse*, *distinsono* *distinsero.*
*estinguere* od. *stignere*, *stingere*, Part. *stenguto* f. *stinto.*
*Torcere:* Perf. *torcè* für *torse.*

| | | | |
|---|---|---|---|
| *estòrcere* (ex-) erpressen | | | |
| *ritòrcere* (re-) wiederdrehen, drehen, verdrehen | | | |
| **-p-***ire* | | | |
| *Scolpire* (lat. altit. sculpere), gew. ganz schwach | — | p. *scolto* / *sculto* | A |
| **-g-***ere* | Lat. -si | (-sum) | |
| p. *Álgere* (algēre) frieren, def. | p. *al-si* | — | |
| p. *Fúlgere* (fulgēre) glänzen, def. | p. *ful-si* | — | |
| Comp. m. p. *rifúlgere* (re-) glänzen, def. | | | |
| **Herangezogene Verba.** | | | |
| **Aus der ersten Klasse.** | | | |
| **-v-***ère* | Lat. -i | -tum | |
| *Sòlvere* lösen, gew. ganz schwach, Part. schwach *soluto* | s. *sol-si* | — | A |
| Comp. *assòlvere* (ab-) lossprechen, auch schw. | *assol-si* | *assol-to* | A |
| *dissòlvere* auflösen, auch schwach | | | |
| *risòlvere* (re-) auflösen, beschliessen | | | |
| Neug. *sciògliere* (ex-) contrah. *sciòrre*, losbinden, lösen | *sciòl-si* | *sciòl-to* | A |
| *disciògliere* (dis-) contrah. *disciòrre*, losbinden lösen | | | |
| p. *Vòlvere* gew. *vòlgere* wenden | *vòl-si* | *vòl-to* | A |
| Comp. *avvòlgere* (ad-) umwickeln | | | |
| *invòlgere* und *invòlvere* einwickeln, Part. auch *involuto* | *invòl-si* | *invòl-to* | A |
| *rivòlgere* (re-) umwenden | | | |
| *devòlvere*, abtreten, überlassen, refl. Part. *devoluto* | *devòl-si* | — | A |
| Neug. *disvòlgere* (dis-) abwickeln, entwickeln | *disvòl-si* | *disvòl-to* | A |
| *svòlgere* (ex-) abwickeln, entwickeln | | | |
| *rinvòlgere* (re-in-) einwickeln | | | |
| *sconvòlgere* u. *sconvolvere* (ex-cum) umdrehen, umstürzen | | | |
| *travòlgere* (trans-) / *stravòlgere* (extra-) } verdrehen, umkehren, umwälzen | | | |
| *Scégliere* (ex-eligere) contrah. *scerre*, wählen | *scel-si* | *scel-to* | A |
| *prescégliere* (prae-ex-) mit Vorliebe wählen | | | |
| *trascégliere* (intra-) contrah. *trascerre*, auswählen | | | |

Aus der dritten Klasse

| -b-*ere* | Lat. -ui, -vi | -tum | |
|---|---|---|---|
| *Sorbire* (sorbēre) schlurfen, einsaugen, verschlucken, schwach | | | A |
| Comp. s. *assòrbere* (ad-), gew. *assorbire* schwach = *sorbire* (A) | m. p. *assòr-si* | *assòr-to* | E |
| -l-(-ll-) | | | |
| *Dolere* schmerzen, wehe thun, Part. *doluto* | *dòl-si* | — | E |
| Comp. *condolere, condolersi*, sein Beileid bezeigen | | | |
| m. p. *Calere* (calēre) daran gelegen sein, def. Part. *caluto* | *cal-si* | | E |
| *Seppellire* (sepelire), begraben, gew. ganz schwach, Part. auch *sepulto* | | *sepolto* | |
| *Salire* steigen, gew. ganz schwach, *salii, salito* | *salsi* | — | |
| Comp. u. Neug. *assalire* (ad-) anfallen; *risalire* (re-) wieder hinaufsteigen; *soprassalire* (super-ad) plötzlich anfallen | | | |
| -r- | | | |
| *Aprire* u. s. *aperire*, öffnen, Perf. auch schw. *aprii* | *apèr-si* | *apèr-to* | A |
| *Coprire* (cooperire) bedecken, Perf. auch schwach *coprii* | *copèr-si* | *copèr-to* | A |
| Comp. u. Neug. *scoprire* und *discoprire* entdecken | | | |
| *Inserire* (inserere) einschieben, Perf. *inserii*, Part. auch *inserito* | — | *insèr-to* | A |
| Lat. Perfectum durch Reduplication. | | | |
| *Púngere* od. *púgnere* stechen | *pun-si* | *pun-to* | A |
| Comp. s. *compúngere* mit Reue erfüllen, betrüben | s. *compun-si* | *compun-to* | E |

*Dolere*: Perf. *dolri* (dolui) für *dolsi*, *dolsono* f. *dolsero*, Ger. *dogliendo* f. *dolendo*, Part. Pres. *dogliente* f. *dolente*, Part. Perf. *dolto* f. *doluto*.

*condolere*, Part. *condolto* für *condoluto*.

| Lat. Perfecta ohne bestimmten Charakter | | | |
|---|---|---|---|
| m. p. *Frángere* brechen, s. *frágnere* | m. p. *fran-si* | *fran-to* | A |
| Comp. *affrángere* (ad-), *infrángere* (in-) zerbrechen | | | |
| *rifrángere* (re-) brechen (von Lichtstrahlen) Part. auch *rifratto* | | | |
| Neug. *rinfrángere* (re- in-), zerbrechen, wieder zerbrechen | | | |
| *Tíngere* u. *tígnere* färben, anstreichen | *tin-si* | *tin-to* | A |
| Comp. *attíngere* od. *attígnere* erreichen, schöpfen | | | |
| *Víncere* (vincĕre) siegen | *vin-si* | *vin-to* | A |
| Comp. *convíncere* überführen, überzeugen | | | |
| Neug. *avvíncere* (ad-) umschlingen | | | |
| *Cògliere* (colligere) contrah. *còrre* pflücken | *còl-si* | *còl-to* | A |
| Comp. s. *ricògliere* (re-) conth. s. *ricòrre* einsammeln, auflesen | | | |
| Neug. *accògliere* (ad-) conth. s. *accòrre* empfangen | | | |
| *raccògliere* (re-ad) conth. *raccòrre* sammeln | | | |
| *Tògliere* vlt. *tòllere* conth. *tòrre* wegnehmen | *tòl-si* | *tòl-to* | A |
| Neug. *distògliere* (dis-) conth. *distòrre* abbringen | | | |
| *ritògliere* (re-) conth. *ritòrre*, wiedernehmen, wegnehmen | | | |
| s. *Vèllere* (vellere) | | | |
| Comp. s. *convèllere* zusammenziehen, erschüttern, auch schwach, Part. auch *convulso* | s. *convèl-si* | s. *convèl-to* | A |
| s. *divèllere* conth. *divèrre* entwurzeln, ausrotten | s. *divèl-si* | s. *divèl-to* | A |
| Neug. *svèllere* od. s. *svègliere*, *svèrre* (ex-) = *divèllere* | *svèl si* | *svèl-to* | A |
| *Redímere* loskaufen, Perf. auch schw. *redimei* | *redèn-si* | *redèn-to* | A |
| *Esímere* (eximere) befreien, ausnehmen, def. | | s. *esèn-to* | |

*Vincere:* Perf. *vinsono* f. *vinsero*, Part. *vinciuto*, *vento* u. *vitto* (victum) f. *vinto*.
*Togliere* neb. *tollere*, *tollire*, *tollare:* Perf. *togliè*, *toize* f. *tolse*, *tolliemmo* u. *tolzemmo* f. *togliemmo*, *tolseste* f. *toglieste*, *tollero* u. *toizero* f. *tolsero*, Part. *tolluto tollito* f. *tolto*.

| | | | |
|---|---|---|---|
| *Súmere* | | | |
| Comp. *assúmere* (ad-) annehmen, aufnehmen | *assun-ti* | *assun-to* | A |
| *riassúmere* (re- ad-) wieder vornehmen | | | |
| *desúmere* entnehmen | | | |
| . *presúmere* (prae-) sich anmassen, vermuthen, voraussetzen, Perf. auch schw. | | | |
| p. *consúmere* (f. *consumare* schwach) verzehren, def. | s. *consun-si* | s. *consun-to* | A |
| *Offrire* u. s. *offerire* vlt. *offerere*(offerre), bieten anbieten, auch schwach | *offèr-si* | *offèr-to* | A |
| *profferire* / *proferire* (pro-) vorbringen, aussprechen / zuw. bieten, anbieten | | | |
| *soffrire* u. s. *sofferire* (sub-) dulden, leiden | | | |
| *Porre* für *pónere* (selten) setzen, legen, stellen | *po-si* | *pos-to* | A |
| Comp. *anteporre* (ante-) vorziehen, vorsetzen | | | |
| *apporre* (ap- = ad-) beifügen | | | |
| *comporre* (com-) zusammensetzen | | | |
| *ricomporre* (re- com-) wieder zusammensetzen | | | |
| *contrapporre* (contra-) entgegensetzen | | | |
| *deporre* (de-) absetzen | | | |
| *disporre* (dis-) verfügen | | | |
| *esporre* (ex-) aussetzen, auslegen | | | |
| *interporre* (in-) dazwischensetzen | | | |
| *imporre* (im-) auflegen, anbefehlen, auftragen | | | |
| *opporre* (op-) entgegensetzen | | | |
| *posporre* (post-) nachsetzen | | | |
| *preporre* (prae-) vorsetzen | | | |
| *proporre* (pro-) vorschlagen | | | |
| *soprapporre* (super-) daraufsetzen | | | |
| *supporre* (sup-) voraussetzen | | | |
| *trasporre* (trans-) versetzen | | | |
| Neug. *traporre* (intra-) / *frapporre* (infra-) einschieben / dazwischensetzen | | | |
| *presupporre* (prae- sup-) voraussetzen | | | |
| *scomporre* (ex- com-) auseinandersetzen | | | |

*Porre* f. *ponere:* Perf. *puosero* st. *posero,* Part. *posito* (positus) f. *posto.* *disporre* f. *disponere,* Part. *disponuto* f. *disposto.*

| | | | |
|---|---|---|---|
| *Chièdere* vlt. *chèrere* (quaerere) fordern, zuw. schwach<br>Comp. *richièdere* (re-) wieder fragen, fordern | *chièsi* | *chiès-to* | A |

ZWEITE KLASSE Perf. -ssi. Part. -tto VIERTE GRUPPE

| -c-*ere* | Lat. -xi, | -tum | |
|---|---|---|---|
| *Cuòcere* (coquere) kochen<br>Comp. *ricuòcere* (re-) wieder kochen<br>*concuòcere* (con-) verdauen | *cò-ssi* | *cò-tto* | A |
| Mit kleinen Abweichungen. | | | |
| *Dire* für altit. *dícere* sagen, Part. auch regelm. *ditto* p.<br>Comp. *benedire* u. s. *benedícere* segnen<br>*maledire* u. s. *maledícere* verwünschen<br>*contrad(d)ire* u. s. *contrad(d)ícere* widersprechen<br>*predire* u. s. *predícere* (prae-) vorhersagen<br>Neug. *ridire* (re-) wiedersagen<br>*disdire* (dis-) absagen | *di-ssi* | *de-tto* | A |
| *Dúcere* vlt. führen, leiten<br>Comp. *addurre* aus *addúcere* s. herbeiführen, Part. p. auch *addutto*<br>*condurre* aus *condúcere* s. führen<br>*dedurre* aus *dedúcere* s. ableiten<br>*indurre* aus *indúcere* s. hineinführen, verleiten<br>*introdurre* aus *introdúcere* s. einführen<br>*produrre* aus *prodúcere* s. hervorbringen<br>*ridurre* aus *ridúcere* s. (re-) zurückführen<br>*ricondurre* aus *ricondúcere* s. (re- con-) zurückführen | *addu-ssi* | *addo-tto* | A |

---

*Chiedere* vlt. *cherere*, Perf. *chiedeo* neb. *chiedè* u. *chiedette* f. *chiese*; *chiederono*, *chiedero* u. *chiesono* f. *chiesero*; Part. *chieduto*, *chesto* u. *chieso* f. *chiesto*.
*richiedere*, Perf. *richiedette* f. *richiese*.

*Cuocere*, Part. *cocinto* f. *cotto*.

*Dire* f. *dicere*, Perf. *dicestu* st. *dicesti tu*, *dissono* f. *dissero*, Part. *dicto* und *ditto* (dictum).

*Ducere*: *ridurre* aus *riducere*, Perf. *ridussono* f. *ridussero*.

| | | | |
|---|---|---|---|
| *sedurre* aus *sedúcere* s. verführen | | | |
| *tradurre* aus *tradúcere* s. übersetzen | | | |
| Neug. *riprodurre* aus *riprodúcere* s. (re- pro-) wieder hervorbringen | | | |
| *Lúcere* (lucēre) leuchten, gew. schwach, def. | *lu-ssi* | — | A |
| Comp. *rilúcere* (re-) leuchten, auch schwach def. | | | |
| *tralúcere* (trans-) durchscheinen, auch schwach, def. | | | |
| -g-*ere* od. -gg-*ere* | Lat. -xi, | -tum | |
| *Fliggere* (fligere) | | | |
| Comp. *affliggere* (af- = ad-) betrüben | *affli-ssi* | *affli-tto* | A |
| *infliggere* (in-) anthun, zufügen | | | |
| *Friggere* (frigere) rösten | *fri-ssi* | *fri-tto* | A |
| Comp. u. Neug. *soffrigere* (sub-) leicht rösten u. braten | | | |
| *Corrèggere* (corrigere) verbessern | *corrè-ssi* | *corr-ètto* | A |
| Comp. *ricorrèggere* (re-) wieder verbessern | | | |
| *Protèggere* (protegere) beschützen | *protè-ssi* | *protè-tto* | A |
| *Distrúggere* (distruere) zerstören | *distru-ssi* | *distru-tto* | A |
| Neug. *strúggere* (distruere) zerstören | | | |
| *Trarre*, vlt. *tráere* und *trággere* (trahere) ziehen | *tra-ssi* | *tra-tto* | A |
| Comp. *astrarre* u. s. *astráere* (abstrahere) abziehen, abtrahiren | | | |
| *attrarre* u. s. *attráere* (at- = ad-) anziehen, an sich ziehen | | | |
| *contrarre* u. s. *contráere* (con-) zusammenziehen | | | |
| *detrarre* u. s. *detráere* (de-) abziehen, herabziehen | | | |
| *distrarre* u. s. *distráere* (dis-) abziehen, zerstreuen | | | |
| *estrarre* u. s. *estráere* (ex-) herausziehen | | | |
| *protrarre* u. s. *protráere* (pro-) verlängern, verzögern | | | |

*Lucere: rilucere*, Perf. *rilucette* st *riluce* f. *rilusse*.
*Trarre* vlt. *traere* und *traggere*, Perf. *traggesti* f. *traesti*

| | | | |
|---|---|---|---|
| *ritrarre* u. s. *ritráere* (re-) zurückziehen, abbilden, schildern | | | |
| *sottrarre* u. s. *sottráere* (sub-) entziehen, abziehen | | | |
| ***Règgere*** (regere) regieren | *rè-ssi* | *rè-tto* | A |
| Mit kleinen Abweichungen. | | | |
| Comp. *dirigere* vlt. *dirèggere* leiten, richten | *dirè-ssi* | *dirè-tto* | A |
| *erigere* auch s. *erèggere* errichten | | | |
| *Negligere* vernachlässigen | *neglè-ssi* | *neglè-tto* | A |
| **-g**-*ere* od. **-gg**-*ere* | Lat. **-xi**, | -xum | |
| *Figgere* (figere) heften neb. p. *fisi*, *fiso* u. *fisso* | *fi-ssi* | *fi-tto* | A |
| Comp. *infiggere* (in-) hineinstecken, Part. auch *infisso* | | | |
| *configgere* (con-), = *conficcare* schwach, annageln od. anheften | | | |
| *trafiggere* (trans-) durchbohren, neb. Part. *trafisso* p. | | | |
| Neug. *sconfiggere* (ex- con-) niederschlagen bestürzen | | | |
| **-v**-*ere* | Lat. **-psi** | -ptum | |
| *Scrivere* (scribere) schreiben | *scri-ssi* | *scri-tto* | A |
| Comp. *ascrivere* (a = ad-) dazuschreiben | | | |
| *circonscrivere* (circum-) umschreiben | | | |
| *conscrivere* / *coscrivere* } (con-) } einschreiben | | | |
| *descrivere* (de-) beschreiben | | | |
| *sottoscrivere* (subter-) / *soscrivere* (sub-) / *infrascrivere* (infra-) } unterschreiben | | | |
| *inscrivere* / *iscrivere* } (in-) } einschreiben | | | |
| *prescrivere* (prae-) vorschreiben | | | |
| *proscrivere* (pro-) ächten, verbannen | | | |
| *rescrivere* (re-) / *trascrivere* (trans-) } abschreiben | | | |
| *riscrivere* (re-) wieder schreiben | | | |
| *soprascrivere* (super-) überschreiben | | | |

*Figgere*, Part. *fitto* = altlat. *fictum*.
*Scrivere*, Perf. *scrissono* f. *scrissero*

Herangezogene Verba.
Aus der ersten Klasse.

| -g-*ere* od. -gg-*ere* | Lat. -i, | -tum | |
|---|---|---|---|
| *Lèggere* (legere) lesen | *lè-ssi* | *lè-tto* | A |
| Comp. *rilèggere* (re-) wiederlesen | | | |
| *Elèggere* (eligere) wählen | *elè-ssi* | *elè-tto* | A |
| Neug. *rielèggere* (re-) wieder wählen | | | |
| Mit kleiner Abweichung. | | | |
| *Predilígere* (prae-) vorzüglich lieben | *predilè-ssi* | *predilè-tto* | A |

§ 113. DRITTE KLASSE.
Ital. -ui, -vi, (-bbi) = Lat. -ui, -vi.
Zu dieser Klasse gehören nur Anomala (S. § 114. 3. Kl.).

STARKE ANOMALA.
ERSTE KLASSE.

§ 114. Folgende Verba der a-Conjugation zeigen im Perfectum Spuren der lateinischen Reduplication.

**Dare** geben, Ger. *dando*, Part. Perf. *dato*, conj. mit *avere*.

| | Ind. Prs. | Impf. | Perf. Def. | Cg. Prs. | Impf. | Imp. |
|---|---|---|---|---|---|---|
| 1 | *do* | *dav-a,-o* | *dièdi, dètti* | *dia* | *dessi* | |
| 2 | *dai* | *davi* | *desti* | *dia* | *dessi* | *da* |
| 3 | *dà* | *dava* | *diède, dètte* | *dia* | *desse* | *dia* |
| 1 | *diámo* | *davamo* | *demmo* | *diámo* | *déssimo* | *diámo* |
| 2 | *date* | *davate* | *deste* | *diáte* | *deste* | *date* |
| 3 | *danno* | *dávano* | *dièdero, dèttero* | *díano, díeno* | *déssero* | *díano, díeno* |

Fut. *darò*, Cond. *darei* p. *daría*, *darèbbero* p. *daríano*.

---

*Leggere*, Part. *legginto* f. *letto*.
*Eleggere*, Perf. *eleggerono* f. *elessero*.
**Dare**, Ger. *dajenno* f. *dajendo*, Part. Pres. *dante*, *dajente* od. *da[i]ente*.

| | Ind. Pres. | Impf. | Perf. Def. | Cong. Pres. | Impf. | Imp. |
|---|---|---|---|---|---|---|
| 1 | *do*, *doe*, *done* | *dea* | *dei*, *diei*, *die'* | *dea*, *die* | — | — |
| 2 | *da* (das) | — | — | *dea*, *die*, *dei* | — | *dae* |
| 3 | *da*, *dao*, *dae*, *dane*[1] | *daeva*, *daea* *daia*, *daje(v)a* | *dè*, *diè*, *deo*, *dio*, *dede* (dedit) | *dea*, *die* | *dessi*, *de'j)esse* | *die* — |
| 1 | *damo* (damus) | — | *daemmo* | — | — | *deggiamo* |
| 2 | — — | — | — | *dete* (detis) | — | — |
| 3 | *dano*, *don* | *davono*, *daevano* | *denno*, *dienno* *dettono*, *diedono*[2] | *dieno* | *dessino*, *dajessino* | *dieno* |

Fut. *daraggio* u. *derò* f. *darò*, *derai* f. *darai*, *deranno* f. *daranno*, Cond. *darè* f. *darebbe*.[3]

[1] *damende* (*da mi 'nde* = *ende*) d. h. *me ne dà* [2] *dierono*, *dierno*, *diero*, *dier*, *dero*, *diedoro* [3] *darea* u. *deria* f. *daria*, *darieno* f. *dariano*.

Comp. *ridare* wiedergeben ist stark, *circondare* (circum-) schwach; also Perf. *ridièdi, circondai.*

**Stare** stehen, bleiben; Ger. *stando,* Part. Pres. *stante,* Perf. *stato,* conjugirt mit *essere.*

| | Ind. Prs. | Impf. | Perf. Def. | Cg. Prs. | Impf. | Imp. |
|---|---|---|---|---|---|---|
| 1 | *sto* | *stav-a, -o* | *stètti* (steti) | *stia* | *stessi* | |
| 2 | *stai* | *stavi* | *stesti* | *stia* | *stessi* | *sta* |
| 3 | *sta* | *stava* | *stètte* | *stia* | *stesse* | *stia* |
| 1 | *stiámo* | *stavamo* | *stemmo* | *stiámo* | *stéssimo* | *stiámo* |
| 2 | *state* | *stavate* | *steste* | *stiáte* | *steste* | *state* |
| 3 | *stanno* | *stávano* | *stèttero* | *stiano, stieno* | *stéssero* | *stiano, stieno* |

Fut. *starò,* Cond. *starèi* p. *staria, starèbbero* p. *stariano.* Ebenso *ristare* inne halten, wiederstehen; gew. auch *soprastare* od. *sovrastare* hervorstehen. Die übrigen Comp. sind schwach.

### ZWEITE KLASSE.

In der zweiten Klasse der Verba starker Flexion treten uns, ausser den bei der Bildung des Perfectums angeführten Abweichungen andere Anomalien entgegen.

#### ERSTE GRUPPE.

**Valere** gelten, Ger. *valèndo,* Part. Pres. *valènte*[1] (Vgl. § 4. b u. c).

| | Ind. Pres. | Cong. Pres. | Imper. | Fut. |
|---|---|---|---|---|
| 1 | *valgo, vaglio* | *valga, vaglia* | — | *varrò*[5] |
| 2 | *vali* [*valeo*] | *valga, vaglia*[3] | *vali* | *varrai* |
| 3 | *vale* | *valga, vaglia* | *valga, vaglia* | *varrà* |
| 1 | *valiámo*[2] | *valiámo*[2] | *valiámo*[2] | *varremo* |
| 2 | *valete* | *valiáte*[4] | *valete* | *varrete* |
| 3 | *válgono, vágliono* | *válgano, vágliano* | *válgano, vágliano* | *varranno* |

Impf. Ind. *val-eva, -evo, -éa,* Cond. *varrèi*[6] p. *varria, varrèbbero* p *varriano,* Impf. Cong. *valessi*

---

**Stare** und *istare,* Ger. *istando, staendo, stajenno* f. *stajendo;* Part. Perf. *stà* f. *stato.*

| | Ind. Pres. | Impf. | Perf. Def. | Cong. Pres. | Impf. | Imp. |
|---|---|---|---|---|---|---|
| 1 | *stao, stajo, stoe*[1] | — | *stei, stiei* | *stie* | *staesse*[7] | — |
| 2 | *sta* (stas)[2] | — | *staesti* | *stie, stei, stii* | — | *stae, stie* |
| 3 | *stae, stao, stane, stande* (*ne sta*) | *staia* *staeu*[3] | *stè, stiè* *stete* (stetit) | *stie, steu* *steja* | *stessi* *statesse*[8] | *stie* *steu* |
| 1 | *stamo, staemo* | *staevamo*[4] | *stettemo* | *staiamo* | — | — |
| 2 | *stati* | *stavi* | — | *stete* (stetis) | — | *stati, stat* |
| 3 | *stano, stonno* | *stavono*[5] | *stenno*[6] | *steano, stieno* | *stassero*[9] | *stieno* |

Fut. *starajo* f. *starò, sterai* f. *starai,* Cond. *steriu* f. *staria.*

[1] *stone* [2] *sta'* [3] *starea stajeva* [4] *staveamo* [5] *staevano stareano* [6] *stettono sterono stiero stero ster stiettero* [7] *staiesse* [8] *stetesse* (stetisset) [9] *staiessero.*

**Valere** [1] *valentre* [2] flor. *valghiamo vagliamo* [3] *valghi vagli* [4] *vagliate*

**Rimanere** (re-) bleiben, Ger. *rimanèndo*[1], Part. Pres. *rimanènte*[2], (vgl. § 4 c.).

| | Ind. Pres. | Cong. Pres. | Imper. | Fut. | Impf. Ind. |
|---|---|---|---|---|---|
| 1 | *rimango* [remaneo] | *rimanga*[4] | — | *rimarrò*[6] | *riman-eva, -evo, -éa* |
| 2 | *rimani* | *rimanga*[5] | *rimani* | *rimarrai* | Cond. |
| 3 | *rimane* | *rimanga*[4] | *rimanga* | *rimarrà* | *rimarr-èi* |
| 1 | *rimaniámo*[3] | *rimaniámo*[3] | *rimaniámo*[3] | *rimarremo* | p. *-ía*[7] |
| 2 | *rimanetė* | *rimaniate* | *rimanete* | *rimarrete* | Impf. Cong. |
| 3 | *rimángono* | *rimángano* | *rimángano* | *rimarranno* | *rimanessi* |

ZWEITE GRUPPE.

**Muòvere** (movēre) bewegen diphthongirt im Präsens an der Tonstelle: Ger. *movèndo*, Part. Pres. *movènte* (vgl. § 107).

| | Ind. Pres. | Cg. Pres. | Imper. | Fut. | Impf. Ind. |
|---|---|---|---|---|---|
| 1 | *muòvo* | *muòva* | — | *m(u)overò* p. *movrò* | *mov-eva, -evo, -éa* Cond. |
| 2 | *muòvi* | *muòva* | *muòvi* | *m(u)overai* | *m(u)overèi* |
| 3 | *muòve* | *muòva* | *muòva* | *m(u)overà* | p. *movrèi* |
| 1 | *moviámo* | *moviámo* | *moviámo* | *m(u)veremo* | *moveria* |
| 2 | *movete* | *moviáte* | *movete* | *m(u)overete* | Impf. Cong. |
| 3 | *muòvono* | *muòvano* | *muovano* | *m(u)overanno* | *movessi* |

DRITTE GRUPPE.

**Scégliere** (ex-eligere), contrahirt *scerre*, Ger. *sceglièndo*, Part. Pres. *scegliènte*.

| | Ind. Pres. | Cg. Pres. | Imper. | Futuro | Impf. Ind. |
|---|---|---|---|---|---|
| 1 | *scelgo, sceglio* | *scelga*[2] | -- | *sceglierò* m. p. *scerrò* | *sceglièva, -evo, -éa* |
| 2 | *scegli* | *scelga*[3] | *scegli* | *sceglierai* „ *scerrai* | Cond. |
| 3 | *sceglie* | *scelga*[2] | *scelga* | *sceglierà* „ *scerrà* | *sceglier-èi* |
| 1 | *scegliámo* | *scegliámo* | *scegliámo* | *sceglieremo* „ *scerremo* | m. p. *-ía,* |
| 2 | *scegliéte* | *scegliáte* | *scegliéte* | *sceglierete* „ *scerrete* | *scerrèi* |
| 3 | *scélgono*[1] | *scélgano*[4] | *scélgano* | *sceglieranno* m. p. *scerranno* | Impf. Cg. *scegliéssi* |

---

Rimanere [1] *rimagnendo* [2] *rimagnente* [3] *rimagnamo* flor. *rimanghiamo* [4] *rimagna* [5] *rimanghi rimagna* [6] *rimanerò* [7] *rimanerei rimaneria*.
**Scegliere** od. *scerre* [1] *sceglionno* [2] *sceglia* [3] *scegli(a) scelghi* [4] *scegliano*.

**Tògliere** (vlt. tollere) contrahirt *tòrre* pflücken, Ger. *toglièndo*, Part. Pres. *togliènte*.

| | Ind. Prs. | Cong. Pres. | Imper. | Futuro |
|---|---|---|---|---|
| 1 | *tòlgo, tòglio* | *tòlga, tòglia* | — | *torrò, toglierò* |
| 2 | *tògli* | *tòlga, tòglia* | *tògli, to'* | *torrai, toglierai* |
| 3 | *tòglie* | *tòlga, tòglia* | *tòlga, tòglia* | *torrà, toglierà* |
| 1 | *togliámo* | *togliámo* | *togliámo* | *torremo, toglieremo* |
| 2 | *togliéte* | *togliáte* | *togliéte* | *torrete, toglierete* |
| 3 | *tòlgono, tògliono* | *tòlgano, tògliano* | *tòlgano, tògliano* | *torranno, toglieranno* |

Impf. Ind. *togli-éva, -évo, togliéa*, Cond. *torrèi* und *toglierèi* m. p. *torría* u. *toglieria*, Impf. Cong. *togliéssi*.

**Cògliere** (colligere) contrahirt *còrre*, Ger. *coglièndo*, Part. Pres. *cogliènte*.

| | Ind. Prs. | Cg. Prs. | Imper. | Fut. |
|---|---|---|---|---|
| 1 | *còlgo, còglio* | *còlga, còglia* | | *coglierò, corrò* |
| 2 | *cògli, còi, co'*,[1] | *còlga, còglia*[2] | *cògli* | *coglierai, corrai* |
| 3 | *còglie* | *còlga, còglia* | *còlga, còglia* | *coglierà, corrà* |
| 1 | *cogliámo*[2] | *cogliámo*[2] | *cogliámo*[2] | *coglieremo, corremo* |
| 2 | *cogliéte* | *cogliáte* | *cogliéte* | *còglierete, correte* |
| 3 | *còlgono, còigliono* | *còlgano, còigliano* | *còlgano còigliano* | *coglieranno, corranno* |

Impf. Ind. *cogli-eva, -evo, cogliéa*, Cond. *coglierèi, corrèi* m. p. *coglieria*, Impf. Cong. *cogliessi*.

---

**Togliere**, *tollere, tollire*

| | Ind. Pres. | Cong. Pres. | Imper. | Futuro |
|---|---|---|---|---|
| 1 | *tollo* | — | — | *torrabbo* |
| 2 | *tolli* | *togli, tolghi* | *tolli, to(i), toe,* | — |
| 3 | *tolle, tole* | *tolla, togga* | — | -- |
| 1 | *tolliamo* | — | — | — |
| 2 | *tollete* | *tolliate* | *tollete* | — |
| 3 | *tollono* | — | — | — |

Impf. Ind. *tolleva tollea tollia*, Cond. *torria*, Impf. Cong. *tollessi*.

**Cogliere** [1] *colghi* [2] *colghiamo* [3] *cogli*.

**Dolere** schmerzen u. a., Ger. *dolèndo,* Part. Pres. *dolènte,* (vgl. § 4 b. u. c.).

| | Ind. Prs. | Cg. Prs. | Imper. | Fut. | Impf. Ind. |
|---|---|---|---|---|---|
| 1 | *dòlgo*[1] | *dòlga*[5] | | *dorrò* | *dol-eva,-ero, -éa* |
| 2 | *duòli*[2] | *dòlga*[6] | *duòli* | *dorrai* | Cond. |
| 3 | *duòlep.dole* | *dòlga*[5] | *dòlga* | *dorrà* | *dorrèi,* m. p. *dorria* |
| 1 | *dogliámo*[3] | *dogliámo*[3] | *dogliámo*[3] | *dorremo* | Impf. Cong. |
| 2 | *dolete* | *dogliáte* | *dolete* | *dorrete* | *dolessi* |
| 3 | *dòlgono*[4] | *dòlgano* | *dòlgano* | *dorranno* | |

**Porre** contrahirt aus *ponere* setzen u. a., Ger. *ponèndo*[7], Part. Pres. *ponènte*[8] schiebt wie die Verba § 4. (c) ein *g* ein, ohne den gleichen Grund zu haben.

| | Ind. Pres. | Cg. Prs. | Imper. | Fut. | Impf. Ind. |
|---|---|---|---|---|---|
| 1 | *pongo* | *ponga*[2] | | *porrò*[5] | *pon-eva, -ero, -éa* |
| 2 | *poni* | *ponga*[3] | *poni* | *porrai* | Cond. |
| 3 | *pone* | *ponga*[2] | *ponga* | *porrà* | *porrèi* m. p. *porría*[6] |
| 1 | *poniámo*[1] | *poniámo*[4] | *poniámo*[4] | *porremo* | Impf. Cong. |
| 2 | *ponete* | *poniáte* | *ponete* | *porrete* | *ponessi* |
| 3 | *póngono* | *póngano* | *póngano* | *porranno* | |

VIERTE GRUPPE.

**Cuòcere** (coquere) kochen, Ger. *cocèndo,* Part. Pres. *cocènte;* diphthongirt im Präsens an der Tonstelle.

| | Ind. Prs. | Cg. Prs. | Imper. | Fut. | Impf. Ind. |
|---|---|---|---|---|---|
| 1 | *cuòco* | *cuòca* | | *cocerò* | *coceva, cocero, cocéa* |
| 2 | *cuòci* | *cuòca* | *cuòci* | *cocerai* | Cond. |
| 3 | *cuòce* | *cuòca* | *cuòca* | *cocerà* | *cocerèi,* m. p. *coceria* |
| 1 | *cociámo* | *cociámo* | *cociámo* | *coceremo* | *cocerèbbero,* |
| 2 | *cocete* | *cociáte* | *cocete* | *cocerete* | m. p. *coceríano* |
| 3 | *cuòcono* | *cuòcano* | *cuòcano* | *coceranno* | Impf. Cong. |
| | | | | | *cocessi* |

---

**Dolere** *dolire* [1] *doio dollio* [2] *doli* [3] *dolghiamo* [4] *doggono* [5] *dogga doia* [6] *dolghi dogga doia*

**Porre** *ponere* [1] flor. *ponghiamo ponemo* [2] *pona pogna* [3] *pona pogna pogni* [4] flor. *ponghiamo* [5] *ponerò* [6] *ponerei poneria* [7] *pognendo* [8] *pognente.* Viele andere Formen des Indicativs, unter welchen auch *ponio* 1. Pers. Sing. hat Nannucci in seinem „Saggio" angeführt und nachgewiesen.

**Addurre** vrlt. *addúcere* herbeiführen; die vorherrschenden Tempora mit *c* stützen sich auf *addúcere*, Ger. *adducèndo*, Part. Pres. *adducènte*.

| | Ind. Pres. | Cong. Pres. | Imper. | Fut. | Impf. Ind. |
|---|---|---|---|---|---|
| 1 | *adduco* | *adduca* | — | *addurrò*[3] | *adduc-era, -éa* |
| 2 | *adduci* | *adduca*[2] | *adduci* | *addurrai* | Cond. |
| 3 | *adduce* | *adduca* | *adduca* | *addurrà* | *addurrèi*[4] |
| 1 | *adduciámo*[1] | *adduciámo* | *adduciámo* | *addurremo* | m. p. *addurría* |
| 2 | *adducete* | *adducciáte* | *adducete* | *addurrete* | Impf. Cong. |
| 3 | *addúcono* | *addúcano* | *addúcano* | *addurranno* | *adducessi* |

**Dire** aus altit. u. lat. *dícere* sagen. Die herrschenden Formen mit *c* stützen sich auf *dícere*; Ger. *dicèndo*, Part. Pres. *dicènte*.

| | | | | | |
|---|---|---|---|---|---|
| 1 | *dico* | *dica* | — | *dirò*[5] | Impf. Ind. |
| 2 | *dici* | *dica*[3] | *dici* | *dirai* | *dicera, dicero, dicéa* |
| 3 | *dice* | *dica* | *dica* | *dirà* | Cond. |
| 1 | *diciamo*[1] | *diciámo*[4] | *diciámo*[4] | *diremo* | *dirèi*[6] m. p. *diría* |
| 2 | *dite*[2] | *diciáte* | *dite*[2] | *direte* | Impf. Cong. |
| 3 | *dicono* | *dícano* | *dícano* | *diranno* | *dicessi* |

**Trarre** altit. *tráere*, *trággere* (trahere) ziehen: Ger. *traèndo*, Part. Pres. *traènte*.

| | | | | | |
|---|---|---|---|---|---|
| 1 | *traggo* | *tragga* | — | *trarrò* | Impf. Ind. |
| | | | | p. *traerò* | *tra-eva,-ero,traéa* |
| 2 | *trái* | *tragga* | *trái* | *trarrai* | Cond. |
| 3 | *tráe* | *tragga* | *tragga* | *trarrà* | *trarrèi* m. p. *trar-* |
| 1 | *traiámo* | *traiámo* | *traiámo* | *trarremo* | *ría* p. *traerèi* |
| 2 | *traéte* | *traiáte* | *traéte* | *trarrete* | Impf. Cong. |
| 3 | *trággono* | *trággano* | *trággano* | *trarranno* | *traessi* |

---

**Addurre** *adducere* [1] *adducemo* [2] *adduchi* [3] *adducerò* [4] *adducerei.*

**Dire** u. *dicere* [1] *dicemo dichiamo* [2] *dicete* [3] *dichi* [4] *dichiamo* [5] *dicerò diraggio* [6] *dicerei.*

**Trarre**, *trare*, *traere* (= trahere) *traire*, *traier*, *traiere* od. *trajere*, *trajere*, *tragger*, *traggere*; Ger. *traggendo*.

| | Ind. Pres. | Cong. Pres. | Imper. | Impf. Ind. |
|---|---|---|---|---|
| 1 | *traggio, trajo, traio, tra(o)* | *traggia, traga* | — | *trava, traggera, traeia* |
| 2 | *traggi, tra* | *traggia, traga* | *tra, trae* | Fut. |
| 3 | *tragge, traje, traie* | *traggia, traga* | *traggia* | *trarrò, traierò,* |
| 1 | *traggiamo, trajamo,* flor. *tragghiamo, traemo* | *traggiamo,* flor. *tragghiamo* | *traggiamo* flor. *tragghiamo* | *traggerò, trar-raggio, trarre-raggio* |
| 2 | *traggete, trate* | *traggiate, tragghiate* | *traggete* | Impf. Cong. |
| 3 | *tragono, trajo(n), tranno* | *tragghino* | *traggiano* | *trajesse* |

### DRITTE KLASSE.

### Ital. -ui, -vi (-bbi), = Lat. -ui, -vi.

**Parere** scheinen, Ger. *parèndo,* Part. Pres. —[1], Perf. schwach *paruto,* stark p. *parso,* Perf. Def. auch *parsi* vgl. § 112; conjugirt mit *èssere.*

| | Ind. Pres. | Perf. Def. | Cong. Pres. | Imper. | Impf. Ind. |
|---|---|---|---|---|---|
| 1 | *páio* | *parvi* | *páia* | — | *par-eva, -evo,* |
| | [pareo] | [parui] | | | *paréa* |
| 2 | *pari*[2] | *paresti* | *páia*[2] | *pari* | Fut. *parrò*[4] |
| 3 | *pare* | *parve* | *páia* | *páia* | Cond. |
| 1 | *pa(r)iámo* | *paremmo* | *pa(r)iámo* | *pa(r)iámo* | *parrèi* |
| 2 | *parete* | *pareste* | *pa(r)iáte* | *parete* | m. p. *parría* |
| 3 | *páiono* | *párvero*[3] | *páiano* | *páiano* | Impf. Cong. |
| | S. Composita § 112. | | | | *paressi* |

**Giacere** (jacēre) liegen, Ger. *giacèndo,* Part. Pres. *giacènte,* Perf. schwach *giaciúto,* conjugirt mit *èssere.* Es wird vor *a* und *o* ein graphisches *i* eingeschoben, um das palatale *c'* (hier gew. verdoppelt) beizubehalten.

| | | | | | |
|---|---|---|---|---|---|
| 1 | *giáccio* | *giácqui*(jacui) | *giáccia* | — | Impf. Ind. |
| 2 | *giáci* | *giacesti* | *giaccia*[4] | *giáci* | *giac-eva, -evo,* |
| 3 | *giáce* | *giácque*[2] | *giáccia* | *giáccia* | *giacéa* |
| 1 | *giacciámo*[1] | *giacemmo* | *giacciámo* | *giacciámo* | Fut. *giacerò* |
| 2 | *giacete* | *giaceste* | *giacciáte* | *giacéte* | Cond. *giacerèi* |
| 3 | *giácciano* | *giácquero*[3] | *giácciano* | *giácciano* | m. p. *giaceria* |

Comp. *soggiacere* (sub-). Neug. *sottogiacere* (subter-) unterliegen, abhängen.

**Tacere** (tacere) schweigen, Ger. *tacèndo,* Part. Pres. *tacènte,* Perf. *taciúto* schwach, Perf. Def. *tacqui* (lat. tacui); conjugirt mit *avere.* Geht wie *giacere* mit dem Unterschied aber, dass im Präsens zuweilen einfaches *c* geschrieben wird, um jede Verwechselung mit *tacciare,* beschuldigen od. tadeln, zu vermeiden; also Ind. Pres. *tacio,* Cong. *tacia.*

**Piacere** (placere), gefallen, geht auch wie *giacere:* Ger. *piacèndo,* Part. Pres. *piacènte,* Perf. *piaciúto,* Perf. Def. *piacqui* (lat. placui); trans. mit *avere,* intrans. mit *èssere.*

Comp. *compiacere* (com-) gefällig sein, zu Gefallen thun. Neug. *dispiacere* und *spiacere* (dis-) misfallen.

---

**Parere** [1] *parrente* (stützt sich auf Perf. Def. parvi) [2] *pai* [3] *parrono* [4] *parerò* [5] *parerei pareria.*

**Giacere** [1] *giacemo* [2] *giacette* [3] *giacerono* [5] *giaci.*

**Náscere** (lat. nasci), geboren werden, Ger. *nascèndo,* Part. Pres. *nascènte.* Perf. stark *nato*[1] (lat. natus); conjugirt mit *èssere.*

| | Ind. Pres. | Perf. Def. | Cg. Pres. | Imper. | Impf. Ind. |
|---|---|---|---|---|---|
| 1 | *nasco* | *nacqui* | *nasca* | — | *nasc-eva, -evo, nascéa* |
| 2 | *nasci* | *nascesti* | *nasca*[4] | *nasci* | Fut. *nascerò* |
| 3 | *nasce* | *nacque*[2] | *nasca* | *nasca* | Cond. |
| 1 | *nasciámo* | *nascemmo* | *nasciámo* | *nasciámo* | *nascerèi* m. p. *nasceria* |
| 2 | *nascete* | *nasceste* | *nasciáte* | *nascete* | Impf. Cong. |
| 3 | *náscono* | *nácquero*[3] | *náscano* | *náscano* | *nascessi* |

Comp. *rináscere* (re-) wieder entstehen, wieder aufgehen.

**Nuòcere** (nocēre) schaden, diphthongirt im Präsens an der Tonstelle; Ger. *nocèndo,* Part. Pres. *nocènte,* Perf. schwach *nociúto,* conjugirt mit *avere.*

| | | | | | |
|---|---|---|---|---|---|
| 1 | *nuòco*[1] | *nocqui* (nocui) | *nuòca*[7] | — | Impf. Ind. *noc-eva, -evo, nocéa* |
| 2 | *nuòci* | *nuocesti* | *nuòca*[8] | *nuòci* | Fut. |
| 3 | *nuòce*[2] | *nocque*[5] | *nuòca*[7] | *nuòca* | *nocerò* |
| 1 | *nociámo*[3] | *nocemmo* | *nociámo* | *nociámo* | Cond. |
| 2 | *nocete* | *noceste* | *nociáte* | *nocete* | *nocerèi* m. p. *noceria* |
| 3 | *nuòcono*[4] | *nócquero*[6] | *nuòcano*[9] | *nuòcano* | |

**Conóscere** (cognoscere) kennen, erkennen; Ger. *conoscèndo,* Part. Pres. *conoscènte,* Perf. schwach *conosciúto,* conjugirt mit *avere.*

| | Ind. Pres. | Perf. | Cong. Pres. | Imper. | Impf. |
|---|---|---|---|---|---|
| 1 | *conosco* | *conobbi*[2] (cognovi) | *conosca* | — | *conosc-eva, -evo, conoscéa* |
| 2 | *conosci* | *conoscesti* | *conosca*[5] | *conosci* | Fut. |
| 3 | *conosce* | *conobbe*[3] | *conosca* | *conosca* | *conoscerò* |
| 1 | *conosciámo*[1] | *conoscemmo* | *conosciámo* | *conosciámo* | Cond. |
| 2 | *conoscete* | *conosceste* | *conosciáte* | *conoscete* | *conoscerèi* |
| 3 | *conóscono* | *conóbbero*[4] | *conóscano* | *conoscáno* | m.p.*conosceria* |

Comp. *riconóscere* (re-) anerkennen, wiedererkennen.

Neug. *sconóscere* und *disconóscere* (dis-) verkennen, unerkenntlich sein;

---

**Nascere** [1] schwach *nasciuto* [2] *nasceo* für *nascè nascette* [3] *nascerono nascenno nacquono* [4] *nasci.*

**Nuocere** [1] *noccio* [2] *noce* [3] *nocciamo* [4] *nocciono* [5] *nocè nocette* [6] *nuocerono nocettero* [7] *noccia nuoccia* [8] *nuochi noccia nuoccia* [9] *noc(c)iano nuocciano.*

**Conoscere** [1] *conoscemo* [2] *conoscei conovi* [3] *conoscè conoscette cognoscette cognobbe* [4] *conobbono* [5] *conosci conoschi.*

*preconóscere* und *precognóscere* (prae-) vorherwissen, erkennen.

**Créscere** wachsen, zunehmen; Ger. *crescèndo*, Part. Pres. *crescènte*, Perf. schwach *cresciúto;* trans. conjugirt mit *avere*, intrans. mit *èssere.*

| | Ind. Pres. | Perf. | Cong. Pres. | Imper. | Impf. |
|---|---|---|---|---|---|
| 1 | *cresco* | *crebbi*[1] (crēvi) | *cresca* | — | *cresc-eva, -evo,* |
| 2 | *cresci* | *crescesti* | *cresca* | *cresci* | *crescéa* |
| 3 | *cresce* | *crebbe*[2] | *cresca* | *cresca* | Fut. *crescerò* |
| 1 | *cresciámo* | *crescemmo* | *cresciámo* | *cresciámo* | Cond. |
| 2 | *crescete* | *cresceste* | *cresciáte* | *crescete* | *crescerèi* |
| 3 | *créscono* | *crébbero*[3] | *créscano* | *créscano* | m. p. *cresceria* |

Comp. *accréscere* (ac- ad-) wachsen, zunehmen, vermehren
*decréscere* abnehmen
*incréscere* leid thun

Neug. *rincréscere* (re-in-) leid thun.

---

VERBA DEFECTIVA — VERBI DIFETTIVI.

§ 115. Zur zweiten und dritten Conjugation gehören einige Verba, welche nur in einigen Formen, und meistens poetisch, vorkommen.

ZWEITE CONJUGATION

*Álgere* (algēre), gew. *agghiacciáre*, frieren: Part. Pres. *algènte;* Perf. Def. *alsi, alse.*

*Ángere*, gew. *affannare* od. *angosciare*, ängstigen od. quälen: Ind. Pres. *ange, ángono.*

*Arrògere* (v. arrogare), gew. *aggiúngere*, zulegen, hinzusetzen: Ind. Pres. *arrògi, arròge*, refl. *si arròge*, Impf. Ind. *arrogeva;* Perf. Def. *arròse;* Part. Perf. *arròso* und *arròto.*

*Calere* = *essere* od. *stare a cuòre, premere*, am Herzen liegen, daran gelegen sein. Ist zugleich unpersönlich: Ger. *calèndo;* Part. Perf. *caluto;* Ind. Pres. *mi cale;* Impf. *mi caleva* und *caléa;* Perf. Def. *mi calse*; Cong. Pres. *mi caglia;* Impf. *mi calesse;* Fut. *mi carrà;* Cond. *mi carrèbbe.*

---

**Crescere** *cresciere* [1] *crescci* [2] *crescè crescette cresse crevre* (crevit) [3] *crebbono.*

*Consúmere*, für *consumare*, verzehren: Perf. Def. *consunsi, consunse, consúnsero*; Part. Perf. *consunto*.

*Cápere*, auch *capire*, fassen od. enthalten; Ger. *capèndo*, Ind. Pres. *cape*.

*Cólere*, gew. *riverire* od. *onorare*, verehren od. hochachten: Ind. Pres. *colo, coli, cole*; Part. Pres. *colto, culto*.

*Fèrvere* (fervēre) = *bollire, èsser cocènte*; wallen, sieden, heftig sein (vom Kampf): Part. Pres. *fervènte*; Ind. Pres. *fèrve, fèrvono*; Impf. *fervera* u. *fervéa*; Cong. Pres. *fèrva*, Impf. *fervesse*.

*Fólcere* und *folcire* (folcire), gew. *sostenere*, unterstützen: Ind. Pres. *folce*.

*Fúlgere* (fulgēre), glänzen, hat kein Part. Perf.; desgleichen die Composita.

*Látere* = *stare nascosto* verborgen od. versteckt sein: Part. Pres. *latènte*, Ind. Pres. *late*.

*Lécere* u. *licere* (licēre) erlaubt sein: Ind. Pres. *lece* od. *lice*; Part. Perf. *lécito* od. *lícito*; *è lécito* es ist erlaubt, *illécito* unerlaubt.

*Lúcere* (lucēre), leuchten, hat kein Part. Perf.; desgleichen seine Composita.

*Mòlcere* (mulcēre), auch *molcire*, gew. *mitigare, temperare, lusingare*, lindern, angenehm berühren: Ind. Pres. *molce*, Impf. *molcera*, Ger. *molcèndo*.

*Parere*, fürchten; Ind. Pres. *pare* gew. *parènta, teme*.

*Rèpere*, gew. *andar carpone* u. *serpeggiare*, kriechen: Ind. Pres. *rèpe, rèpono*.

*Sèrpere*, gew. *serpeggiáre*, sich schlängeln: Ger. *serpèndo*, Part. Pres. *serpènte*; Ind. Pres. *sèrpo, sèrpi, sèrpe, sèrpono*; Impf. *serpera* u. *serpéa* etc.; Cong. Pres. *sèrpa, sèrpano*.

*Silère* = *tacere* u. *star zitto* schweigen: Ger. *silèndo*; Part. Pres. *silènte* (Adj.); Ind. Pres. *sili, sile*.

*Solere* pflegen: Ger. *solèndo*; Part. Perf. *sòlito* (Adj.); *èssere sòlito* gewohnt sein, *insòlito* ungewöhnlich; Ind. Pres. *sòglio*,

---

*Consumere*: Ind. Pres. *consume*.

*Capere* (auch *capire*): Ind. Pres. *capi, capiscono*; Impf. *capea, capia, caperano, capiano*; Cong. Pres. *cappia, capa*; Impf. *capesse, capessero*; Part. Pres. *caputo*.

*suòli,*[1] *suòle,*[2] *sogliámo,*[3] *solete, sògliono;*[4] Impf. *solea* u. *soléa,*[5] *solevo* etc.; Cong. Pres. *sòglia, sòglia, sòglia, sogliámo, sogliáte, sògliano,* Impf. *solessi* etc.[6]

*Súggere,* gew. *succhiáre,* saugen, hat alle Tempora ausser dem Part. Perf., wofür *succhiáto.*

*Tángere,* gew. *toccare,* berühren: Part. Pres. *tangènte,* Ind. Pres. *tange.*

*Tèpere,* gew. *èsser tièpido,* laulich sein; Ind. Pres. *tèpe.*

*Tòllere,* gew. *innalzare,* aufheben, fig. rühmen: Ind. Pres. *tòlli, tòlle;* refl. = *sórgere* od. *alzarsi,* aufstehen, entstehen.

Comp. *estòllere* (ex-) = *tòllere:* Ind. Pres. *estòlli,* Cong. Pres. *estòlla.*

*Úrgere* (urgēre), gew. *prèmere,* dringen: Ger. *urgèndo;* Part. Pres. *urgènte;* Ind. Pres. *urge, úrgono;* Impf. *urgeva* und *urgéa;* Impf. Cong. *urgesse.*

*Vigere* (vigēre) = *essere in vigore* in Kraft sein: Part. Pres. *vigènte,* Ind. Pres. *vige,* Impf. *vigeva.*

DRITTE CONJUGATION.

*Fedire,* gew. *ferire,* verwunden, schlagen: Part. Perf. *fedito;* Ind. Pres. *fièdi, fiède, fièdono* od. *fedìscono;* Perf. Def. *fedii;* Impf. *fiedéa, fiedéan;* Cong. Pres. *fièda.*

*Ire* und *gire* (aus de-ire), gew. *andare,* gehen: Part. Perf. *ito* u. *gito.*

| | Ind. Pres. | Impf. | Perf. Def. | Fut. |
|---|---|---|---|---|
| 1 | — | *iva, giva, gia,*[1] | *gii* | *irò, girò* |
| 2 | — | *ivi, givi* | *isti, gisti* | *irai, girai* |
| 3 | — | *iva, giva, gia* | *gì* od. *gìo* | *irà, girà* |
| 1 | *giámo, gimo* | *ivamo, givamo* | *gimmo* | *iremo, giremo* |
| 2 | *ite, gite* | *ivate, givate* | *giste* | *irete, girete* |
| 3 | — | *ivano, gívano, giano* | *giron(o)* *gîr, iro, îr* | *iranno, giranno* |

Cond. *irèi girèi giría,* Imper. *giámo gite ite,* Impf. Cong. *isse gisse, íssero gíssero.*[2]

*Olire* (olēre) = *render odore* riechen: Part. Pres. *olènte;* Impf. Ind. *oliva, olivi, oliva, olivano.*

---

*Solere* [1] *suogli sogli suoi suo'* [2] *sole* [3] *soliamo solemo* [4] *suoleno suolno* [5] *solia* Pl. *solavamo solavate solieno* [6] *solessono* f. *solessero.*

*Gire:* Ger. *gendo,* Cong. Pres. *giamo gite* [1] *giro* [2] *gissono.*

*Redire,* gew. *ritornare,* umkehren, wiederkommen: Ind. Pres. *rièdi, rìède, rìèdono;* Impf. *rediva;* Perf. Def. *redìi, redìrono,* Cong. Impf. *redisse.*

---

§ 116. IMPERSONALIA — IMPERSONALI.

1. Verba, welche Naturerscheinungen bezeichnen.

Direct aus dem Latein:

*ghiáccia** (glac-), es friert — *grándina,* es hagelt — *piòve* (pluit), es regnet — *tuòna* (tonat) es donnert

Neuere Bildungen

*balena* (βέλεμνον), es blitzt — *fiòcca* (floc-), es schneit (in grossen Flocken)

*lampeggia* (lamp-), es blitzt — *nèvica* (niv-) es schneit

*dilúvia* (diluv-), es giesst — *dimòia* es thaut auf

*tempèsta* (tempest-), es stürmt — *dighiáccia*** (de-glac-) es thaut auf

2. Unpersönliche Ausdrücke, die in allen Zeiten gebraucht werden können und die zuweilen mit dem Pronomen *egli* (= es) vorkommen.

*accade,* es geschieht, — *bisogna,* es thut Noth, — *basta,* es genügt,

*conviène* es geziemt sich, — *tocca* (lat. attinet) es trifft ein, — *rincresce* (lat. taedet) es thut leid.

Nur im Präsens Ind. *lice* und *lece,* vgl. § 115.

3. Viele mit *èssere, fare, andare* und *stare* gebildete Redensarten:

*è(d')uòpo* (opus est), *è(di)mestièri**, *fa(d')uòpo, fa(di)mestièri* es ist nöthig.

*fa caldo,* es ist heiss, — *fa freddo,* es ist kalt, — *fa fresco,* es ist kühl,

*fa bisogno,* es ist nöthig — *è lécito,* es ist erlaubt — *va* od. *sta bene,* (es ist) gut

---

1. * *diaccia* ** *didiaccia* 3. *vgl. Altfr. estre und avoir mestier, Port. ha mister.

4. Passiva der intransitiven Verba wie *si dice, si parla, si fa* = man sagt, man spricht, man thut.
5. Das deutsche „es gibt“, wird gew. durch das Verbum *èssere* ausgedrückt, welches mit dem Subjecte congruiren muss: *c'è* od. *v'è* (zusammengesetzt zuw. *ivvi*, selten *ècci*) *ci sono* od. *vi sono*. Doch sagt man auch *v'ha, v'hanno* (vgl. Franz. il y a) od. *si dà, si danno*. *Vi* bleibt bei Zeitbestimmungen fort: *sono due giorni*.

---

HETEROCLITA.

§ 117. Ich habe § 100 gezeigt, wie die lateinischen Verba bei ihrem Uebergang in's Italienische nicht immer dieselbe Conjugation behalten, welcher sie in der Muttersprache angehörten. Ferner wurde § 102 (Anm.) bemerkt, dass bei den Alten die Verba zwischen einer und der anderen Conjugation geschwankt haben, so dass viele Verba doppelte und gemischte Formen aufweisen. Die neuere Sprache hat nur noch einige Reste dieser Doppelförmigkeit beibehalten und zwar Verba mit einem Infinitiv auf *-ere* und einem auf *-ire*.

**Empire** und *émpiere* (implere), füllen, tauschen gegenseitig ihre Formen aus, doch werden die von *empire* in der Umgangssprache vorgezogen: Ger. *empièndo*, Part. Pres. *empiènte*, Perf. *empito*, conj. mit *avere*. Vulgär im Präsens auch inchoativ.

| | Ind. Pres. | Perf. Def. | Cong. Pres. | Imper. |
|---|---|---|---|---|
| 1 | *émpio* | *empìi, empiéi* | *émpia* | |
| 2 | *émpi* | *empisti, empiésti* | *émpia* | *émpi* |
| 3 | *émpie* | *empì, empiè* | *émpia* | *émpia* |
| 1 | *empiámo* | *empimmo, empiémmo* | *empiámo* | *empiámo* |
| 2 | *empite* | *empiste, empiéste* | *empiáte* | *empite* |
| 3 | *émpiomo* | *empírono, empiérono* | *émpiano* | *émpiano* |

Impf. Ind. *empiva empièva*, Fut. *empirò empierò*, Cond. *empirèi empierèi empiría empiería*.

Comp. *adempire* (ad-im-) erfüllen. *cómpiere* (com-) vollenden.

**Apparire** u. *apparere* erscheinen: Ger. *apparèndo*, Part. Pres. *apparènte*, Part. Perf. *apparso* (vgl. § 112) *apparito*; conjugirt mit *èssere*.

| | Ind. Pres. | Cong. Pres. | Imper. |
|---|---|---|---|
| 1 | *appáio, apparisco* | *appáia, apparisca* | |
| 2 | *appari, apparisci* | *appáia, apparisca* | *appari, apparisci* |
| 3 | *appare, apparisce* | *appáia, apparisca* | *appáia, apparisci* |
| 1 | *appariámo* | *appariámo* | *appariámo* |
| 2 | *apparite* | *appariáte* | *appariáte* |
| 3 | *appáiono, appariscono* | *appáiano, appariscano* | *appáiano, appariscano* |

Impf. Ind. *appariv-a, -o*, p. *apparía*, Perf. Def. *appar-ii, -vi, -si* (S. § 112), Fut. *apparirò*, Cond. *apparir-èi*, p. *-ía*.

*Comparire* u. *comparere* erscheinen, *trasparire* u. *trasparere* (trans-) durchscheinen, *scomparire* (dis- od. ex-), *disparire* (dis-) u. *sparire* (dis- od. ex-) verschwinden, bieten nur noch selten Formen nach der 2. Conjugation.

**Applaudire** u. m. p. *appláudere*, Beifall zuklatschen, hat doppelte Formen im Präsens, sonst geht es nach der zweiten Conjugation; Ger. *applaudèndo*, Part. Pres. *applaudènte*, Perf. *applaudito* od. *applauso*; conjugirt mit *avere* (vgl. § 112).

| | Ind. Pres. | Cong. Pres. | Imper. |
|---|---|---|---|
| 1 | *applaudisco* m. p. *appláudo* | *applaudisca* m. p. *appláuda* | *applaudisci* m. p. *appláudi*, |
| 2 | *applaudisci* m. p. *appláudi* | *applaudisca* m. p. *appláuda* | *applaudisca* m. p. *appláuda*, |
| 3 | *applaudisce* m. p. *appláude* | *applaudisca* m. p. *appláuda* | *applaudiámo*, *applaudite* |
| 1 | *applaudiámo* | *applaudiámo* | m. p. *applaudete*, |
| 2 | *applaudite* m. p. *applaudete* | *applaudiáte* | *applaudiscano*, *appláudano*. |
| 3 | *applaudiscono* m. p. *appláudono* | *applaudiscano* m. p. *appláudano* | |

Impf. Ind. *applaud-iva, -eva, -ía*, Cong. *applaud-issi, -essi*; Fut. *applaud-irò, -erò*; Cond. *applaudir-èi*, m. p. *-ía*, *applauder-èi*, m. p. *-ía*; Perf. Def. *applaudii* od. *appláusi*.

---

## PARTIKELN.

§ 118. Die meisten lat. Partikeln sind entweder gänzlich verschwunden oder haben grosse Veränderung erfahren. Ihr lautlicher Gehalt war im Latein zu gering, um sich in die italienische Form gut fügen zu können.

Das Verlorene wurde reichlich durch Neues ersetzt, indem man viele neuere Stämme einführte. Das aus dem Lateinischen Erhaltene wurde vermittelst der Zusammensetzung und Umschreibung vielfach verwendet und der Art verarbeitet, dass es manchmal schwer zu erkennen ist. Man bemerke die Neigung, Partikeln von anderen Wörtern durch die Endung *i* zu unterscheiden: *indi* (inde), *lungi* f. *lunge* (longe). *òggi* (hodie), *pòi* (post) u. a.

---

## ADVERBIA.

§ 119. Die lat. Ableitungsformen -iter (pariter), -itus (divinitus), -im (certatim) sind untergegangen. Die Endung e findet sich oft wieder, wie in *bène* gut, *male* schlecht, *mássime* (maxime) besonders etc., = *i* in *lungi* für *lunge* (lat. longe), *tardi* (tarde) u. a. Die Accusativform des Neutrums zeigt sich in *pòco* (paulum). *brève* (breve) u. a.; darnach wurden andere geformt. wie *alto* (v. altum), *basso* (v. bassum), *chiaro* (clarum), *spesso* (spissum) u. a. Die Ablativform hat sich erhalten in *cèrto* gewiss. *contínuo* fortwährend, *raro* selten, *súbito* plötzlich, *molto* (multo). *quánto, tanto* u. a.

Abgesehen von den lat. Ueberresten hat das Italienische wie die Schwestersprachen, zur Bildung der Adverbia andere Mittel (wozu aber das Latein wiederum meist Vorbilder gab) und zwar

1. Verbindung von Präpositionen mit Substantiva wie lat. invicem, a tergo: *di fronte* gegenüber, *a tèrgo, ad arte* absichtlich, *da capo* von vorn, *invece, infine* endlich, *per fortuna* glücklicherweise; mit Wiederholung des Substantivums: *(a) faccia a faccia* von Angesicht zu Angesicht, *(a) brano a brano* in Stücken; und mit Unterdrückung der Präposition: *tèrra tèrra* dicht (am Lande hin), *pèlle pèlle* leicht (nicht tief).

2. Verbindung von Präpositionen mit Adjectiva wie lat. de plano, invanum: *di cèrto* gewiss, *a basso* unten, *a dèstra* (ad dexteram), *invano.*

Weibliche Adjectiva beziehen sich auf ein Substantivum, nehmen daher gerne den Artikel zu sich: *all' antica,* (d. h. *manièra)* nach alter Weise, *alla cièca* blindlings. *all' italiana* nach ital. Art; und mit Wiederholung des Adjectivums *(a) solo a solo* allein (d. h. nur unter zweien), *(a) pòco a pòco* nach und nach.

3. Vorsetzung einer Präposition vor ein Adverbium, wie lat. de-super, in-ante: *diánzi* (de-ante), *avanti* (ab-ante), *in contra, assái* (ad satis) u. a.

4. Umschreibungen, wie im Latein scilicet, nudius tertius: *può èssere, tèmpo fa, non ha guári* unlängst.

5. Namentlich aber den Ablativ des lat. Substantivums **mens**, welches schon bei den Lateinern im Sinne von „Art und Weise" vorhanden ist, also it. *buona-mente, divota-mente.* Eine solche Endung galt sodann auch für Adjectiva, welche streng genommen, einer solchen Verbindung unfähig sind, wie *antica-mente*; für Adjectiva die schon an für sich als Adverbia wirken können, wie *chiaro chiara-mente;* für einzelne Adverbia, wie *insième insieme-mente.*

Die weibliche Form des Adjectivums *(buona-mente)* darf uns nicht befremden, da *mente* femininum ist.

Das *e* nach *l* und *r* wird unterdrückt: *facile facilmente, maggiore maggiormente.*

6. Ganz romanisch, resp. italienisch ist die Endung *-one* od. *-oni.* Diese wird an Verba und Substantiva angehängt und bezeichnet körperliche Stellungen und Bewegungen. Sie ist dem deutschen „lings" ähnlich: *bocc-one* od. *bocc-oni* (v. *bocca)* auf dem Munde (und Bauch) liegend, *tast-one* od. *tast-oni* (v. *tasto*) und *brancol-one, -oni* (v. *brancolare)* herum tappend; *branc-one,*

---

§ 119. 5. Vgl. Quinct. Inst. V. 10 Bona-mente factum, Claud. devota-mente tuentur etc.; Fr. bonne-ment, Sp. buena-mente, Port. bonamente, Pr. bona-men(t). In den ältesten it. Handschriften ist oft *mente* von dem Adjectivum getrennt: *tranquilla mente.* Wenn bei älteren Schriftstellern mehrere solcher Adverbia aufeinander folgen, so erhält nur das letztere das Suffix *mente*: Novellino, *Il padre rispose loro villana ed aspramente;* vgl. Sp. clara y sutilmente, Port. covarde e vilmente, Pr. suau e bellament. Ferner trifft man Locutionen, wie *con sana mente* (Bocc. Dec. 9. 9.), *con divota mente* (Pand. Gov. de fam.). Bei den Alten auch volle Formen, wie *sottile-mente, onorevole-mente.* Vgl. Fr. clair claire-ment, Altfr. ensemblement.

6. Die ursprünglichen Formen waren vielleicht *a bocca, a tasto, a branco* etc. = den üblichen Adverbia *a traverso* querüber, *a stento* schwerlich; mit Verstärkung des Substantivums *a boccone, a tastone, a brancone;* endlich mit der Unterdrückung der Präposition: *boccone, tastone, brancone.* Nach diesem Vorbilde wurden sodann auch die verbalen Ad-

*-oni* (v. *branca)* auf allen Vieren; *ginocchióne, -oni* (v. *ginòcchio)* auf den Knien; *balzell-one, -oni* (v. *balzellare*) hüpfend; *cavalcióne, -oni* (v. *cavalcare)* rittlings u. a.

Einige solcher Adverbia werden auch mit Präpositionen construirt: *a tast-one* od. *-oni, in ginocchióni, a balzell-oni, a cavalcióni* u. a.

---

## § 120 ADVERBIA LOCI.

Wo, wohin? *Ove, dove?* Woher? *Onde, donde?*

1 *Ècco* (ecce, eccum) siehe
*èccomi* da bin ich
*èccoti* da bist du
*èccolo* da ist er
5 *Ci* (ecce hic) hier
*Qui* (eccu' hic) hier
*di qui* von hier
*Ivi, vi* (ibi) dort
*quìvi* (eccu' ibi) hier
10 *Qua* (eccu' hac) hier
*di qua* diesseits
*Lì* (illic) dort
*di lì* von dort
*Là* (illac) dort
15 *di là* jenseits
*colà* (eccu' illac) dort
*di colà* von dorthin
*Costì* (eccu' istic) dort
*di costì* von dort
20 *Costà* (eccu' istac) da
*di costà* von da
*Giù* von *giùso* (deo[r]sum) unten
*in giù* nach unten
*quaggiù* hier unten, hienieden
25 *costaggiù* da unten
*laggiù* dort unten
*colaggiù* dort unten
*Su* v. *suso* (su[r]sum) oben
*in su* nach oben
30 *quassù* hier oben
*costassù* da oben
*lassù* u. *colassù* dort oben
*Ove* (ubi) wo, wohin
*dove* (de ubi) wo wohin
35 *ovúnque* (vgl. ubicunque) wo auch immer
*dovúnque* (vgl. de ubicunque) wo auch immer
*altrove* (vgl. aliubi) anderswo

---

verbia geformt. Aehnliches haben auch die Schwestersprachen: Fr. à tâtons tappend, à reculons rückwärts; Mdaltl. à bouchon und à boucheton aufs Gesicht, à catons auf allen Vieren, à riboulons klumpenartig; Altfr. a chevauchons rittlings, a croppetons bockend, a genoillons auf den Knien, a ventrillon auf dem Bauch; Pr. en abauzós auf dem Bauch, à genolhós; Npr. de rescoundons heimlich = Lomb. *de nascondun.* Vgl. Diez, Gr. 2. 458.

§ 120. Alte Formen.

6 *quine quie* 8 *i* 9 *loco* 10 *ciò, zà, quaci* (eccu' hacce) Ciullo d'Alcamo 12 *lici* (illic-hic), *linci, loco* 14 *laci* (illac-hic), *loco* 18 *costici* (eccu' istic), *costinci* (eccu' istinc) 24 *quaggiuso* 26 *laggiue laggiuso* 32 *lassuso* 33 *u' o'* 34 *du' do'*.

*d'altrove* (vgl. de aliubi) anderswoher
*laddove* (= *là dove*) da wo
40 *Onde* (unde) woher
*donde* (de unde) woher
*Entro* (intro) drinnen
*dentro* (de intro) drinnen
*di dentro* drinnen
45 *qui dentro* hierin
*qua dentro* hierin
s. u. p. *ante* vor
*avanti* (ab ante) vor
*davanti* (de ab ante) vor
50 *innanzi* (in ante) vor
*dinanzi* (de in ante) vor
p. *rètro* hinten
*dietro* (de retro) hinten
*indietro* (in de retro) hinten
55 *addietro* (ad de retro) „
*Fuòri* (foris) draussen
*fuòra* (foras) „
*di fuòri, di fuòra* draussen
*Sopra* u. *sovra* (supra) oben
60 *di sopra* oben
*sotto* (suptus) unten
*di sotto* v. unten
*prèsso* (pressum) nahe
*apprèsso* (ad pressum) nahe
65 *dapprèsso* (de ad pressum) nahe
*Vicino* (vicin-) nahe
*Lungi* od. *lunge* (longe) weit
*Lontano* (longitano-m) „
*Circa* (circa) etwa

Die erwähnten Adverbia *giùso, suso, ante, rètro, lunge,* sind in der „lingua parlata“ wenig üblich; ausser diesen folgende:

70 *indi* (inde) von da
*quindi* (eccu'inde) von da
*quinci* (eccu'hinc) von hier
*altronde* (vgl. aliunde) anderswoher
*d'altronde* (vgl. de aliunde)

## § 121. Adverbia temporis.

Wann? *Quándo?*

*Quándo* (quando) wenn
*già* vordem, einstmals, schon
s. *di già* schon
*mái* (magis) nie
*giammái* (jam magis) nie
*ora* (hora) jetzt
*oramái* (hora magis) } jetzt, von jetzt an, nunmehr
*ormái* (*ora mai*) } jetzt, von jetzt an, nunmehr
*ancora* (hanc horam) noch
*finora* (*fino ora*) bisher
*allora* (ad illam horam) damals
*talora* bisweilen
*qualora* (*quale ora*) wenn
*ognora, tuttora* immer, noch immer
*una vòlta* einmal, ehemals
*altrevòlte* ehemals

40 *unde* 41 *dunde* 42 *intro* 43 *drento* 45 p. *avante* 49 *davante* 50 *[in]nanti, [in]anti, [in]nante, nanti, nanzi* 51 *dinanti, denanti, denante, denanzi* 53 *dir[i]etro, dr[i]eto* 55 *a dreto* 68 *a provo* (propo).

*alle vòlte* bisweilen
*talvòlta*, *qualchevòlta* bisweilen
*testè* (v. *testeso* ante ist'ipsum) vor Kurzem
*anti* (ante) vorher
*avanti*, *innanzi*, *dinanzi*, *diànzi* vorher
*prima* u. *pria* (prius) vorher
*pòi* (post) nachher
*di pòi*, *dòpo* nachher
*d'ora in pòi* | von nun an
*d'ora in avanti* | von nun an
*di qui innanzi* | von nun an
*pòscia* (postea) nachher
*jèri* (heri) gestern
*l'altrìeri* vorgestern, vor Kurzem
*ièr(i) l'altro*, *avantièri* vorgest.
*òggi* (hodie) heute
*oggidì* (hodie die) heut zu Tag, heute
*oggigiórno* heut zu Tag
*oggimái* zsgs. *omái* nunmehr
*domani*, *dimani* (de mane) morgen
*stamane (i)* diesen Morgen
*dopo-domani* übermorgen
*sèmpre* (semper) immer
*sèmpre mái* auf immer
*tuttodì* immer, tagtäglich
*tutto tèmpo* alle Zeit
*tuttavía* immer, beständig
*mentre* altit. *domentre* (dum-inter) unterdessen

*anche* zuw. *anco* (adhuc?) bis jetzt
*tòsto* (to-cĭto?) gleich
*prèsto* früh
*tardi* (tarde) spät
*prèsto* (praestus) u. *prestamente* geschwind, schnell
*ratto* (raptus) " "
*incontinènte*, *incontinènti* sogleich
*immantinènte* (in manu tenentem) sogleich
*súbito* (subito) schnell, plötzlich
*subitamente* " "
*repènte* (repente) " "
*in sull'istante*, *all'istante* augenblicklich
*in un áttimo* | in einem Augenblick
*in un bátter d'òcchi* | in einem Augenblick
*frequentemente* oft, häufig
*spesso* (spissum) " "
*spesse vòlte* " "
*raro* (raro) u. *raramente* selten
*rare vòlte* selten
*di nuóvo* (lat. denuo) | von Neuem
*nuovamente* | von Neuem
*non ha guári* unlängst
*adèsso* (ad ipsum, d. h. tempus), jetzt
*mo* (modo) jetzt, nun
*in brève* (brevi) in Kurzem
*frattanto (fra tanto)* unterdessen.

## § 121. Alte Formen.

*quandunque* (lat. quandocunque) = *quando*
*introcque* (inter hoc) b. Dante, indessen
*domentre* (dum inter) unterdessen
*issa* (ipsa, d. h. hora) jetzt
*crai* (cras) Morgen, dialectisch

*uguanno* (hoc-anno) heuer
*unque*, *unqua* (unquam) jemals
*unquanche*, *unquanco*, *unquemai* jemals
*ancoi* noch heute
*allotta* für *allora* damals, dialectisch

## § 122. Adverbia des Grades.

*Molto* (multum) sehr
*bène* (bene) sehr
*assài* (ad satis) sehr, genug [1]
*più* (plus) mehr
*via più, rieppiù* viel mehr
*molto più* viel mehr
*di gran lunga* (= lat. longe) weit mehr
*tra* (trans): *trabèllo* sehr schön
*tròppo* (mtlat. truppus) zu viel, zu sehr
*pòco* (paucum) wenig
*guàri* (ahd. weigaro, mhd. weiger) viel, fast immer mit *non*
*meno* (minus) weniger
*manco* (mancus) weniger
*solo, soltanto* (solum tantum) nur, blos
*solamente* nur, blos
*appena* (= *a pena*) kaum
*almeno* wenigstens
*al più* höchstens
*del tutto* (v. totus = omnino) gänzlich
*affatto* ganz und gar, gänzlich
*quási* fast
*prèsso* beinahe
*prèsso a pòco* beinahe
*bène* gut, wohl
*male* schlecht
*ottimamente* auf das Beste.

Weniger üblich:

*onninamente* (gebildet auf omnino) gänzlich

[1] *Assai* = genug ist meistens florentinisch und entspricht dem neufr. assez; *assai* — sehr ist allgemein italienisch und entspricht dem altfr. asez.

## § 123. Adverbia der Vergleichung.

*Sì* (sic), *così* (aeque sic), so, so sehr
*come* altit. u. p. *como* (quomodo) wie
*siccomme* (*sì come*) so wie, gleich wie
*talmente* so
*altresì* (alterum sic) ebenso
*siffatto* } so
*siffattamente* } beschaffen
*tanto* so viel, so sehr
*quanto* = (lat. quam) wie sehr
*pariment-e, -i* gleichfalls
*egualmente* gleichfalls.

Und Phrasen mit *fòggia, guìsa, manièra, mòdo, sòrte* gebildet.

---

### § 122. Alte Formen.

*Duramente* sehr = Altsp. duramientre, Altfr. durement; statt *guari* auch *gueri, guero* = Fr. guère, Altfr. gaires; *fiore* (flo[s]rem) ein wenig, ein Krümchen.

### § 123. Alte Form.

*Alsì* (aliud sic) auch, ebenso = Altfr. alsi, ausi Nfr. aussi.

## § 124. Adverbia der Bejahung, der Verneinung und des Zweifels.

*Sì* (sic) ja
*no*, absolut } nein, nicht
*non*, conjunctiv } nein, nicht
*cèrto* } gewiss,
*certamente* } sicher
*sicuro* gewiss, sicher
*davvero, veramente* in Wahrheit
*realmente* wirklich
*senza fallo* unfehlbar, gewiss
*ad ogni mòdo* auf jede Weise
*in niùn mòdo* auf keine Weise, keineswegs
*d'accòrdo* einverstanden
*forse* (forsan) vielleicht
*chi sa* (quem sabe) vielleicht

Zur Verstärkung

*Mica: non mica saggio* nicht ein Bischen klug
*punto* (punctum): *non vedo punto* ich sehe keinen Stich
*appunto (a punto)* genau (aufs Haar)
*appuntino* stärker als *appunto*
*mai sì* ja freilich
*mainò* f. *mai no* keineswegs
*non già* nicht etwa
*perchè no?* warum nicht?

---

## § 125. Adverbia der Art und Weise.

Für die Adverbia der Art und Weise im engeren Sinne verweise ich auf § 119. Die meisten derselben gehen auf **-mente**, **-one** od. **-oni** aus: *dirota-mente, bocc-one* oder *bocc-oni*. Andere werden von Substantiva, Adjectiva mit einander od. mit Präpositionen gebildet: *di fronte, di cèrto, tèrra tèrra, (a) pòco a pòco*. Wenige (auf *e* und *i*) sind lateinischer Herkunft: *bène, volentièri* od. *volontièri* (lat. voluntariae) gern. *insième* (in simul) zusammen. Hierher gehören auch Adjectiva, welche als Adverbia functioniren können: *lènto* für *lentamente* langsam, *grave* für *gravemente* mit Schwere; die alte Sprache war an solchen Adverbia reicher.

### COMPARATION DER ADVERBIA.

§ 126. 1. Die Adverbia bilden wie die Adjectiva ihren Comparativ durch *più* und *meno*: *più avanti* mehr vorn, *meno*

---

§ 124. Statt *mica:* dialectisch *minga;* alt *di punto* = *appunto*.
§ 125. Alt *voluntieri* für *volontieri, volentieri*.

*sovènte* weniger oft, *più prèsto* früher, *più tardi* später, *meno fervidamente* weniger hitzig u. s. w.

2. Der relative Superlativ zeigt sich in Ausdrücken wie *il più cautamente che si possa* — mit der grössten Vorsicht, *il mèglio che sia possìbile* — aufs Beste; oder mit Hülfe der Präposition *a*, wie *al più prèsto* aufs schleunigste, *al più tardi* spätestens u. a.

3. Wenn die Bedeutung es zulässt, haben die Adverbia auf *mente* auch den absoluten Superlativ: *fervidamente fervidissimamente, cautamente cautissimamente.*

4. Der absolute Superlativ wird auch mittelst der Adverbia *molto* und *assái* bewirkt: *molto bène* = *assái bène; molto male* = *assái male;* oder durch Wiederholung des Positivs: *bène bène* sehr gut, *alto alto* sehr hoch, *tutto tutto* ganz u. gar.

5. Eine eigene Comparation, zum Theil aber lateinischer Art, haben folgende Adverbia:

| Positiv | Comparativ | Absoluter Superlativ |
|---|---|---|
| *bène* gut | *mèglio* (melius) besser | *ottimamente* od. *benissimo* |
| *male* schlecht | *peggio* (pejus) schlechter | *pessimamente* od. *malissimo* |
| *grandemente* | *maggiormente* | *màssime* od. *massimamente* |
| (lat. prae) | p. *pria* früher | |
| *molto, assái* viel | *più* (plus) mehr | *moltissimo, assaissimo* |
| *pòco* wenig | *meno* (minus) } we- | *pochissimo* |
| | *manco* (mancus) } niger | |

Einige Adverbia nehmen auch die Augmentativ- und Diminutivendung an: *bène, benino, benone; male, maletto, malòtto, maluccio, malaccio.* Vgl. § 132 u. f.

---

## PRAEPOSITIONEN.

§ 127. Die meisten lat. Präpositionen finden sich im Italienischen wieder. Einige, wie ab, cis, ergo, ob, prae, praeter, propter sind entweder gänzlich verschwunden oder zeigen sich nur in der Composition, wie z. B. ab in *abb-ricare,* ex in *es-*

---

§ 126. 4. Bei den Alten für *tutto tutto* auch *tututto* ganz und gar. Rönsch, It. u. Vul. s. 280 führt aus Gruters Inschriften folgende Superlative an: 65, 6. 172, 7. 318, 9. 264, 1. bene bene (= optime); 13, 18. 15, 9: libenter libenter (= libentissime).

5. Alt für *maggiormente: maggio* (majus).

*clamare*, ob in *obb-iettare*, prae in *predire*, praeter in *preter-mèttere*.

### 1. URSPRÜNGLICHE PRAEPOSITIONEN.

*A, ad* (ad mtlat. a) zu
s. *anzi* (ante), *a, di* vor
s. *appo* (apud) bei, gegen
*circa* (circa), *a* um, herum
*con* (cum) mit
*contra, contro* (contra), *di, a* gegen, wider
*di*, (de) von
*in* (in) in
*fra* vrlt. *infra* zwischen, unter
*tra* vrlt. *intra* „ „
*giústo, giústa* (juxta) gemäss, nach
*per* (per) für, durch, hindurch
*secondo* (secundum) gemäss
*senza* (sine), *di* ohne, über
*sopra* m. p. *sorra* (supra), *di* über, auf
*sorresso, sopresso* über, auf
*oltre, oltra* (ultra), *a, di* über, über hinaus hin
*vèrso* p. *ver, di* (versus) gegen
*su* vrlt. *suso* (susum) auf, über
s. *sur* vrlt. *sor* (super) auf, über

### 2. NEUGEBILDETE PRAEPOSITIONEN.

#### Zusammensetzungen aus verschiedenen Präpositionen.

*Avanti* (ab ante), *a, di, da* vor
*davanti* (de ab ante), *a, di, da* vor
*innanzi* (in ante), *a* vor
*dinanzi* (de in ante), *a, di, da* vor
*incontra, incontro* (in contra) *a*, gegen
*dopo* (de post), *di, a* nach
*invèrso* (in versus), *di* gegen

#### Substantiva, welche eine regierende Präposition abgestossen haben.

*Fino* st. *infino* (fine), *a* bis
*sino* st. *insino* (signum), *a* bis
*fino da, infino da* } von — an,
*sino da, insino da* } seit
*riguárdo* (st. *a riguardo di*), *a* rücksichtlich
s. *còsta* (st. *di còsta*) neben
*mercè* (st. *in mercè*), *di* (v. mercedem) wegen
*malgrado, di* (st. *a malgrado, di*) trotz

---

### § 127. Alte Formen.

1. Für *di* auch *de*; st. *dopo* : *poi* (v. post); st. *ante* : *anti*; st. *senza* : *sanza, san*.

2. Poetisch und alt *innanti, inanti, inante, 'nanti, nanzi, 'nnanzi, nanti, nante* st. *innanzi*.

Poetisch *dinanti, denanti, denanzi, denante* st. *dinanzi*.

Poetisch *avante* st. *avanti, davante* st. *davanti*.

Alt *doppo* st. *dopo* u. *fine* st. *fino*.

### Neutral gefasste Adjectiva od. Participia.

*Prèsso* (pressum), *a, di* bei, neben
*apprèsso (a presso), a, di* neben
*vicino* (vicin-) *a* bei
*conforme, a* gemäss
*eccètto* | *salvo* | ausgenommen
*durante* während
*mediánte* vermittelst
*non ostante* ungeachtet
*rasènte* dicht daran, ganz nahe dabei
*lungo* | *lunghesso* | längst

### Präpositional gebrauchte Adverbia.

*Diètro* (de retro), *a* hinter
*entro* (intro), *a* drinnen
*dèntro* (de intro) *a, di* drinnen
*fuòri* (foris) *di* ausserhalb
*fuòra* (foras) *di* ausserhalb
*al di là* od. *di là di, da* jenseits
*al di qua* od. *di qua di, da* diesseits
*prima di* (primum) vor
*lungi* (longe) *di, da* fern
*sotto* (subtus) *a, di* unter
*sottesso (sotto esso)* unter

### Adverbiale Redensarten.

*Alla vòlta di* nach, gen
*appiè* od. *apiè di* unten (am Fusse)
*addòsso* st. *a dòsso, a* auf, an
*indòsso* st. *in dòsso, a* auf, an
*intorno* (in tornus), *a, di* um, ringsum
*attorno, a* um, ringsum
*dirimpètto, a* gegenüber
*appètto* st. *a pètto, a, di* | *allato* st. *a lato, di* | *accanto* st. *a canto, a, di* | neben, im Vergleich
*per mezzo* vermittelst

## CONJUNCTIONEN.

§ 128. Die ursprünglichen Conjunctionen sind nicht zahlreich; die Neugebildeten sind meistens Adverbia, zum Theil mit Conjunctionen verbunden, und nominale Umschreibungen. Auffallend gross ist die Anzahl der Zusammensetzungen mit *che*, welches bald getrennt bleibt, bald aber mit dem anderen Bestandtheile ein einziges Wort bildet; im letzteren Fall trägt *che* einen Gravis, z. B. *perchè* damit, denn.

---

Alt.: *dricto* und *dirto* für *dietro*, *drento* umgestellt v. *dentro*, *fuore*, *for* für *fuori*, *per mejo* und *per mej* f. *per mezzo*.

### 1. URSPRÜNGLICHE CONJUNCTIONEN.

*E*, gew. vor Vocal *ed* (et) und
*e-e* (et-et) sowohl — als auch
*nè*, zuw. vor Vocal *ned* (nec) und nicht
*nè-nè* weder — noch
*eziandio* (etiam deus) auch
*o*, gew. vor Vocal *od* (aut) oder
*o-o* entweder — oder
*se* (si) wenn, ob
*se-non* (= nisi) als nur

### 2. NEUGEBILDETE CONJUNCTIONEN.

*Dúnque* (tunc) also, folglich
*adúnque* also, folglich
*quándo* (quando) wenn nur, wenn
*quási* (quasi) gleichsam, als ob
*come* (quomodo) wie wenn
*ma* (magis) aber
*affine* für *a fine* damit
*ancor* obgleich, obwohl
*come se* wie wenn
*quantúnque* obgleich
*dove* (ubi) da, wenn nur
*onde, donde, quindi* daher
*laonde* daher
*mentre* (dum-interim) während
*anzi* (ante) vielmehr
*pure* doch, jedoch, nur
*nemmeno* neppure } nicht
*nemmanco* } ein Mal
*ovvero* (aut-verum) } oder
*oppure, ossía* } oder
*acciò* f. *a ciò* damit, dass
*però* (per hoc) darum, daher, jedoch
*imperò* (in per hoc) darum, daher, jedoch
*piuttòsto* vielmehr
*tuttavòlta, tuttavía* jedoch
*con tutto ciò* dessen ungeachtet
*per tanto* daher, darum
*non per tanto* nichtsdestoweniger
*non di meno* „ „ „
*per conseguènza* } folglich
*per conseguènte* } folglich
*sebbene* wenn auch, obwohl
*perciò* daher
*che* vlt. *ched* (qued = quid) dass.

### Bildungen mit che.

*Checchè* für *che che* obgleich
*perchè* denn, damit, auf dass
*affinchè* damit
*poichè, poscia che* da, dass
*acciochè, acciò che* damit, auf dass
*casochè* für *caso che* gesetzt dass
*benchè* obwohl, obgleich
*giacchè* da, weil, weil doch

---

### § 128. Alte Formen.

1. *Et*, und, auch vor Consonanten; *oe*, *u* f. *o* oder; *sed* für *se* vor einem Vocal; *eziamdio* u. *etiamdio* f. *eziandio*.

2. *Tuttafiata* jedoch, *ched* für *che* dass, *bene che* obwohl, obgleich; *anti* für *anzi* vielmehr, *macara se* obwohl, obgleich; *domentre*, *dimentre* f. *mentre*.

#### Alte Bildungen mit *che*.

*Conciossiache*, *conciossiacosache*, *conciofosseche*, *conciofossecosache* sintemal, alldieweil; *avvegna Dio che* obwohl, *quantoche* obgleich, *ciò era*, *ciò fu*, *ciò sono*.

*allorchè* wenn
*perciocchè* weil. damit
*perocchè* } denn,
*imperocchè* } weil
*mentrechè* während
*come che* wenngleich, obwohl
*quondochè* f. *quando che* wenn nur
*quási che* gleichsam als, als ob
*dove che* da, wenn nur
*purchè* vorausgesetzt nur
*stantechè* weil

*attesochè* in Anbetracht
*postochè* vorausgesetzt dass
*non ostante che* ungeachtet dass
*subitochè* sobald, als
*di mòdo che* } sodass
*di manièra che* } sodass
*ancorachè, ancora che* } obwohl
*ancorchè* } obwohl
*avvegnachè* obgleich, obschon

---

*cioè, cioè a dire* } nämlich
*vale a dire* } nämlich

---

## INTERJECTIONEN.

§ 129. Das Italienische ist an Interjectionen bedeutend reicher als die Muttersprache. Dieselben sind entweder blosse Laute oder Wörter und Phrasen, die zum Theil entstellt worden sind. Vermittelst der Interjectionen wird ausgedrückt:

### Freude.

*Oh, ah*
*allegri* munter
*manco male* desto besser
*(o) beáto me* } wie glücklich bin ich
*(o) felice me* } wie glücklich bin ich

### Lob und Beifall.

*Viva, evviva* lebe hoch
*bène, benissimo* gut, sehr gut
*brav-o, -a; brav-i, -e*
*bravissim-o; -a, -i, -e*
*stupèndo* ausgezeichnet
*oh bèllo* schön

### Aufmunterung.

*Su, su su, orsu* wolan
*(eh) via, su via* wolan
*ebbène* nun denn
*ánimo, corággio* Muth
*(via) avanti* vorwärts
*dalli dalli dalli (= dagli)* drauf
*andiámo* vorwärts

### Verwunderung.

*Ah, eh, oh, ih*
*come, come mai* ei, oh, wie
*oh bèlla* (ergänze *còsa*) schön
*cápperi* (v. *cáppero* Kaper) potztausend

*corbézzole* (v. *corbézzola* Meerkirsche) potztausend
*cospètto* (v. conspectus) potztausend
*cospètto di Bacco* potztausend
*per Bacco* „
*còrpo di Bacco* „
*poffare* (v. *può fare*) „
*poffareddio* (*può fare Dio*) potztausend
*cáppita*, *cáspita* potztausend
*per Dío* (lat. per Deum) bei Gott
*diámine*, *diácine* f. *diávolo* Teufel noch einmal
*puh* (spöttisch) ei
*sta a vedere* pass auf.

## Bejahung und Betheuerung.

*Sì, oh sì, sì bène* ja, o ja, ja wohl
*davvero* wahrhaftig
*già già* ja ja
*sta bène* gut, schön
*affè* meiner Treue

## Verneinung und Abscheu.

*No, no mai* nein, nie
*mái mái* niemals
*fi* (lat. phui) pfui
*oibò* (vgl. *αἰβοῖ*) bewahre
*vía, vía, vía* fort, weg
*váttene* geh fort, fort
*alla larga* Gott bewahre
*Dío me ne guárdi* Gott bewahre mich
*Dío me ne líberi* Gott behüte mich

## Zorn und Verwünschung.

*Guái* (goth. vái lat. vae) wehe
*guái a te, a voi* etc. wehe dir, euch
*va* od. *váttene in malora* gehe zum Henker
*maledetto* verflucht
*uh*. *puh* (verächtlich) uh, pfui

## Klage und Furcht.

*Ah, áhi* ach, weh
*oh, óhi* ach, weh, oh
*ahimè, aimè* } wehe mir,
*ohimè, oimè* } ach
*lasso* (lassus), *-a* unglücklich
*áhi lasso, -a* wehe mir
*pòvero (a) me* } ich Elender
*mísero (a) me* }
*oh Dío* Gott
*ajuto* Hülfe

*sto fresco, stiámo freschi* (ironisch) da bin ich, da sind wir schön angelaufen.

---

Furcht: *accorr' uomo* Menschen herbei, *alle guagnéle* (beim Evangelium), *alle sante guagnéle* (beim heil. Evangelium).

### Theilnahme und Mitleid.

| | | | |
|---|---|---|---|
| *Pòvero, poverèllo* / *poveretto, poverino* | der arme Teufel | *peccato* / *che peccato* | schade |

### Warnung.

| | |
|---|---|
| *Ohe, èh ci* | *badate, badate bène* gebt Acht |
| *guárdi* / *guardátevi* } vorgesehen, Achtung | *adágio adágio* sachte sachte |
| | *largo largo* Platz da |

### Anruf und Zuruf.

*Eh, éhi* (freundlich) he
*olà* (mit Autorität) he da
*olà di casa* (wenn man ein Haus betritt)

### Bitte und Wunsch.

*Deh* (v. *deo* = *dio?*) Ach
*di grázia* ich bitte
*mercè* Gnade
*magari* (μακάριος) / *magari Dio* } wollte Gott

### Dank.

*Mercè* Dank
*gran mercè* grossen Dank
*grazie* danke
*mille grazie* tausend Dank
*tante grazie* vielen Dank

### Aufforderung zum Reden und Schweigen.

*Di', di' su* lass hören
*zi, zitto, zitti* / *zitta, zitte* } still
*silènzio* still

## WORTBILDUNGSLEHRE.

§ 130. Die Wortbildung geschieht durch Ableitung und Zusammensetzung. Abgeleitete Wörter entstehen durch Anfügung von Suffixen an die Wurzel, wie *leg-ale* (leg-al[is]em), *infan-zia* (infan-tiam); zusammengesetzte Wörter entstehen durch Vereinigung mehrerer Wörter, wie *cassa-panca* Kastenbank, *marte-dì* Dienstag.

### ABLEITUNG.

Diez (Gr. 2[3]. 277) hat von den neuen Sprachen treffend gesagt: Dürftigkeit an Wurzeln, Reichthum an Sprossen bezeichnet ihre lexicalische Seite. Das

Italienische begnügte sich wie die Schwestersprachen nicht mit den im Lateinischen vorhandenen Suffixen; es wurden andere geschaffen, welche zu Neubildungen verwandt, die wegen ihres geringen Umfangs abgestossenen lat. Wörter ersetzen mussten.

## BEHANDLUNG DER SUFFIXE.

Die Behandlung der Suffixe ist in den beiden Sprachen nicht immer gleich. Zunächst werden einige Suffixe betont, die ursprünglich als tonlose galten; z. B. wird **ĭa** in neueren Bildungen **ía**: man vergleiche lat. und it. *invidia* mit it. *cortesía* Höflichkeit, ferner it. *cedríno* mit lat. cedrĭnus, it. *figliuòlo* mit lat. filiŏlus. Die Anwendung der Suffixe im Ital. weicht zuweilen von der im Lateinischen ab; **ura** erwächst nicht nur aus dem Supinum, sondern auch aus Adjectiva: it. *fattura* (= lat. factura), it. *pianura* ohne lat. Nebenbild. Es gibt Suffixe, welche, wenigstens in Neubildungen, eine andere Bedeutung annehmen; aceus *(accio)* ist italienisch verächtlich, *popolaccio* heisst z. B. gemeines Volk. Einige Suffixe haben ihre Productionskraft gänzlich verloren, andere dieselbe auf einzelne Fälle beschränkt, wieder andere, wie **issa** (it. *essa)*, **iscus** (*esco*), **aster** *(astro)* haben ihren Wirkungskreis erweitert.

Höchst wichtig ist im Italienischen die Kenntniss der Vergrösserungs- und Verkleinerungs-Suffixe, welche in der Muttersprache nur spärliche Vorbilder finden.

Eigenthümlich ist den romanischen Sprachen die Verkettung der Suffixe, welche im Italienischen sehr ausgebildet ist. Es werden nämlich zwischen das Primitiv und das eigentliche Suffix eins oder mehrere Suffixe eingeschoben. Manchmal wirkt das eingeschobene Suffix nur verstärkend, wie in *vill*-**er**-*eccio* ländlich, *canzon*-**c**-*ina* Liedchen, oder nur als Uebergang zum letzten Suffix wie in *amaró*-**gn**-*olo* etwas bitter, *scoj*-**átt**-*olo* Eichhorn, *luc*-**ign**-*olo* Docht. Am häufigsten ist die Verkettung der Suffixe bei Augmentativa und Diminutiva.

Es gibt ausserdem Suffixe, die sich unter doppelter Form zeigen, einer gelehrten und einer volksthümlichen. Erstere wurde von den Dichtern ohne grosse Veränderung aus dem Lateinischen entlehnt, letztere ist eine im Munde des Volkes geschaffene Umgestaltung:

| Lateinische | Gelehrte | Volksthümliche |
|---|---|---|
| prim-arium | *prim-ario* | *prim-ièro* |
| avar-itiam | *avar-itia* | *avar-ezza* |
| mac-ulam | *mác-ula* | *mac-chia* |
| silvaticum | *selv-ático* | *selv-aggio* |
| comit-atum | *comit-ato* | *cont-ado* u. a. |

## § 131. NOMINA.

Nach diesen Vorbemerkungen, theile ich die Nominalsuffixe in lateinische und neugeschaffene ein, sodann beide Classen in verschiedene Categorien. Ich bezwecke damit eine Uebersicht der verschiedenen Formen und der Ausdehnung oder Wichtigkeit derselben.

### 1. LATEINISCHE SUFFIXE.

Diez unterscheidet hier productive und erstarrte (unproductive) Suffixe; erstere sind zu neueren Bildungen fähig, letztere nicht. Ich behalte diese Benennungen bei und ordne die Suffixe darnach; dadurch wird gleich ins Auge fallen, wie weit und welche lateinischen Suffixe Nachahmung gefunden haben, und welche nicht.

#### a. Productive Suffixe.

**acchio, aglio** (aculu[s|m]): *gracchio* (graculum), *spiraglio* (spiraculum). Neug. *batacchio* Klöpfel, *sonaglio* Schelle, *spauracchio* Scheuche, *travaglio* Drangsal. Vgl. § 134. 1.

**ac-e, ac-a** (ax, ac[is]em): *fugace* (fugacem), *pertinace* (pertinacem), *rapace* (rapacem), *lumaca* (limacem). *fornace* (fornacem). Neug. *borrace* Borax, *spinace* Spinat, *nidiáce* aus dem Neste genommen.

**accio, azzo** (accu[s]m): Neug. *imbarazzo* Verlegenheit, *ragazzo* Knabe, *mostaccio* (mystax), *beccaccia* Schnepfe, *corazza* Kürass. Vgl. § 133 1. und 2.

**aco, acco** (acu[s]m): *briáco* u. *ubriáco* (Plautus ebriacu[s]m), *cloáca* (cloacam), *opaco* (opacu[s]m): Neug. *vigliácco* feig, *casacca* (v. *casa*) Kleid, *baracca* (v. *barra*) Baracke, *caracca* Schiff.

**ado** S. **ato**.

---

**ace** wenig üblich: *ramace* auf die Aeste fliegend, *penace* peinlich.

**accio**: Neug. *Berlingaccio* (mit deutschem Klang) der letzte Donnerstag vor Fastnacht, f. *Giovedì grasso*.

**agine** (ago aginem): *farrágine* (farraginem), *immágine* (immaginem), *vorágine* (voraginem). Neug. *caprággine* Geissraute, *borrággine* Borragen, *asinággine* Eselei, *bambinággine* Kinderei, *lungággine* Weitläufigkeit.

**aggio** (aticu[s]m): *selvaggio* (silvaticum). *viággio* (viaticum). Neug. zahlreich: *villaggio* Dorf, *linguággio* Sprache, *coraggio* Muth.

**aglia. iglia** (alia, ilia): *battaglia* (batualia), *muraglia* (muralia), *meraviglia* (mirabilia). Ohne lat. Grundlage: *anticaglia* Alterthumstück, *boscaglia* Gehölz, *mitraglia, fanghiglia* Schlamm, *stoviglie* (Pl.) Töpferwerk. Man bemerke *bagaglio* (Sing.) aus *bagaglia* (Pl.) Gepäck, *naviglio* (aus navilia) Fahrzeug, eine Flotte. Vgl. § 133 2.

**aglio** (aculu[s]m) S. **acchio.**

**agno** (aneu[s]m) S. **aneo.**

**ajo** (ariu[s]m) S. **ario.**

**ale** (al[is]em): *eguále* (aequalem), *capitale* (capitalem), *legale* (legalem), *canale* (canalem), *animale* (animalem). Neug. *celestiále* himmlisch, *eternale* ewig, *paternale* väterlich, *caporale* Anführer, *boccale* Becher, *fánale* Leuchte, *cinghiále* (singularis) Eber, *giornale*.

**ame** (amen): *rame* (aeramen), *legame* (ligamen), *esame* (examen). Neug. sind collectiv: *bestiáme* Menge Vieh, *legname* Holzwerk, *corame* Lederwerk, *pollame* Geflügel. Vgl. § 133. 2.

**ando, endo** (andu[s]m, endu[s]m): Participia verblieben als Adjectiva p. *ammirando* wunderbar, *reverèndo* ehrwürdig. Neug. *bevanda* Trank, *faccènda* Angelegenheit, *vivanda* Speise, *leggènda* Legende, *filanda* Ort zum Spinnen, *locanda* Herberge, *ammènda* Besserung, Ersatz, Geldbusse.

**aneo, anio, agno, ano** (aneu[s]m): *estráneo, stranio, strano* (extraneum); *subitáneo, subitano* (subitaneum); *spontáneo* (spontaneum); *ragno* aus *aragna* (araneam), *castagna* (castaneam). Neug. *grifagno* räuberisch, *taccagno* karg, *cutáneo* zur Haut gehörig, *frustáneo* unnütz, *fustagno* Barchent, *campagna* Feld, *cuccagna* Kuchenland, eine mit Esswaaren behangene Pyramide.

**anio** S. **aneo.**

**ano** (anu[s]m): *umano* (humanum), *mondano* (mundanum), *urbano* (urbanum), *mantuáno* (mantuanum). In den Neubildungen

---

ame: *pesciame* (v. *pesce*) Par. d. Alb. III. 63. 6.

verbindet sich *ano* mit Substantiva, Adjectiva und Adverbia: *anziáno* (*anzi*) alt, *balzano* (v. *balza*) weiss gezeichnet, *mediáno* und *mezzano* mittelmässig, *sovrano* (v. *sovra*), *ortolano* Garten betreffend, *italiáno, padovano, prussiáno* u. s. w.

**ano** (v. aneu[s]m) S. oben **aneo.**

**ante** (an[s]tem) Participialendung lebt als Adjectivendung fort. Neug. *brigante, galante* artig, *mercante* Kaufmann, *pedante* Schulfuchs, *levante* Osten.

**anza** (antiam): *ignoranza* (ignorantiam), *intemperanza* (intemperantiam), *abbondanza* (abundantiam) etc. Neug. *cittadinanza* Bürgerschaft. *fratellanza* Brüderschaft.

**ario, ajo, ièro, iere** (v. ariu[s]m): *primario* und *primièro* (primarium), *avversario* (adversarium), *contrario* (contrarium), *argentière* (argentarium) Silberschmied, *carbonájo* und *carbonaro* (carbonarium) Kohlenbrenner, *quartière* (quartarium) Quartier oder der vierte Theil, *vivájo* (vivarium). Neug. *forestièro* od. *forestière* Fremde, *leggièro* od. *leggière* leicht, *plenario* vollkommen, *calzolájo* od. *calzolaro* Schuster, *cavalière* od. *-ièro* Ritter, *prigion-ière* od. *-ièro* Gefangener, *acciájo* Stahl, *rimario* Reimbuch.

**asco** (ascu[s]m): *verbasco* (verbascum). Neug. *fuggiásco* flüchtig und Flüchtling; Gentilia: *Comasco, Cremasco, Bergamasco. Amarasco* eine Sorte Kirschbaum, *amarasca* oder *marasca* dessen Frucht, *burrasca* (v. *borea*) Sturmwind, *maggiorasco* od. *majorasco* das Erbtheil, welches dem ältesten Bruder zufällt.

**astro** (aster): *figliástro* (filiaster auf Inschriften), *oleástro* (oleaster), *pinastro* (pinaster). Neug. *olivastro* olivenfarbig, *vincastro* Gerte, *pilastro* Pfeiler, *biancastro* weisslich, *rossastro* röthlich, *verdastro* grünlich. Vgl. § 134 1. u. 2.

**ato, ado** (atus[s]m) an Substantiva gefügt, welche Aemter und Würden bezeichnen: *ducato* (ducatum), *consolato* (consolatum), *(contado)* (comitatum), *vescovado* (episcopatum). Neug. *marchesato* Marquisat, *sindacato* Rechenschaft od. Ablegung der

---

**anza:** *accordanza* Eintracht, *amanza* Wunsch, *benignanza* Güte, *dottanza* Besorgniss, *pietanza* Mitleid, *disianza* Sehnsucht, *vengianza* Rache, *erranza* Irrthum. Die Endung *anzia* f. *anza* in den lat. Wörtern ist auch veraltet: *abbondanzia, ignoranzia.*

**ario, ajo:** *primajo* f. *primario;* statt *-iero, -iere* auch *-ieri:* *prigionieri, cavalieri, leggieri.*

Rechnungen, *Genoveșato* Gebiet v. Genua. Auch an Substantiva zur Bildung besitzanzeigender Adjectiva mit participialer Form: *barbato* (barbatus), *bandato* gestreift, *brinato* weissgrau, *erbato* grasig, *sensato* verständig. Weibliche Substantiva gleicher Form: *brigata* Brigade, Gesellschaft von Freunden, *derrata* allerlei Waaren, *nevata* viel Schnee, *risata* Gelächter, *boccata* Mund voll, *bracciáta* Arm voll, *carrettata* Wagen voll, *camerata* Camerad, *annata* Jahresfrist. *giornata* ganzer Tag und Tagereise, *invernata* Winterzeit', *baronata* Schelmenstreich, *ragazzata* Bubenstreich, *coltellata* Messerstich, *stoccata* Degenstoss, *cornata* Hörnerstoss, *guanciáta* Schlag auf die Wange. **-To** (tu[s]m) in Substantiva, die aus dem Participium Perfecti herstammen: *fossato* (fossatum), *giudicato* (judicatum), *armata* Heer, *andata* das Gehen, *volata* das Fliegen, *entrata* das Eintreten und der Ort des Eintretens, *gelato* (fr. glace) Gefrorenes.

**azzo** (accu[s]m) S. **accio**.

**bile, bole, vole** (bil[is]em) mit den Derivationsvocalen **abile, ebile, ibile, ubile, ebole, evole** (abilis, ebilis, ibilis, ubilis): *amábile* (amabilem), *flèbile* (flebilem), *visíbile* (visibilem), *volúbile* (volubilem); ebilis wird zuw. it. *ebole, evole: débole* (debilem), *fièvole* (flebilem); ersetzt zuw. abilis: *lodévole* (laudabilem). Neug. *bastévole* hinreichend, *pieghévole* biegsam, *agévole* gelenkig od. leicht, *fattíbile* thunlich, *manchévole* mangelhaft, *nocévole* schädlich u. a.

**bole** (bilis) S. **bile**.

**cello, zello** (cellu[s]m): *uccèllo* p. *augèllo* (aucellam), *donzèlla* Kammerfräulein, *donzèllo* Bedienter, *vascèllo* Schiff, *pulcèlla* eine Jungfer, *cancèllo* Gitter. Vgl. § 134. 1.

**chio, culo, colo** (culu[s]m): *avúncolo* (avunculum), *ranúncolo* od. *ranúcolo* (ranunculum), *carbonchio* (carbunculum), *múscolo* (musculum), *cicerchia* (cicerculam). Neug. *ballonchio* ein Bauerntanz, *bellicònchio* Nabelschnur, *gavonchio* Meeraal, *renischio* Sandboden, *sovèrchio* f. *sopèrchio* (superculus) überflüssig. Vgl. § 134. 1.

---

**ata**: *gotata* Schlag auf die Wange; **-to**: *pensato* f. *pensiero* Gedanke (Gedachtes), *gelata* Frost.

**chio**: *sirocchia* (sororculam).

**colo** S. **chio.**
**culo** S. **chio.**
**dore** S. **toro.**
**ecchio, icchio, iglio** (eculu[s]m. iculu[s]m): *coniglio* (cuniculum), *pecchia* (apiculam), *orecchia* (auriculam), *cavicchio* u. *caviglio* (claviculam), p. *periglio* f. *pericolo* (periculum). Neug. *busecchio, -a* Gedärme, *cernecchio* Haarbüschel, *coviglio* Bienenstock, *crocicchio* Kreuzweg, *nascondiglio* Schlupfwinkel, *bottiglia* (mtlat. buticula) Flasche, *pastiglia* Pastille, *puntiglio* Grübelei. S. Deminutiva. Vgl. § 134. 1.
**eggio** (eggiare = ijare = iare = i(c)are); *arpeggio* (v. *arpeggiàre*) ein Accord auf der Harfe, *corteggio* (v. *corteggiàre)* Aufwartung od. Gefolge, *maneggio* (v. *maneggiàre)* Handhabung, *motteggio* (v. *motteggiàre)* Spott, *pareggio* (v. *pareggiàre)* Ausgleichung.
**ello** (ellu[s]m, illu[s]m) mit erloschener Deminution: *agnèllo* (agnellum), *coltèllo* (cultellum), *cervèllo* (cerebellum), *anèllo* (anellum), *capello* (capillum), *novèllo* (novellum); **ello** verdrängt oft ulus: *vitèllo* (vitulum). Neug. *drappèllo* Haufen, *scarsèlla* Tasche und Geldtasche von Leder. Vgl. § 134. 1.
**endo** S. **ando.**
**ense** S. **ese.**
**eno** (enu[s]m): *alieno* (alienum), *pieno* (plenum), *veleno* (venenum). Neug. *alena* (aus anhelare) Athem, *carena* (carina), *paténa* (patĭna) Teller auf dem Kelch in der Kirche.
**ente** (en[s]tem) Participialendung lebt als Adjectivendung fort: *fervènte* (ferventem), *sergènte* (servientem) Unteroffizier, *servènte* und *inserviènte* Diener, *corrènte* der Strom des Flusses, des Windes; *ponènte* West, *sorgènte* Quelle.
**enza** (entiam): *obbediènza* und *ubbidiènza* (obedientiam), *diligènza* (diligentiam), *benevolènza* (benevolentiam). Neug. *accogliènza* Aufnahme, *credènza* Glaube, *temènza* Furcht; **-tia, -zia**: *valentia* (v. valens) Tapferkeit, *agenzia* (v. *agènte*) Agentur.
**eo, io** (ĕu[s]m, ĭu[s]m). Die stoffanzeigenden Adjectiva auf **eo** sind poetisch: *argènteo* (argenteum), *áureo* (aureum), *fèrreo*

---

**ello**: Caix (Stud. di etim. it. e rom.) leitet *drappello* vom altit. *troppello*, wofür auch *treppello*, v. troppus ab.
**enza**: *doglienza* Schmerz, *valenza* od. *valenzia* (valentia).

(ferreum), *igneo* (igneum), wofür in der Prosa *d'argènto, d'òro, di fèrro, di legno; èbbro, èbro, èbrio* (ebrium), *pròprio* (proprium), *línea* (lineam). *vigna* (vineam). Neug. *rozzo* (rudis = -ius); besonders Namen der Bäume: *faggio* (fageus) Buche, *quèrcia* (quercea) Eiche, *leccio* (iliceus) Steineiche; *ansia* (anxia) Angst; andere setzen ein nicht vorhandenes Adjectivum voraus: *ciriègio* (ceraseus) Kirschbaum, *gruccia* (v. crucca) Krücke, *ragia* (v. rasea) Harz.

**erna** (ernam): *caverna, cistèrna, lantèrna* (laternam), *lucèrna, tavèrna* (tabernam). Neug. *gibèrna* Patrontasche, *casèrma* (entstellt aus *caserna* v. *casa*) Caserne. Man erwähne hier auch *modèrno* neumodisch (bei Priscian modernus, v. Adv. modo), *quintèrno* (nach quaternus).

**ese, ense** (ens[is]em): p. *Ateniènse* gew. *Atenièse* (Atheniensem), p. *Cartaginense* gew. *Cartaginese* (Carthaginiensem), *forènse* (forensem), *Comènse* (Comensem), *Ostiènse* (Ostiensem). Neug. *cortese* höflich, *palese* öffentlich, *borghese* Bürger, *marchese* Markgraf (fem. *-esa*) *arnese* Werkzeug, *paèse* (*pagensis) Land, *melènso* schwerfällig, *Francese. Inglese, Milanese, Bolognese* u. s. w. Der Name des Bewohners drückt bisweilen auch das Gebiet aus: *il Genovese, il Milanese.*

**esimo, ismo** (ισμός, ismus): *arcaísmo* (archaismus), *solecismo* (soloecismus). Neug. *Cristianésimo* Christenthum, *Protestantismo* od. *Protestantésimo, Gentilésimo* u. *Paganésimo* Heidenthum, *fanatismo, germanismo, incantésimo* Bezauberung.

**essa** (ισσα spätlat. u. mtlat. issam): *sacerdotessa* (sacerdotissam), *badessa* u. *abbadessa* (abbatissam), *diaconessa* (diaconissam), *poetessa* (poetissam), *profetessa* (prophetissam). Neug. *diavolessa* v. *diávolo, leonessa* v. *leone* (vgl. § 30). Scherzhaft *brachesse* f. *brache* Hosen, *filatessa* f. *filastròcca* Geplauder. Ironisch *dottoressa, medichessa, pittoressa.*

**esto** (estu[s]m): *funèsto* (funestum), *onèsto* (honestum), *modèsto* (modestum), *molèsto* (molestum). Neug. wenig: *forèsto* wild, *forèsta* Forst, *agrèsto* saure Traube, *brumèsto* oder *brumasto* wilder Weinstock.

**eto** (etum): *canneto* (cannetum). *frutteto* (fructetum), *uliveto, -a* (olivetum), *laureto* (lauretum) u. s. w. Neug. *cerreto, cerreta* Bucheichenwald, *ginepreto* besser *ginepráio* Wachholderbusch.

**ezza, izia, igia** (itiam): *avarizia* (avaritiam), *durezza* (duritiam), *giustizia* (justitiam) und *giustezza* Genauigkeit, *pigrizia* (pigritiam), u. a. Neug. *alterigia* und *alterezza* Hochmuth, *altezza* Höhe und Hoheit, *amarezza* Bitterkeit und Verdruss, *bellezza* Schönheit, *cupidigia* Gierigkeit, *franchezza* Freimüthigkeit, *franchigia* besondere Freiheit v. Abgaben, *intrepidezza* Unerschrockenheit.

**ezza, izie** (itie[s|m): *calvezza* p. *calvizie* (calvitiem), *canizie* (canitiem), *mollezza* u. *mollizie* (mollitiem).

**gione. zione. zone, sione** (tio tion[is]em), *nazióne* (nationem), *ragióne* (rationem), *stazióne* (stationem) und *stagióne* Jahreszeit, *occasióne* (occasionem) u. *cagióne* Ursache, p. *magióne* (mansionem) Gefängniss, *canzone* (cantionem). Neug. *alterazióne* Veränderung und Verfälschung, *cacciagióne* Wildpret, *salvazióne* Heil, *guarigióne* Genesung, *guarnigióne* Besatzung.

**ia** (ĭam): *angòscia* (angustiam), *fallacia*, *grazia* (gratiam), *invidia*. Griechische Wörter betonen das *i* (— *ía*): *monarchía*, *filosofía*, *manía* etc. Diese Betonung hatte vielleicht auf Neubildungen Einfluss: *allegría* Fröhlichkeit. *maestría* Geschicklichkeit, *compagnía* Gesellschaft, *cortesía* Höflichkeit. Die Einmischung des r in vielen Neubildungen ist häufig, zuweilen vielleicht durch die Grundform arius it. *iere* bewirkt: *argentería* Silbergeschirr (*-iere*), *cavallería* (*-iere*), *pellicería* Kürschnerei u. Pelzmarkt (*-iere*), *diavolería* Teufelei, *dicería* (v. *dicere*) Gerede, *furbería* Schelmerei, *porchería* Schweinerei. Geographische Namen behalten fast ausschliesslich den ursprünglichen Accent: *Asia*, *Bologna* (Bononia), *Germania*, *Italia*, *Siria* (Syria). Neue Benennungen haben theils die eine, theils die andere Betonung: *Barièra* (Bavaria), *Borgogna* (Burgundia), *Prussia*, *Russia*, *Svezia* Schweden; *Lombardía*, *Normandía*, *Unghería*, *Romanía*, *Turchía*. Ohne i *Olanda*, *Zelanda*, *Fiandra*.

**iccio. izio** (iceu[s|m, iciu[s]m): *avvenitizio* u. *avventizio* od. *avveniticcio* und *avventiccio* (adventicium), *fattizio* (facticium), *fittizio* (ficticium). Neug. *cascaticcio* hinfällig, *massiccio* gediegen. *posticcio* falsch od. nachgemacht, *avanzaticcio* Rest, *capriccio* Laune, *paglierіccio* Strohsack, *pasticcio* Pastete, *salsiccia* Wurst. Vgl. § 134. 1.

**icchio** S. **ecchio**.

---

ia (iam): *Soria* f. *Siria* (Syria).

**ice** (ex, ix ĕc[is]em, ĭc[is]em, ĭc[is]em): *cervice* (cervicem), *radice* (radicem), *cálice* (calicem). *vèrtice* (verticem). Neug. *narice* Nasenloch, *pendice* Abhang, *vernice* Firniss, *bòffice* bauschig, *sòffice* weich od. sanft.

**ico** (ĭcu[s]m): *mòdico* (modicum), *publico* (publicum), *único* (unicum), *itálico*, *gállico*, *germánico*, *mèdico* (medicum), *pòrtico* (porticum), *síndaco* (syndicum) *fábrica*, *mánica*, *música* u. a. Neug.: *òca* (avis avica) Gans. *barca* (bárica) Fahrzeug, *mollica* Brotkrume, *ròccia* (rupes), Fels *vasca* (vas) Kufe.

**iere** S. **ario**.

**iero** S. **ario**.

**igia** S. **ezza**.

**iglia** S. **aglia**.

**iglio** S. **ecchio**.

**igno** (ignu[s]m): *benigno* (benignum), *maligno* (malignum). Neugebildeten liegt zum Theil inu[s]m zu Grunde: *alpino* neb. *alpigno* (alpinum), *caprino* neb. *caprigno* (caprinum), *lupino* neb. *lupigno* (lupinum), *asprino* neb. *asprigno* säuerlich, *ferrigno* eisenartig, *sterpigno* dornig, *patrigno* Stiefvater, *macigno* Bruchstein. Vgl. § 134. 1.

**ile** (il[is]em, ile): *civile* (civilem), *gentile* (gentilem), *giovenile* (juvenilem), *covile* (cubile), *ovile*, *sedile*. Neug. *femminile* weiblich, *maschile* männlich, *signorile* vornehm, *bacile* Becken, *badile* Schaufel, *barile* Fass, *campanile* Glockenthurm.

**ime** (imen): p. *crime*, (crimen), f. *crímine*, p. *vime* (vimen) f. *vímine*. Neug. *concime* (v. *conciàre*) Mist, *guaíme* Grummet, *lattíme* Grind.

**ino** (inu[s]m): *asinino* (asininum), *canino* (caninum), *divino* (divinum), *florentino* (florentinum), *cugino* (consobrinum). *mattino* (matutinum), *molino* (molinum), *gallina*, *ruína*, *farina*, *reṣina*. Neug. *cittadino* städtisch u. Bürger, *contadino* ländlich u. Bauer, *saracino*, *bambino* Kind, *padrino* Pathe, *vetturino* Kutscher, *mastino* Haushund, *ronẓino* Klepper, *giardino* Garten, *calcina* Kalk, *cantina* Keller, *collina* Hügel, *cortina* Vorhang. Vgl. § 134. 1.

**io** S. **eo**.

---

**ice**: *berbice* (vervecem) f. *pecora*, *perdice* (perdicem) f. *pernice*.
**ico**: wenig üblich die neug. Gentilia *bavarico*, *sassonico*.
**ino** (ignu[s]m): *benino* f. *benigno*.

**io, ivo** (ivu[s]m): *cattivo* (captivum) schlecht u. bös, *fuggitivo* (fugitivum), *natío* u. *nativo* (nativum), *gingiva, saliva, donativo* (donativum) Geschenk. Neug. *giulivo* munter, *sensitivo* empfindsam, *restío* scheu u. widerspänstig, *solatío* sonnig, *stantío* moderig, *tardivo* langsam, *frutti tardivi* Spätfrüchte, *motivo* Beweggrund, *espressiva* Ausdrück, *brulichío* Gewimmel, *calpestío* Hufschlag, *leggío* Pult, *mormorío* Gemurmel u. a.

**io** (ium): *impèrio* (imperium), *rifugio* (refugium), *omicídio* (homicidium). Neug. *abominio* st. *abominazióne* Verabscheuung, *assassinio* Meuchelmord u. a.

**ione** (io, ion[is]em): *scorpióne* (scorpionem), *padiglióne* (papilionem) Zelt, *legióne* (legionem), *opinióne* (opinionem). Neug. *campióne* Held, tapferer Krieger, *compagnone* (*companio) Gesellschafter, *carpióne* (splat. carpa) Karpfen, *arcióne* (arcus) Sattel u. a.

**ismo** S. **esimo.**

**ista** (ιστής, ista): *evangelista, salmista.* Neug. *artista* Künstler, *cambista* Wechsler, *criminalista, giurista, papista, dentista* Zahnarzt, *dantista* (Dante) *grecista, latinista.*

**ita** (ita, ites): *eremita, Levita, matita* (haematites), *margherita* (margarita); spätere Formen sind *Carmelita, Gesuita, Moscovita.* Neug. *marcassita* ein Mineral, *calamita* Magnetnadel.

**ito** (itu[s]m): *perito* (perītum), *avito* (avītum), *marito* (marītum), *muggito* (mugitum). Neug. *saporito* schmackhaft, *bíbita* Trank, *pèrdita* Verlust, *rèndita* Einkunft, *véndita* Verkauf, p. *partita* f. *partènza* Abreise, *salita* das Steigen. Zum besseren Verständniss dieser Formen S. **ato.**

**ivo** S. **io.**

**izia** S. **ezza.**

**izie** S. **ezza.**

**izio** S. **iccio.**

**mento** (mentum): *alimento* (alimentum), *frammento* (fragmentum), *frumento* (frumentum), *monumento* (monumentum), *nutrimento* (nutrimentum). Neug. *andamento* Gang, *cambiamento*

---

**ito:** *assillito* (v. *assillo*) von einer Bremse gestochen, *malito* (v. *male*) kränklich.

**mento:** *giudicamento* Urtheil, *udimento* Gehör u. a.

Aenderung, *cominciamento* Anfang, *parlamento*, *portamento* Haltung, *sentimento* Gefühl, *tradimento* Verrath.

**occhio, ucchio, uglio, ucolo** (uculu[s]m); hierzu wurden auch einige Nomina auf iculu[s]m, unculu[s]m gezogen: *pidòcchio* (pedunculum), *ranòcchio* (ranunculum), *finòcchio* (foeniculum), *ginòcchio* (geniculum) Knie, *agocchia, agucchia* u. *aguglia* (aciculam), *pannòcchia* (paniculam). Neug. *capòcchio* dumm od. albern, *batòcchio* Klöpfel, *canòcchio* alter Weinpfahl, *pinòcchio* Pinienkern, *capòcchia* dickes Ende, *conòcchia* Spinnrocken u. a. Vgl. § 134. 2.

**ogno, oneo** (oneu[s]m): *errònco* (erroneum), *idònco* (idoneum). Neug. *africogno* herb, *giallogno* blassgelb, *carogna* Aas, *zampogna* (symphonia) Hirtenflöte.

**olo** (ulu[s]m). Der tonlose Bindevocal u wurde oft ausgestossen: *cápolo* u. *cappio* (capulum), *ergástolo* (ergastulum), *pópolo* (populum), *fibbia* (fibulam), *fístola* (fistulam), *gèrla* (gerulam), *secchia* (situlam), *távola* (tabulam), *cíngolo* (cingulum), *péndolo* (pendulum). Neug. *arátolo* Pflug, *árolo* f. *avo* Grossvater, *címtolo* Gürtel, *còccola* Beere, *còstola* Rippe, *cúpola* Kuppel, *góndola* Gondel, *sèggiola* Sessel u. a. **Olo** in Verbindung mit anderen Suffixen: *afr-ic-ógn-olo* = *afr-ic-ogno* (v. *afro*) etwas herb, *giall-ógn-olo* = *giall-ogno* (v. *giallo*) blassgelb, s. *amar-ógn-olo* = *amar-ogno* (v. *amaro*) etwas bitter, *cener-ógn-olo* (v. *cener-ogno cénere*) graulich, *verd-ógnolo* (v. *verd-ogno verde*) grünlich, *appicc-ágn-olo* (v. *appiccare*) Haken, *luc-ígn-olo* Docht, *sco-játt-olo* Eichhorn, *rap-ónz-olo* = *rap-er-ónz-olo* (v. *rapa*) Rapunzel. Vgl. § 134. 1. u. 2.

**one** (o, on[is]em): *cappone* (caponem), *falcone* (falconem), *leone* (leonem), *pavone* (pavonem); Völkernamen: *Borgognone* (Burgundio), *Guascone* (Vasco), *Sássone* (Saxo). Viele Neug.: *briccone* Schelm, *buffone* Possenreisser, *ciarlone* Plauderer, *pedone* Fussgänger, *bastone* Stock, *boccone* Bissen u. a. Vgl. § 133. 1.

**oneo** S. **ogno**.

**ore** (or, or[is]em): *albore* (alborem), *fragore* (fragorem), *pudore* (pudorem), *rancore* (rancorem), *amore* (amorem). Neug. *sentore* Anzeige, Wind, Spur; *brucióre* das Brennen, *fortore* Säure u. Schärfe, *pizzicore* das Jucken.

---

**ore**: vlt. *bellore* f. *bellezza* Schönheit, *cuociore* das Brennen, *dolciore* f. *dolcezza* Süsse, *forzore* f. *fortore* u. a.

**oso** (osu[s]m): *glorióso* (gloriosum), *ingegnoso* (ingeniosum), *fastoso* (fastosum). Neug. *amoroso* liebreich od. verliebt, *coraggióso* muthig, *geloso* eifersüchtig, *maestoso* herrlich, *vigoroso* (spätlat. vigorosus), *virtuòso* (spätlat. virtuosus); mit eingeschobenem l *freddo-l-oso* v. *freddoso* der keine Kälte vertragen kann; mit verstärkendem r *node-r-oso* v. *nodoso* knotig. Subst. *maroso* Woge, *ventosa* Schröpfkopf.

**sione** S. **gione**.

**soio** S. **torio**.

**sore** S. **tore**.

**sorio** S. **torio**.

**tà** p. **tate**, **tade** (tas, tat[is]em): *bon-tà* p. *bon-tate, -tade* (bonitatem), *città* p. *cittate, -tade* (ci[vi]tatem), *viltà* p, *vil-tate, -tade* (vilitatem). Neug. *beltà* f. *bellezza* Schönheit, *legalità* Gesetzmässigkeit, *malvagità* Bosheit. *sovranità* Oberhoheit, poetisch wieder mit der Endung *-tade* od. *-tate*.

**tore, dore, sore** (tor tor[is]em, sor sor[is]em): *impera-tore* u. *-dore* Kaiser, *traditore* p. *dottore* (doctorem) *antecessore*. Neug. *parlatore* Redner und Schwätzer, *conoscitore* Kenner, *fattore* Gutsverwalter und Schöpfer, *pittore* Maler, *vincitore* Sieger.

**torio, sorio, toio, soio** (toriu[s]m, soriu[s]m): *amatòrio, transitòrio, censòrio, auditòrio, dormitòrio* u. *-tòio*. Neug. *serbatoio* Wasserbehälter, *deluṣòrio* (spätlat. delusorius) u. *illuṣòrio* täuschend, *mortòrio* f. *eṣèquie* Begräbniss, *copertoio* Deckel, *refettòrio* Speisesaal, *asciugatoio* Handtuch, *rasoio* Schermesser, *mangiatoia* Krippe, *scappatoia* Ausflucht.

**trice** (tri[x]cem) *imperatrice, traditrice* auch *traditora, nutrice*. Neug. *parlatrice, conoscitrice, pittrice*.

**tudine** (tudo tudin[is]em): *amaritúdine* f. *amarezza, consuetúdine, mansuetúdine, moltitúdine*. Neug. *attitúdine* Anlage, *gratitúdine* Dankbarkeit.

**uco** (ucu[s]m): *caduco, sambuco, lattuga* (lactuca). Neug. *fan-*

---

**oso**: weniger üblich sind *adontoso* (v. *adontare*) beleidigend, *cupidoso* (v. *cupido*) gierig, *frescoso* frisch, *rincrescioso* verdriesslich.

**tà** p. **tate, tade**: *civitate* f. *città*; bemerke *Civitavecchia*.

**tore**: *vittore* (victorem).

**torio, toio**: *bravatorio* trotzig, *pensatoio* bedenklich, *dormentorio* f. *dormitorio*.

**tudine**: weniger üblich *grettitudine* f. *grettezza* Filzigkeit, *certitudine* f. *certezza* Gewissheit, *quietitudine* u. *quietudine* f. *quiete* Ruhe.

*faluca* Loderasche u. fig. Possen, *feluca* u. *filuca* kleines Ruderschiff, *marruca* Dornbusch, *parrucca* u. *perrucca* (pilus) Perücke, *tartaruga* Schildkröte. *acciuga* Sardelle.

**uggine, ugine** (ugo ugin[is]em): *rúggine* (aeruginem), *albúgine* (albuginem), *lanúgine* (lanuginem). Neug. *calúggine* Flaumfedern. *caprúggine* Falz u. w. a.

**ugio** weist auf utiu[s]m od. usiu[s]m zurück: *pertugio* (*pertusium) Loch, *minuge* (minutiae) Darmsaiten, auch *còrde di minugia*; *grattugia* Reibeisen.

**uglio** S. occhio.

**ullo** (ullu[s]m) wie homullum, culullum, cacpullam: it. *fanciúllo* Kind, *maciúlla* Hanfbreche, *barullo* Höcker, *citrullo* Blödsinniger.

**ume** (umen): *acume* (acumen) Scharfsinn, *bitume* (bitumen) Erdpech, *legume* (legumen) Hülsenfrucht. Neug. *acidume* Säure, *agrumi* saure Früchte. Vgl. § 133. 2.

**uòlo** (ŏlu[s]m), italienisch mit fortgerücktem Accent. Gew. ist *uòlo* mit *i* verbunden, also *i-uòlo, i-òlo* (= lat. e-ŏlu[s]m, i-ŏlu[s]m). Der deminutive Sinn ist in folgenden Wörtern erloschen: *capriòlo* u. *capriuòlo* (capreolum) Reh, *figliuòlo* (filiolum) Sohn od. Kind; *rosignuòlo* (lusciniolam) Nachtigall, *lenzuòlo* (linteolum) Betttuch u. a. Neug. *bracci[u]òlo* Armlehne, *lacci[u]òlo* Schlinge, *vaiòlo* und *vaiuòlo* Pocken, *ventar[u]òla* Wetterhahn, *acquaiuòlo* Wässerer u. wässerig, *boscai[u]òlo* wer im Walde Holz fällt, und wer sich darin aufhält, *campagnuòlo* Landmann und ländlich, *marzuòlo* im März gesät. Vgl. § 134. 1.

**ura** (t-uram, s-uram): *fattura* (facturam), *natura*, *pittura* (picturam), *misura* (mensuram). Neug. *armatura* Rüstung, *arsura* Brand, *dirittura* Rechtlichkeit, *lettura* Lesung, *bravura* Herzhaftigkeit, *frescura* Kühle od. Luft, *pianura* Ebene, *verdura* u. *verzura* Grün, etc. Der Umtausch des Suffixes **-ura** mir **or** erzeugte *paúra* (aus *pavor*).

**uto** (utu[s]m): *astuto* (astutum), *cornuto* (cornutum), *nasuto* (nasutum). Neug. *barbuto* (v. *barba*) starkbärtig, *canuto* grau, *ceffuto* (v. *cèffo*) beschnauzt, *orecchiúto* (v. *orecchio*) gross-

---

**ugio**: *minugia* Darm.

**uolo** d. h. *i-uolo*: *carnajuola* (Sacchetti nov. 163) für *carniere* Jagdtasche.

**ura** = **or** *ardura* f. *ardore* (ardor) Hitze, *calura* f. *caldo* (calor), *rancura* f. *rancore* Groll.

obrig. Aus dem Part. Perfecti: *tessuto* Gewebe (Gewebtes), *beruta* das Trinken. *veduta* gew. Aussicht, *vista* gew. Sehkraft, *caduta* das Fallen, *venuta* das Kommen. Mit **r** verbunden: *nerbo-r-uto* rüstig. *nocchie-r-uto* knotig, mit **accio**: *lingu-acci-úto*. (v. *linguáccia* aus *lingua*) böse Zunge, plauderhaft.

**vole** S. **bile**.

**zello** S. **cello**.

**zione** S. **gione**.

**zone** S. **gione**.

b. Unproductive Suffixe.

Als solche werde ich auch diejenigen Suffixe betrachten, welche nur spärliche Nachbildungen hervorgerufen haben:

**acolo** (aculum): *miràcolo* (miraculum), *tabernácolo* (tabernaculum), *spirácolo* od. *spiráculo* (spiraculum).

**agio, azzo** (atium): *palazzo* od. *palagio* (palatium), *sollazzo* (solatium).

**ago** (ago) p. *imago, vorago, propago.*

**edine** (edo, edin[is]em): *acrèdine* (acredinem), *salsèdine* (salsedinem). Neug. *cavèdine* Schmerle.

**ele** el[is]em): *crudèle* (crudelem), *fedele* (fidelem).

**ento** (entu[s]m): p. *cruènto* (cruentum).

**estro, estro** (v. ester): *campèstre* (campester), *equèstre* (equester), *pedèstre* (pedester). Neug. *celèstre* und *cilèstro* himmelblau.

**ico** (icu[s]m): *aprico* (apricum), *mendico* (mendicum), *pudico* (pudicum), *amico* (amicum), *formica, ortica* (urticam), *vescica* (vesicam).

**idine** (ido, idin[is]em): *cupídine* (cupīdinem), *libídine* (libidinem).

**iggine, igine** (igo, igin[is]em): *calígine* (caliginem), *fulíggine* (fuliginem). *vertígine* (vertiginem), *orígine* (originem). Neug. nur *serpígine* f. *èrpete* Flechte auf der Haut.

**igio, izio** (itium): *ospizio* (hospitium), *servigio* u. *servizio* (servitium), *solstizio* (solstitium). Neug. *armistizio.*

**igno, ineo** (ineu[s]m): *sanguigno* u. *sanguíneo* (sanguineum), *vimíneo* (vimineum), *stamigna* od. *stamina* (stamineam) Siebtuch. Neug. *albugíneo* weisslich (in d. Anat.).

**ile** (ĭl[is]em): *fácile* (facilem), *fèrtile* (fertilem), *frágile* (fragilem), *grácile* (gracilem).

**ineo** S. **igno**.

**ino, ino** (ĭnu[s]m): *cedrino* (cedrĭnum), *cristallino* (crystallinum), *laurino* (laurīnum), *ásino* (asĭnum), *frássino* (fraxinum), *fèmmina* (feminam) *página*.
**inquo** (inquu[s]m) in den gelehrten Wörtern: *longinquo* (longinquum), *propinquo* (propinquum).
**izio** S. **igio**.
**lento** (lentu[s]m): *sanguinolènt-o, -e* (sanguinolentum), *sonnolènt-o -e* (somnolentum), *violènto* (violentum).
**monio** (monium): *matrimònio* (matrimonium), *patrimònio* (patrimonium), *testimònio* (testimonium).
**oce** (ox, oc[is]em): *atroce* (atrocem), *feroce* (ferocem), *veloce* (velocem), *precoce* (precocem).
**ondo** (undu[s]m): *giocondo* (jucundum), *fecondo* (fecundum), *gemebondo* (gemebundum), *sitibondo* (sitibundum).
**otico**: *dispòtico* (δεσποτικός).
**tù** p. **tute** u. **tude** (tus, tut[is]em): *gioventù* p. *gioven-tude, -tute* (juventutem); *servitù* p. *servi-tude* u. *servi-tute* (servitutem), *virtù* p. *vir-tude, -tute* (virtutem). Neug. *schiavitù* p. *-tude* u. *-tute* Knechtschaft.
**ulo** (ulu[s]m): *crèdulo* (credulum), *fèrula* (ferulam).
**uno** (unu[s]m): *opportuno* (opportunum) bequem u. gelegen, *importuno* (importunum) ungestüm, *fortuna* Glück u. Schicksal, *tribuno* (tribunum). *lacuna* und *laguna* Sumpf, Morast u. Lücke; *la laguna di Venèzia* die Lagune von Venedig.
**uria** (uriam): *penuria* Mangel. Neug. *pelúria* auch *pelúia* Haarrest gerupfter Vögel.
**urno** (urnu[s]m): *diúrno* (diurnum), *notturno* (nocturnum), *taciturno* (taciturnum), *diuturno* (diuturnum). Neug. mit **-orno** wenig üblich. S. u.
**usco** (uscu[s]m): *mollusco* (molluscu[s]m).
**ustre** (uster): *palustre* (paluster).

---

**orno** (urnu[s]m): *muṣorno* (v. *muṣo*) Maulaffe, *piórno* (f. *piororno* v. *piòva*) regnerisch, *sajorna* (v. *sajo*) Kleidungsstück.
**usco** (uscu[s]m): *babbusco* gross und dick.

---

**otico**: *falotico* wunderlich, *malotico* boshaft.
**uria**: *maluria* (auf *mal-auguria* gegründet) schlimme Vorbedeutung, *santuria* f. *santuaria* (sanctuaria) Reliquie, heilige Sache.

Ausser der besprochenen Ableitungsweise können Substantiva auch aus Adjectiva durch einfache Abänderung des Genus entstehen: serus gab *sera* Abend, albus gab *alba* Morgenröthe. Umgekehrt entstehen Adjectiva aus Substantiva, wie z. B. *fondo* tief aus fundus, *vermiglio* scharlachroth aus vermiculus, *violetto* veilchenblau aus *violetta* Veilchen.[1]

Substantiva gehen auch aus Verba hervor und zwar mittelst Anfügung ihrer Endung an den Verbalstamm. Solche Substantiva sind meistens abstract: *èstimo* Grundsteuer u. *stima* Achtung von lat. aestimare. *appèllo* Appell von lat. appellare, *comando* Befehl von lat. commendare, *compra* Einkauf von lat. comparare.[2] Selten in der e- und i-Conjugation: *dòglia* u. *duòlo* Schmerz, Kummer v. *dolere, pòssa* Gewalt v. *potere, convègno* Zusammenkunft v. *convenire*. Adjectiva dieser Bildungsweise sind nur lateinische Erzeugnisse: *parcò* mässig von parcus aus parcere, *vivo* lebendig von vivus aus vivere u. a.

### 2. NEUGESHAFFENE SUFFIXE.

#### a. Mit Anlehnung an lateinische.

Aus lateinischen Suffixen entstehen neue einfach durch Abänderung eines Vocals. Mit Anlehnung an **aceu[s]m, iceu[s]m** schuf man, wie Diez sagt, „die durch alle Vocale spielenden Ableitungen **accio, eccio, iccio, occio, uccio.**“ Nach demselben Vorgang fügt der Italiener **ule** zu *ale, ile,* und **uglio** zu *aglia, iglia.*

**eccio, ezzo.** Die Adjectiva nehmen immer r zu sich: *ville-r-eccio* ländlich, *campereccio* zum Feld gehörig, *vendereccio* (v. *véndere*) gew. zum Verkauf bestimmt, *casereccio* zum Hause gehörig; *ladroneccio* auch *ladroneggio* Dieberei, *lecchezzo* Leckerbissen, *olezzo* Wohlgeruch. *corteccia* Rinde.

**occio, ozzo:** *bambòccio* Puppe, *cartòccio* Papierdüte u. Patrone, *barbòzzo* Bartstück des Helmes, *barbòzza* das Untermaul des Pferdes, *carròzza* Kutsche, *saccòccia* neben *tasca* Tasche, *berlingòzzo* Mehlgebackenes. Vgl. § 133. 1.

---

[1] *donno* (v. dominus) Herr, Gebieter.

[2] *dimando*, v. *dimandare*, Anfrage, *coto*, v. *coitare* = *cogitare*, Gedanke; *dotta*, v. *dottare* = *dubitare*, Besorgniss od. Furcht.

**occio, ozzo:** *carroccio* Wagen mit der Kriegsfahne; *ling* in *berlingozzo* klingt deutsch, vgl. ahd. preziline Kuchen.

**uccio, uzzo:** *cappuccio* Mönchskappe, *corruccio* (st. *colleruccio* v. *còllera*) Zorn, *peluzzo* f. *felpa* Plüsch, *scaramuccia* Scharmützel. Familiennamen: *Balduccio, Carduccio, Galluzzo* u. a. Vgl. § 134 1. und 2.

**uglio:** *avanzuglio* Ueberrest, *cespuglio* Gebüsch, *garbuglio* und *guazzabuglio* Verwirrung. *miscuglio* Gemisch, *rimasuglio* Ueberbleibsel.

**ule:** *baúle* Koffer, *favule* und *faúle* Bohnenstengel, *grembiúle* Schürze, *mezzule* Mittestück, *pedule* Socke, *gorgozzule* Gurgel.

b. Germanischer Herkunft.

**aldo, oldo** (ald, old): *araldo* Herold, *mondualdo* (ahd. muntwalt) Curator od. Vormund, *ribaldo* Bösewicht, *sparaldo* frecher Mensch. *castaldo* Güterverwalter, *manigoldo* früher Henker, jetzt Schurke. Namen: *Ansaldo, Baruffaldo, Grimaldo, Airoldo*, vgl. ahd. Gerold, Reinold.

**ardo** (Adj. hart, goth. hardus). Ahd. Meinhart, Reginhart, Reinhart. It. *Bernardo, Bojardo, Guicciardo, Piccardo* u. a. *Bastardo, beffardo* Spottvogel, *bugiardo* Lügner. *codardo* feig, *testardo* Starrkopf, *leccardo* Lecker, *bigliardo, petardo* Thorbrecher, *stendardo* Fahne, *mostarda* Senf u. a.

**engo, ingo, lingo** (ing, ling): *camarlingo* und *camarlengo* (chamarling) Rentmeister od. Cardinal-Schatzmeister, *Fiammingo* (Vlaeming), *Loderingo* (Lodaring). Neug. *casalingo* häusslich, *guardingo* vorsichtig, *ramingo* unstät, *solingo* einsam. *lusinga* (v. laus) Lobpreisung; *Folengo, Martinengo*. Wenig üblich sind *maggioringo* der Vornehmere, *minoringo* der Geringere.

c. Iberischer Herkunft.

**arro:** *bizzarro* wunderlich, *ramarro* die grüne Eidechse, *tabarro* Mantel, *zimarra* langer Rock v. Tuch, *scimitarra* Säbel.

**orro:** *camòrro* Schwächling, *camòrra* eine geheime Gesellschaft.

**urra:** *camurra* Hauskleid.

---

**uccio:** *capannuccio* (v. *capanno* Hütte) Scheiterhaufen.

**ardo:** *trugliardo* (Par. d. Alb. 111. 107. 24) gebildet auf *trullo* dumme einfältige Person.

**ingo:** *berlinga* alte mailändische Münze; Ortsnamen auf *-ing, -ling* aus Urkunden, S. Diez Gr. 2. 379.

d. Unbekannter Herkunft.

**atto**: *bigatto* Seidenwurm, *buratto* Mehlbeutel, *usatto* (v. *uòsa*) Stiefel, *ciabatta* alter Schuh, *pignatta* Topf. Vgl. § 134. 1.

**etto**: *corpetto* Leibchen, *farsetto* Wams, *lucchetto* Vorlegeschloss. *moschetto* Flinte, *sonetto* Art Lieder, *berretta* Mütze. Vgl. § 134. 1.

**otto**: *galeòtto* (v. *galèa*) Galeerensclave, *cappòtto* Regenmantel (v. *cappa*), *fagòtto* Reisbündel, *giarelòtto* Wurfspeer. Vgl. § 134. 1.

**eca**: *bachèca* Schmuckkästchen, *cerbonèca* u. *cerbonèa* schlechter Wein, *moccèca* (v. *moccio*) Gimpel u. a.

**esco**. Dies Suffix nähert sich der Form nach dem griech. ίσκος lat. iscus, der Bedeutung nach aber entspricht es dem deutschen -isch ahd. -isk: *bambinesco* kindisch, *cagnesco* hündisch, *donnesco* weibisch, *pittoresco* malerisch, *dantesco* und *bernesco* nach Dante's und Berni's Manier, *manesco* der gern zuschlägt, *tedesco* deutsch, *turchesco* türkisch, *cavalleresco* cavaliermässig, *fantesca* Magd, *bertesca* Streitgerüst.

**occo**: *allòcco* Thurmeule fig. Tölpel, *balòcco* Spielzeug, *baròcco*, *bajòcco* eine Kupfermünze, *baciòcco* Tölpel. Vgl. § 134. 1.

## VERGRÖSSERUNGS- UND VERKLEINERUNGS-SUFFIXE oder AUGMENTATION UND DIMINUTION.

§ 132. Wir haben es hier nicht mit anderen uns unbekannten Suffixen zu thun; es handelt sich nur um eine verschiedene Verwendung einiger bereits besprochener Suffixe zur Verkleinerung und Vergrösserung der Begriffe. Wenn auch diese Formen mit den vorigen im strengen Zusammenhange stehen, so spielen sie doch im Italienischen, wie überhaupt auf dem ganzen romanischen Gebiete, eine so wichtige Rolle, dass eine gesonderte Behandlung sich empfiehlt.

Substantiva, Adjectiva und sogar Adverbia nehmen an der Vergrösserung und Verkleinerung Theil. Einige hier zu verwendende Suffixe lieferte das Latein, namentlich das Vulgär-

---

**esco**: *francesco* f. *francese* französisch.

und Spätlatein; die übrigen erlangte man auf verschiedene Weise: Suffixe mit dem Begriffe der Herkunft od. Aehnlichkeit gingen leicht in den der Kleinheit und der Grösse über, andere wurden demselben durch Variation angepasst. Augmentativa und Deminutiva können zugleich die Nebenbeziehungen des Angenehmen und Missfälligen enthalten; auch halten sie nicht immer an dem Genus ihrer Primitiva fest: *dònna* Frau bildet *donnona*, aber auch masc. *donnone* dickes Weib, *tàvola* Tisch hat masc. *tavolino* Tischchen.

Durch die Verkettung der Vergrösserungs- und Verkleinerungssuffixe gewinnt der Stammbegriff die mannigfachsten Färbungen, die in anderen Sprachen nur durch Adjectiva ausgedrückt werden können: *casa* Haus, *cas-etta* Häuschen, *cas-ett-ina* kleines Häuschen, *cas-uccia* schlechtes Häuschen, *cas-ucci-àccia* sehr schlechtes Häuschen.

Die Bildung der Augmentativa und Deminutiva und die Verkettung ihrer Suffixe beruhen keineswegs auf bestimmten Gesetzen; Wohllaut und Gebrauch spielen hier die grösste Rolle. Daher rathe ich dem Fremden, die Adjectiva zu benutzen, sobald er des Vorhandenseins der einen oder der anderen Form nicht sicher ist.

Die meisten Beispiele, die ich anführe, sind sehr üblich.

---

## VERGRÖSSERUNGSSUFFIXE.

§ 133. Man unterscheide hier Suffixe zur Bildung der Aumentativi, und Suffixe zur Bildung der Aumentativi peggiorativi; erstere bedeuten entweder das Grosse oder unter dem Grossen das Tüchtige, letztere bezeichnen unter dem Grossen zugleich das Grobe und Hässliche.

### 1. Aumentativi.

**accio** (accu[s]m) ist meistens pejorativ, nur vergrössernd wirkt es in *bonaccio* (v. *buòno*) unendlich gut, gutmüthig. Vgl. § 131. 1. a.

**occio, ozzo** dienen nur zur Vergrösserung: *allegròccio* (v. *allegro*) ziemlich munter, *bellòccio* (v. *bèllo*) ansehnlich od. stattlich, *frescòccio* (v. *fresco*) recht frisch, *grassòccio* (v. *grasso*) recht fett, *baciòzzo* (v. *bacio*) herzlicher Kuss, *fratòccio* (v. *frate*) ein starker, untersetzter Mönch. Vgl. § 131. 2. a.

**one** (onem) vergrössert den primitiven Begriff: *cappellone* (v. *cappèllo*) grosser Hut, *nasone* (v. *naso*) grosse Nase, *librone* (v. *libro*) grosses Buch, *orecchióne* (v. *orecchio*) grosses Ohr. Feminina werden durch **one** Masculina: *casone* masc. (v. *casa* fem.) grosses Haus, *cassone* masc. (v. *cassa* fem.) grosse Kiste; es gibt aber auch Feminina auf **ona**: *manicone* u. *manicona*, (v. *mánica*) grosser Aermel, *pentolone* u. *pentolona* (v. *péntola*) grosser Kochtopf, auch *dònna* Frau hat *donnone* masc. und *donnona* fem. — Adjectiva trennen stets das Masculinum vom Femininum: *bèllo* schön masc. *bellone* fem. *bellona*, *grasso* fett masc. *grassone* fem. *grassona*, mit verstärkendem **z** *villan-z-one* sehr grob od. ein sehr grober Mensch. Adverbium: *benone* (v. *bène*) recht od. sehr gut. Vgl. § 131.

**otto** bedeutet unter dem Grossen das Tüchtige: *bracciòtto* (v. *braccio*) starker Arm, *vecchiòtto* (v. *vècchio*) rüstiger Greis, *borsòtta* (v. *borsa*) ziemlich grosser Beutel. Vgl. § 131. 2. d.

### 2. Aumentativi peggiorativi.

**accio** (aceu[s]m) bezeichnet das Grosse, Grobe u. Hässliche: *grande* gross *granduccio*, *ricco* reich *riccaccio*, *pópolo* Volk *popolaccio*, *cavallo* Pferd *cavallaccio*. Vgl. § 131. 1. a. u. § 133. 1.

**aglia** (alia) nähert sich dem Begriff von *accio*, ist aber verächtlich: *canaglia* (v. *cane*), *ciurmaglia* (v. *ciurma*), *gentaglia* (v. *gènte*), *plebaglia* (v. *plèbe*). *marmaglia* (altfr. merme v. minimus) Gesindel, geringes Volk; *soldataglia* schlechte Soldaten. Vgl. § 131. 1. a.

**ame** (amen) wie **aglia**: *gentame* (v. *gènte*) Gesindel, *carname* (v. *carne*) Fleischwerk. Vgl. 131. 1. a.

**ume** (umen) wie **ame**: *bastardume* unächtes Geschlecht, *vecchiúme* alter Plunder, *sozzume* Schmutz, Unrath, wofür auch *sudiciúme*. Vgl. § 131. 1. a.

---

### VERKLEINERUNGSSUFFIXE.

§ 134. Diese Suffixe verkleinern also den primitiven Begriff: *casa* Haus, *cas-etta* Häuschen. Nicht selten aber sind sie zugleich liebkosend oder geringschätzend. Im ersteren Falle

---

one: *zufolone* f *fischio* (lat. sibilus).

haben wir Diminutivi vezzeggiativi, im letzteren Diminutivi peggiorativi.

### 1. Diminutivi und diminutivi vezzeggiativi.

**acchio** (aculu[s]m) bei Thiernamen, bedeutet das Junge: *orsacchio* junger Bär. Vgl. § 131. 1. a.

**astro** (aster) = **acchio**: *pollastro*, *pollastra* (pullastra) junges Huhn, junge Henne. Vgl. § 131. 1. a.

**atto** bei Thiernamen, bezeichnet meist das Junge: *lepratto* (v. *lèpre*) junger Hase, *cerbiátto* junger Hirsch. Vgl. § 131. 2. d.

**cello** (cellu[s]m, cillu[s]m) rein deminutiv und gew. mit dem Bindevocal **i**: *fanticèllo* (v. *fante*) wenig üblich. *letticèllo* v. *lètto* Bett, *orticèllo* v. *òrto* Kräutergarten, *venticèllo* v. *vènto* Wind. *grotticèlla* v. *gròtta* Grotte, *vallicella* v. *valle* Thal; mit **z** od. **g**: *dami-g-èlla* od. *don-z-èlla* ein Fräulein, *dami-g-èllo*; mit **sc.**: *ramoscèllo* v. *ramo* Ast, Zweig. Vgl. 131. 1. a.

**chio** (culu[s]m): Neug. *nevischio* leichter kleiner Schnee. Vgl. § 131. 1. a.

**ello** (ellu[s]m) rein deminutiv: *asinèllo* v. *ásino* Esel, *campanèlla* v. *campana* Glocke, *cattivèllo* v. *cáttivo* böse, mit zugezogenem **r**: *cose-r-èlla* v. *còsa* Sache, *osse-r-èllo* v. *òsso* Knochen, *vane-r-èllo* v. *vano* eitel. *tene-r-èllo* v. *tènero* zart od. jung, *lette-r-èllo* v. *lètto* Bett, *nane-r-èllo* v. *nano* Zwerg. Vgl. § 131. 1. a.

**etto** rein deminutiv: *animaletto* Thierchen, *muretto* kleine Mauer, *paroletta* Wörtchen. *agretto* etwas scharf, *bassetto* etwas niedrig, *snelletto* etwas flink. Adverbium *pochetto* (v. *poco*) klein wenig. Vgl. § 131. 2. d.

**iccio** (iccu[s]m) hat deminutive Kraft in *alticcio* (v. *alto*) ein wenig hoch od. etwas betrunken, *bianchiccio* weisslich, *gialliccio* gelblich, *rossiccio* röthlich, *pallidiccio* etwas bleich. Vgl. § 131. 1. a.

**igno** (ignu[s]m) verkleinernd in *gialligno* = *gialliccio* gelblich, *rossigno* = *rossiccio* röthlich, *verdigno* = *verdiccio* grünlich, Vgl. § 131. 1. a.

---

**cello**: In lat. Urkunden corticella, monticellus; in den Cas. litt. campicellus, colliccellus, flumicellum. S. Diez Gr. 2[3] 368. Lat. Beispiele: aucella, mollicellus, navicella, penicillus u. penicillum Pinsel.

**iglio** (iculu[s]m) rein deminutiv in *borsiglio* (v. *borsa*) Beutelchen, Geld für kleine Ausgaben. Vgl. § 131. 1. a.

**ino** (inu[s]m) ist meistens rein deminutiv, zuw. auch liebkosend, namentlich bei den Wörtern für Personen: *bèllo* schön *bellino, píccolo* klein *piccolino, grazióso* artig *graziosino, berretta* und *berretto* Mütze *berrettina* u. *berrettino, fanciúllo* Kind *fanciullino, nipote* Neffe u. Nichte *nipotino* u. *nipotina, dònna* Frauenzimmer *donnina, távola* u. *távolo* Tisch *tavolino*. **Ino** mit verstärkendem *c: corni-c-ino* (v. *còrno*) Hörnchen, *libri-cc-ino* (v. *libro*) Büchlein, *barbi-c-ina* Bärtchen, *donni-c-ina* Weibchen, *fonti-c-ina* kleine Quelle, *baston-c-ino* kleiner Stock, *canzon-c-ina* Liedchen. Mit **uolo** verbunden: *braccio* Arm, *bracciuòlo* Armlehne an einem Stuhl. *bracci-ol-ino* kleiner dünner Arm; *cagna* Hündin, *cagnuòlo* Hündchen, *cagnuolino* ganz kleines Hündchen; *sasso* Stein, *sassuòlo* (kaum üblich), *sass-ol-ino* Steinchen; *bestia* Thier, *bestiuola* Thierchen, *besti-ol-ina* ganz kleines Thierchen. Mit **etto** verbunden: *cas-ett-ina* kleiner als *cas-etta* v. *casa* Haus, *cass-ett-ina* kleiner als *cass-etta* v. *cassa* Kiste, *cass-ett-ino* kleiner als *cass-etto* Schublade. Mit **accio** verbunden bedeutet es etwas zwischen Lob und Tadel: *om-acc-ino* (v. *uòmo*) ein Männchen. Adverbia: *pòco pochino poch-ett-ino poco-l-ino, tanto tantino, bène benino*. Vgl. § 131. 1. a.

**occo** ist selten und bedeutet das Junge: *anitròcco* (v. *ánitra*) Entchen. Vgl. § 131. 2. d.

**olo** (ulu[s]m) ist selten und rein deminutiv: *rivo* (rivus) *rívolo* (rivulus) Bächelchen, *sacco* (saccus) *sáccolo* (sacculus) Säckchen; mit **-ott** verbunden: *ri-òtt-olo* u. *ri-òtt-ola* (v. *via*) Fusssteig. Vgl. § 131. 1. a.

**otto** hat reine deminutive Kraft in *principòtto* kleiner Fürst; bezeichnet das Junge in *aquilòtto* (v. *áquila*) junger Adler, *fagianòtto* (v. *fagiáno*) junger Fasan, *passeròtto* (v. *pássero*) junger Sperling. Vgl. § 131. 2. d.

**uccio, uzzo** rein deminutiv in *cattivuzzo* v. *cattivo* böse, *gialluccio* v. *giállo* gelb, *superbuzzo* v. *supèrbo* stolz, *superbiúzza* v. *supèrbia* Stolz; bei Personennamen liebkosend: *Anselmuccio* v. *Anselmo, Carluccio* v. *Carlo, Pietruccio* v. *Piètro*. Vgl. § 131. 3. a.

**uolo** (olu[s]m) gewöhnlich **i-uolo i-olo**, rein deminutiv: *sassuòlo* (v. *sasso*) kleiner Stein, *mazzuòlo* (v. *mazzo* f. *mazza*) kleiner eiserner Hammer, *bestiuòla* auch *bestiòla* (v. *bestia*) Thierchen, *querciuòla* auch *querciuòlo* (v. *quèrcia*) kleine Eiche; mit verstärkendem c: *libri-cc-iuòlo* (v. *libro*) ganz kleines Büchlein, *donni-cc-iuòla* (v. *dònna*) unwissendes und abergläubisches Weibchen, *vermi-cc-iuòlo* = *vermicèllo* Würmchen, *grandi-cc-iuòlo* = *grandicèllo* ein wenig gross, *magri-cc-iuòlo* ein wenig mager. Vgl. § 131. 1. a.

2. Diminutivi peggiorativi.

**astro** (aster): *giovanastro* Gelbschnabel, *medicastro* Quacksalber, *poetastro* Dichterling. Vgl. § 131. 1. a. und § 134. 1.

**icchio** (iculu[s|m): *dottoricchio* (v. *dottore*) schlechter Doctor.

**olo** (ulu[s]m) nur in Verbindung mit anderen Suffixen: *omi-cc-iátt-olo* = *omi-cc-iátto* ein kleiner unbedeutender Mensch, *fiumi-cc-iátt-olo* ein kleiner unbedeutender Fluss, *medic-ónz-olo* schlechter Arzt, *medic-astr-ónz-olo* sehr schlechter Arzt, *bambe-r-òtt-olo* (vlt. *bambo*) ein nicht zu kleines Kind, *nane-r-òtt-olo* (v. *nano*). Vgl. § 131. 1. a. u. § 134. 1.

**ucolo** (uculu[s]m): *finestrúcola* = *finestruccia* (v. *finèstra*) ein schlechtes Fensterchen, *maestrúcolo* schlechter Lehrer. Vgl. § 131. 1. a.

**uccio**, **uzzo**: *annuccio* (von *anno*) ein Jährchen (im Scherz), *cappelluccio* (v. *cappèllo*) kleiner schlechter Hut, *cavalluccio* (v. *cavallo*) kleines elendes Pferd, *medicuzzo* (v. *mèdico*) schlechter Arzt, *poetuzzo* (v. *poèta*) elender Dichter, *gentuccia* (v. *gènte*) geringes Volk, *donnuccia* (v. *dònna*) schlechtes geringes Weib. Vgl. § 131. 2. a und § 134 2.

---

## ABLEITUNG DER VERBA.

§ 135. Die Verbalableitung ist eine unmittelbare oder eine mittelbare: eine unmittelbare, wenn die Flexionsform an das Thema tritt: *piomb-are* (v. *piómbo*) senkrecht herabfallen, eine mittelbare, wenn die Ableitung durch ein anderes Suffix vermittelt wird: *nevi-c-are* (v. *nève*) schneien.

Beide Ableitungsarten haben Vorgänge im Latein: aestu-are wallen, albi-c-are weisslich sein. In der Muttersprache nehmen alle Conjugationen an der Verbalableitung Theil, im Italienischen nur die a- und i-Conjugation, erstere aber in überwiegender Weise.

### 1. Unmittelbare Ableitung.

Hier kommen Substantiva und Adjectiva zur Anwendung. Die daraus entstehenden Verba gehören zur a- und i-Conjugation, und haben bald transitive, bald intransitive Bedeutung.

Beispiele:

Aus Substantiva: *fat-are* (v. *fato* Schicksal) verhängen, *fin-ire* (v. *fine* Ende) endigen, *frutt-are*.

Aus Adjectiva: *strem-are* (v. *strèmo estrèmo* äusserst) abzwacken, *franc-are* (v. *franco* frei) frei machen, *grav-are* (v. *grave* schwer) beschweren, *manc-are* (v. *manco* mangelhaft) mangeln od. fehlen, *minim-are* od. *menom-are* (v. *mènomo mínimo* mindeste) vermindern.

### 2. Mittelbare Ableitung.

Hier werden Substantiva, Adjectiva und Verba benutzt. Die daraus entstehenden Verba fallen nur der a-Conjugation zu und haben, je nach ihrem Suffixe, eine bestimmte Bedeutung. Die Suffixe sind theils aus dem Lateinischen entlehnt, theils neu.

#### Mittelbare Suffixe.

**acchiare** (aculare) frequentativ und deminutiv d. h. wiederholt die verminderte Handlung: *foracchiáre* u. *sforacchiáre* durchlöchern, *lavoracchiáre* ein wenig arbeiten, *rubacchiáre* nach und nach entwenden, *scribacchiáre* u. *scrivacchiare* sudeln, *stiracchiáre* zerren.

**occhiare, icchiare** (eculare) frequentativ und deminutiv: *morsecchiáre* u. *morsicchiáre* hier und da anbeissen, *sonnecchiáre* schlummern, *componicchiáre* ein wenig und mit Mühe schriftstellern, *rosicchiáre* benagen, *ammonticchiáre* anhäufen, *punzecchiáre* tüpfeln.

**ucchiare** (uculare) freq. u. dem.: *bevucchiáre* und *beucchiáre* oft und wenig trinken, *baciucchiáre* oft küssen; dahin auch *barbugliáre* unverständlich sprechen (in den Bart reden) *borbogliáre* knurren (meist von Eingeweiden).

**attare**: *sciaguattare* = *sciacquare* (*exaquare) abspülen.

**ottare** gew. deminutiv: *sgambettare* (v. *gamba*) zappeln, *sculettare* (v. *culo*) schwänzeln, *zampettare* trippeln, *zappettare* leicht behacken, *cinguettare* stammeln od. plaudern.

1. *fin-are* f. *fin-ire* endigen.

**ottare**: *borbottare* und *barbottare* (v. *barba*) murmeln.

**azzare**: *sghignazzare* laut lachen, *sbevazzare* nippen, *scorrazzare* herum schwärmen, *svolazzare* flattern, *sparnazzare* verzetteln, verschwenden.

**uzzare**: *tagliuzzare* klein schneiden, *ringalluzzare* auch *ringalluzzire* (gebildet auf *gallo*) jubeln.

**ciare, zare** factitiv d. h. sie drücken die Aeusserung od. Thätigkeit des Primitivs aus. Diese Endung haben viele der Muttersprache unbekannte Verba, welche durch Ableitung mit *i* von Participia Präteriti und Adjectiva auf tus gebildet worden sind: *cacciare* (*captiare v. captus) jagen, *aguzzare* (v. acutus) schärfen od. schleifen, *alzare* (v. altus) heben, *conciáre* (v. comptus) gerben od. zurichten, *acconciáre* schmücken od. putzen, *docciáre* (v. ductus) die Douche geben, *ammorzare* (v. mortuus) auslöschen, *tracciáre* (v. tractus) spüren u. a.

**eggiare, icare** (icare) factitiv: *amareggiáre* u. *amaricare* verbittern od. bitter sein, *fabbricare* bauen, *vendicare* (vindicare) rächen, *albeggiáre* (albicare) dämmern (des Morgens), *pacificare* beruhigen. Neug. *affumicare* räuchern, *arrampicare* u. *rampicare* klettern, *biascicare* v. *biasciáre* schwer kauen, *cavalcare* reiten, *dimenticare* vergessen, *narigare* zu Wasser gehen, *nevicare* schneien, *aleggiáre* flattern, *arpeggiáre* Harfe spielen, *corteggiáre* aufwarten, *lampeggiáre* leuchten, *maneggiáre* handhaben, *motteggiáre* spassen, *ombreggiáre* beschatten u. a. Wenig gebräuchlich *fustigare* prügeln, *navicare* f. *navigare, arpicare* klettern.

**ellare** (illare wie cantillare) meist deminutiv: *balzellare* (v. *balzare*) hüpfen, *canterellare* (v. *cantare*) trällern, *lardellare* (v. *lardare*) bespicken, *sarchiellare* (v. *sarchiáre*) obenhin jäten, *strimpellare* klimpern.

**entare** (entare wie praesentare) factitiv: *presentare, addormentare* p. *addormire* einschläfern, *paventare* fürchten, *pazientare* geduldig sein, *negligentare* vernachlässigen.

**ezzare, izzare** (issare wie graecissare) imitativ d. h. eine Thätigkeit in der Art des Primitivs bezeichnend: *latinizzare* lateinisch machen, *grecizzare, battezzare* taufen, *scandalizzare*

---

**eggiare.** Der Entstehungsprocess von *eggiare* ist folgender: *icare* mit ausgestossenem c = *i-are*, mit eingeschobenem *j* zur Vermeidung des Hiatus = *ijare* = eggiare.

böses Beispiel geben. *moralizzare* die Moral beibringen, *poetizzare* dichten od. poetisiren, *volgarizzare* italienisch machen, *fertilizzare* fruchtbar machen.

**olare, ulare** (ulare) meist frequentativ: *emulare* (aemulare), *cumulare* und *accumulare, modulare, pullulare.* Neug. *brancolare* (v. *branca*) tappen, *brontolare* murmeln, *cigolare* knarren, *screpolare* u. *crepolare* (v. *crepare*) hin und wieder bersten, *formicolare* (*formica*) wimmeln, *mescolare* v. *mischiáre* mischen, *pigolare* piepen, *sventolare* flattern.

**tare, sare** (tare, sare) factitiv: *ajutare* (adjutare), *pensare.* Neug. *osare* (*ausare) wagen, *profittare* (*profectare) Nutzen haben, benutzen; *rifiutare* verweigern oder ausschlagen, *conquistare* erobern, *usare* gebrauchen oder pflegen, *avvisare* (advisare) benachrichtigen.

**ucare**: *impacchiucare* od. *impacciucare* beschmutzen.

Inchoative Suffixe.

**ascere, escere, iscere** (lat. inveterescere. clarescere, ingemiscere). Im Italienischen behauptet sich die inchoative Form nur im Präsens. vgl. § 104. Einige poetische Infinitive wie *acquièscere* für *acquetare, mansuèscere* für *mansuefare* bilden Ausnahmen.

---

## ZUSAMMENSETZUNG (Composition).

§ 136. Die Zusammensetzung geschieht mit Nomina, Verba, Partikeln und ganzen Phrasen.

### 1. NOMINALZUSAMMENSETZUNG.

Hier unterscheidet man die Composition mit Substantiva und die mit Adjectiva.

#### a. Mit Substantiva.

Substantiva mit Substantiva, wie lat. arcu-ballista, cor-dolium, usus-fructus: Ital. *capo-brigante, capo-cuòco* Oberkoch, *cassa-panca* Kastenbank, *ferro-via* Eisenbahn, *capo-luògo*

---

**sare**: *rifusare* f. *rifiutare.*

136. 1. a. Substantiva mit Substantiva: *conestabile* oder *contestabile* (comes-stabuli).

Hauptort, *capo-lavoro* Meisterstück, *cor-dòglio* Gram, *man-rovèscio* Schlag mit dem Handrücken, *mer-luzzo* (maris lucius) Stockfisch, *notte-tèmpo* Nachtzeit, *ragna-tela* Spinngewebe, *terre-mòto* od. *tremòto* Erdbeben, die Tagnamen *Lune-dì, Marte-dì, Mercole-dì, Giove-dì, Venerdì, uso-frutto* Niessbrauch, *mel-arancia* auch nur *arancia* Pomeranze, *Monte-leóne* Ortsn. Mit einer Präp.: *briglia-d-òro* Goldzaum, *mal-in-cuòre* wider Willen, *Castell-a-mare* Ortsn., *Buon-del-monti* Geschltsn.

Substantiva mit Adjectiva wie lat. cani-formis: *codi-rosso* Rothschwänzchen, *petti-rosso* Rothkehlchen, *terra-pièno* Erddamm, *Barba-rossa* Rothbart.

Substantiva mit Verba od. Verbaladjectiva wie cruci-figere, tergi-versari: *croci-figgere, tergi-versare, ca-muffare (capo-muffare)* vermummen, *genu-flèttere, vi-andante (via-)* Wanderer, *cal-pestare* (calce pistare) zertreten, *capo-voltare* mit dem Kopf umkehren, *luogo-tenènte* Lieutenant, *man-tenere* (manu-) unterstützen.

### b. Mit Adjectiva.

Adjectiva mit Adjectiva wie lat. dulc-acidus: *curvi-lìneo* krummlinig, *agro-dolce* sauersüss, *piano-fòrte, verd-azzurro* Meergrün, *chiar-oscuro* Licht u. Schatten, *serio-giocoso* ernsthaft und lustig.

Adjectiva mit Substantiva: *vana-glòria* Ruhmsucht, *bella-dònna, bianco-spino* Weissdorn, *mezzo-dì* Mittag, *prima-vèra* Frühling; Geschltsn. *Piccol-òmini, Bracci-fòrte;* Ortsn. *Mon-reále, Terra-nuòva.*

Adjectiva mit Verba wie lat. lacti-ficare: *dolci-ficare*: versüssen, *equi-parare* gleichstellen, *rare-fare* verdünnen, *mansue-fare* besänftigen. Mit Verbaladjectiva: *alti-sonante* hochtönend, *alti-tonante* von oben herabdonnernd.

## 2. VERBALZUSAMMENSETZUNG.

Verba mit Verba wie lat. obstupe-facere: *lique-fare* flüssig machen, *stupe-fare* erstaunen.

Verba mit Adjectiva wie lat. puri-ficare: *puri-ficare,*

---

Adjectiva und Substantiva: *vin-agro* f. *aceto* Essig, vgl. fr. vinaigre.

*rami-ficare* und *rami-ficarsi* sich zweigen, *rati-ficare* ratificiren. *boni-ficare* vergüten.

Verba mit Substantiva wie lat. aedi-ficare: *edi-ficare paci-ficare, versi-ficare.*

3. PARTIKELZUSAMMENSETZUNG

Zur Partikelzusammensetzung dienen präpositionale. qualitative, quantitative und Negations-Partikeln.

a. Präpositionalpartikeln.

**Ab** wenig üblich: *abbrivare* od. *ab-rivare* absegeln (*ab-ripare), daher *abbrivo* od. *abrivo* der volle Lauf eines Schiffes, *abbáttere* niederschlagen, *aborrire* (abhorrēre), *assènte* (absentem), *abnorme* (ab-normis).

**ad**: *ad-acquáre* (ad-aquare), *ascrivere* (adscribere), *ag-giúngere* (adjungere), *amministrare* (ad-ministrare). Neug. *ad-ontare* refl. sich beleidigt fühlen, *ab-bellire* verschönern, *ad-agio* langsam, *accordare* übereinstimmen, *assentire* bewilligen, *affrontare* anfallen u. a.

**ante** meist **anti**: *ante-porre* (ante-ponere), *anti-vedere* (ante-vidēre), *ante-cedènte* Adj. (antecedentem) vorhergehend. Neug. *ante-nato* Ahne, *anti-cámera* Vorzimmer, *anti-corte* Vorhof; mit ab-ante: *vanguárdia, avanguárdia* u. *avanti-guárdia* Vortrab, *avam-posto* Vorposten.

**anti** (gr. ἀντί) anti-christus: it. *anti-cristo.* Neug. *anti-papa* Gegenpapst, *anti-político.*

**circon** (circum): *circon-cidere* (circum-cidere), *circon-flèsso* (circum-flexum), *circon-scrivere* (circum-scribere). Neug. *circon-vicino* Adj. benachbart.

**co, con, com, cu** (cum, con): *coprire* (co-operire), *coricare* u. *corcare* (*collocare* = *conlocare*), *cugino* (con-sobrinus). *cucire* (con-suere), *cògliere* (colligere = conligere), *gonfiáre* (con-flare). Neug. Hier bedeutet es gew. Gesellschaft, zuw. Anstrengung: *combattere* zusammen kämpfen. *com-baciare* passend zusammenfügen, *con-farsi* zu etwas passen, *con-ficcare* annageln, *compiángere* bedauern, *corredare* ausrüsten, *con-validare* bewähren, *compagno* (aus com panis) Gesellschafter, *con-fratèllo* Mitbruder, *co-mare* auch *com-madre* Hebamme und Pathin.

---

Ab: *av-ocolo* (ab oculus) f. *cieco* blind, vgl. fr. av-eugle

**contra, contro**: *contra-dire* u. *contraddire* (contra-dicere), *contraporre* (contra-ponere). Neug. *contraffare* nachmachen, *contrastare* (spätlat.) bestreiten. *contrappeso* Gegengewicht, *contrappunto, contromarcia* Gegenmarsch.

**de, di** (de): *de-collare, di-fèndere* (de-fendere), *de-cantare, dimandare* und *do-mandare* (de-mandare). Vor *s impura* fällt zuw. **di** weg: *scéndere* u. *di-scéndere* (descendere), *distrúggere* und *strúggere* (destruere). Neug. *de-cadere* verfallen, *de-capitare* = *decollare* köpfen, *de-rubare* berauben, *di-gradare* heruntersetzen.

**dis, di** (dis, di), vor Consonanten auch nur **s**: *dis-cèrnere* und *scèrnere, dis-pèrdere* u. *spèrdere.* Neug. *dis-fare* zerstören, *sradicare* (st. *dis-radicare*) ausreissen, *disubbidire* u. *dis-obbedire* ungehorsam sein, *dis-crédere* nicht mehr glauben, *dis-agio* Ungemach, *dis-grazia* Unglück, *dis-gusto* Unlust, *dis-órdine* Unordnung.

**es, s, sci, e** (ex, e): *e-mèrgere, es-pándere* u. *spándere* (ex-pandere), *es-porre* (ex-ponere), *e-salare* (ex-alare), *scialare* verschwenden, *es-clamare* (ex-clamare), *sciagurato* (ex-auguratus), *sciòcco* (ex-succus). Neug. *scommèttere* wetten, *sforzare* zwingen. *sciorinare* (ex-aur-) auslüften, durchblättern: *e-spiáre* büssen, *scioperare* (ex-operare) die Arbeit liegen lassen.

**estra** u. **stra** (extra): *stra-ordinario* (extra-ordinarius), *stragiudiciále* u. *estra-giudiciále,* od. mit der Endung *-ziále,* aussergerichtlich; *stra-boccare* überlaufen, *stra-vòlgere* verdrehen; gleich *ultra* in *stra-bere* unregelmässig trinken, *stra-cuòcere* zerkochen. *stra-contènto* sehr zufrieden u. a.

**for, fuor** (foris, foras): *fuor-uscito* Vertriebener, der aus dem Lande gegangen ist; *for-sennato* rasend.

**in, i** selten **en** (in): *i-scrívere* u. *in-scrívere* (in-scribere), *in-vitare, ém-piere* (im-plere), *en-fiáre* (in-flare). Neug. *innaffiáre* (in adflare) begiessen, *in-gombrare* einnehmen, versperren, *nascóndere* (in-abscondere) verstecken.

**infra. fra** (infra) *infra-scritto* (infra-scriptus). Ital. = inter: *frammescolare* hineinmischen, *frammèttere* dazwischen legen, *frantèndere* unrecht verstehen. Vor *t* **fras** st. **fra**: *fras-*

---

**for, fuor**: *for-fare* sich vergehen, daher *for-fatto* Missethat, vgl. fr. forfaire, forfait; *forchiudere* ausschliessen.

*tagliáre* auszacken, *fras-tornare* abwenden, *fras-tuòno* verwirrtes Getöse.

**inter**: *inter-cèdere, interrogare, intercalare.* Neug. ziehen **tra** vor.

**intra** u. **tra** = inter: *tra-lasciáre* u. *intra-lasciáre* unterlassen od. einstellen, *tramezzare* dazwischen -legen, -treten; *trattenere* aufhalten, *intraprèndere* unternehmen.

**intro**: *intro-durre* (intro-ducere), *intro-méttere* (intro-mittere).

**ob**, vor *s impura* **o**: *offuscare* (ob-fuscare), *ovviáre* (obviare), *ubbidire* u. *obbedire* (obedire), *uccidere* (occidere), *ostare* (obstare).

**oltra, oltre, oltr-** (ultra) wie lat. ultra-mundanus. Ital. *oltramondano, oltra-montano* was jenseits der Alpen liegt, *Oltrarno* die Gegend jenseits des Arno, *oltre-passare* überschreiten. Wörter mit **ultra** haben oft Parallelformen mit **trans**: *oltramontano* und *tra-montano*[1] für *tra-montana* Nordwind.

**per** (per): *per-cepire* (per-cipere) *per-forare, per-mutare, per-fidia,* Neug. *per-donare* verzeihen.

**pos** (post): *pos-porre* (post-ponere), *poscritto* (post-scriptum). Neug. wenig üblich, *pos-vedere* nachher sehen, *pos-pasto* Nachessen.

**pre** (prae): *pre-claro* (prae-clarum), *pre-córrere* (prae-currere), *predestinare* (prae-destinare). Neug. *pre-accenare* vorher anzeigen, *pre-avvisare* vorher anzeigen.

**preter** (praeter) wenig üblich: *preterire* (prae-), *preter-méttere* (praeter-mittere). Neug. *preter-naturale* (wissenschaftl. Ausdr.) unnatürlich.

**pro**: *pro-cèdere, proclamare, procreáre.* Neug. *pro-cacciáre* anschaffen, *profilare* profiliren für *filettare* verzieren, *profumare* durchräuchern.

**re, ri, ro, r** (re): *ri-assúmere* f. *re-assúmere, ricurvo* (recurvum), *ribellare* (re-), *ricettare* (receptare), *ricévere* (recipere), *rovèscio* (reversus). Neug. sind zahlreich und bedeuten fast immer Wiederholung: *ri-cadere* wieder fallen, *re-spingere* zurückstossen, *r-attristare* aufs Neue betrüben, *ravvissare* wahr-

---

**ob**: *uccidere* für *uccidere.*
**per**: *per-lungare* für *pro-lungare.*
**pro**: *propensare* für *propendere.*

[1] Span. tras-montano

nehmen, *ri-alto* Anhöhe, *ri-pièno* Ausfüllung od. voll, *r-imbiancare* wieder weissen, *r-infóndere* weniger üblich als *ri-fóndere* wieder giessen. Das in hat zuweilen keinen Sinn und existirte auch in der Grundform nicht: *r-im-piángere* beweinen, *r-im-balzare* zurückprallen.

**retro**: *retro-cèdere, retrògrado*. Neug. *retro-guárdia* Nachzug, *retrovéndita* Wiederverkauf, *retrocámera* Hinterstube.

**sub, sob, so** (sub): *sub-ornare, soccórrere* (suc-currere = sub-), *sorrídere* (sub-ridēre). *sobborgo* (sub-urbium). Neug. haben zum Theil einen verkleinernden Sinn: *sob-bollire* aufwallen, *socchiúdere* halb verschliessen u. a.

**se** (se): *se-durre* (seducere), *separare* (se-).

**sotter** (subter): *sotter-fugio* Ausweg, von *sotter-fúgere* od. *sotter-fugire* (— subterfugere), wenig gebräuchlich.

**sotto** (subtus) meist an die Stelle von **sub**: *sotto-méttere* (submittere), *sotto-scrivere* (sub-scribere). Neug. *sott-intèndere* darunter verstehen, *sotto-stare* unterworfen sein, *sotto-cuòco* Beikoch, *sotto-còppa* Kredenzteller u. a.

**super, sopr, sor** (super): *super-fluo* (super-fluus), *sopr-eminènte* (supereminēre), *sor-volare* (super-volare). Neug. *sormontare* übertreffen, *sor-prèndere* überraschen.

**sopra, sovra** (supra) stehen für **super**: *sopr-abbondare* (superabundare), *sopravvenire* (super-venire), *sopracciglio* (supercilium). Neug. *sopr-affare* überwinden, *sovr-umano* übermenschlich.

**trans, tran, tras, tra** (trans): *transigere, trasfigurare* (trans-), *tras-mutare* und *tra-mutare* (trans-). Neug. *trasandare* vernachlässigen, *tra-boccare* überlaufen, *trascurare* schlecht sorgen, *travedere* unrecht sehen, *trangugiáre* verschlucken, *trambusto* (v. *trambustare* unüblich) Zerrüttung, *tramonto* Sonnenuntergang; vor Adjectiva wirkt diese Partikel verstärkend: *tra-grande* wenig üblich f. *stragrande* überaus gross. Vgl. § 71.

## b. Qualitative Partikeln.

**Arci, archi** (archi gr. ἀρχι, deutsch erz): *arci-diácono* (archidiaconus). Neug. *arci-duca* Erzherzog, *archi-trave* Unterbalken, *arc-ángelo* od. *arc-ángiolo* Erzengel, *arc-ávolo* Urgrossvater,

---

super: *super-cilio* (super-cilium).

*arci-prete* Erzpriester. **Arci** steigert vor Adjectiva den Begriff: *arci-bèllo* = *bellissimo.*

**vice. vis** (vice) wie mtlat. vice-comes, vice-dominus: it. *vis-conte, vice-dòmino* und *vis-dòmino, vice-re, vice-rettore.*

**bene**: *bene-dire* (bene-dicere), *bene-mèrito* (bene-meritum), *benèfico* (beneficum). Neug. *bene-stante* wohlhabend. *ben-venuto* Willkommen, *ben-èssere* Wohlsein.

**male**: *male-dire* (male-dicere), *malè-fico* (male-ficum). Neug. *mal-andare* verderben, *mal-menare* und *mal-trattare* übel behandeln, *mal-agévole* mühsam, *mal-sano* ungesund, *mal-èssere* Unwohlsein.

**mis** (minus) in der Bedeutung = deutsches miss. Schon im Mtlat. mis-dicere, mis-docere. Ital. wenig üblich *mis-dire, misconóscere, miscrédere;* sehr üblich *mis-fatto* Missethat.

## c. Quantitative Partikeln.

**Bis, bi** (bis): *bis-tondo* nicht recht rund, *bi-unto* beschmutzt, *bis-lungo* nicht recht lang, *bis-canto* Schlupfwinkel, *andare, montare* od. *cavalcare a bis-dòsso* ohne Sattel reiten, *bis-trattare* misshandeln, *bis-avo* (mtlat. bes-avus) u. *bis-ávolo* od. *bis-nònno* Urgrossvater, *bis-nipote* Urenkel, *bis-còtto* Zwieback, *bis-tòrto* nach allen Seiten gekrümmt.

**uni**: *uni-forme* (uni-formis), *unicòrno* = *liocòrno* Einhorn, *unísono* einstimmig od. eintönig, *uníparo, unigambo* einbeinig, *unificare* in Eins bringen.

**ambo**: *ambi-dèstro* (mtlat. ambi-dexter) der links u. rechts ist.

**tri**: *tri-dènte* (tridentem), *trifòglio* (trifolium). Neug. *tréspolo* od. *treppiède* u. *treppièdi* Dreifuss, *traliccio* (v. tri-licium für trilix), *tricolore* dreifarbig.

**cento** (centum) wie lat. centimanus. Ital. *cento-gambe* Kellerwurm.

**quadri**: *quadri-vio* (quadri-vium), *quadrimèstre, quadrilátero* vierseitige Figur.

**mille**: *mille-fòglio* (mille-folium), *mille-látero* Tausendeck.

**semi**: *semi-dio* (semi-deus), *semicerchio* od. *semicircolo* (semicirculus). *semiapèrto* (semi-apertum), *semi-poètico.*

**mezzo** (medius): *mezzo-dì* u. *mezzo-giórno* Mittag, *mezza-nòtte* Mitternacht.

---

male: *male-bolge* Pfühle in der Hölle (bei Dante).
mis: *mi-sperare, mis-prendere, minis-fatto.*

### d. Negations-Partikeln.

In: *in-fermo* (in-firmum), *in-fante* (in-fantem), *in-sòlito* (in-solitus) u. a. Neug. *in-contentábile* ungenügsam, *in-capace* unfähig.
non: *non-curanza* Sorglosigkeit, *non-curante* sorglos.

---

## 4. ZUSAMMENSETZUNG VON PHRASEN.

In dieser Art der Zusammensetzung ist das Italienische sehr productiv. Sie wird stets durch das Verbum bewirkt, welches, sei es Imperativ oder Indicativ, sich mit einem zweiten Worte verbindet. Hierdurch entstehen folgende Fälle:

Verba mit Substantiva: *accatta-pane* Bettler, *porta-lèttere* Briefträger, *bacia-mano* oder *bacia-mani* Handkuss. *bacia-pile* u. *graffia-santi* Heuchler. *cava-dènti* Zahnbrecher, *cava-turácciolo* Pfropfenzieher, *concia-tetti* Dachdecker, *crepa-cuòre* Herzeleid, *para-pètto* Geländer, *spazza-camino* Schornsteinfeger, *rompi-capo* Kopfbrecherei. Mit dem Artikel: *fila-l-òro* Goldspinner, *Beri-l-acqua* Gschltsn. Mit einer Präposition: *gir-a-sole* Sonnenblume, *salt-im-banco* Bänkelsänger, *Cresc-im-bèni* Gschltsn.

Verba mit Adjectiva oder Adverbia: *casca-mòrto* wer vor Liebe stirbt; Gschln. *Arriva-bène, Bene-vièni.*

Verbum mit einer Partikel: *butta-fuòri.*

Verba mit Verba: *andi-rivièni* Irrgänge, wo zu bemerken ist, dass *andi* (v. *andare*) sonst nie gebraucht wird; *sali-scendi* Klinke.

---

# REGISTER ZU DEN VERBA.

Die Zahl bedeutet die Seite. Die klein gedruckten Verba befinden sich im Buche selbst unter dem Strich.


*Ab[b]ere* f. *avere* 109
*ab[b]orrire* 115. 133
*accadere* 147. 181
*accèdere* 158
*accèndere* 153
*acchiùdere* 151
*accìgnere* 160
*accìngere* 160
*acclùdere* 151
*accògliere* 165
*accondiscéndere* 155
*accòrre* 165
*accórrere* 157
*accréscere* 178
*addúcere* 167. 175
*addurre* 167. 175
*adempire* 182
*affarsi* 147
*affig[g]ere* 158
*affliggere* 168
*affrángere* 165
*affrenire* f. *affrenare* 127
*aggiúngere* 161
*agire* - agere 115
*aldire* f. *udire* 142
*álgere* 163. 178
*allúdere* 151
*amà* f. *amare* 118
*amare* 115. 118. 127
*amari* f. *amare* 118
*amméttere* 158
*ancidare* f. *ancidere* 127
*ancìdere* 153
*andare* 138
*ángere* 178
*annare* f. *andare* 138
*annèttere* 159
*annichilare* 127
*annichilire* 127
*anteporre* 166
*aperire* 164
*apparere*=*apparire* 115. 166. 182
*appèndere* 154
*appicca* f. *appiccare* 127
*appiccà* f. *appiccare* 127
*appláudere* 151. 183
*applaudire* 151. 183
*apporre* 166
*apprèndere* 154
*aprere* f. *aprire* 127
*aprire* 133. 164
arbitrare f. arbitrari 105
*árdere* 151
*arrèndersi* 156
*arriccare* f. *arricchire* 127
*arrídere* 152
*arrògere* 178
*ascóndere* 156
*ascrívere* 169
*aspèrgere* 153
*assalire* 164
*assapere (far)* 150
*assapere* f. *sapere* 149
*assapire* f. *assapere* 149
*assídere* 153
*assídersi* 153
*assístere* 139
*assòlvere* 163
*assòrbere* 164
*assorbire* 133. 164
*assórgere* 162
*assuefare* 147
*assúmere* 166
*astèrgere* 153
*astraere* 168
*astrarre* 168
*astríngere* 162
*attígnere* 165
*attíngere* 165
*attòrcere* 162

*attráere* 168
*attrarre* 168
*audire* f. *udire* 142
*avere* 109. 111. 149
*avvedersi* 148
*avvenire* 149
*avvincere* 165
*avvòlgere* 163
*baciare* 131
*balenare* 181
*bastare* 181
*beere* f. *bere*, *bevere* 146
*beiere* f. *bere*, *bevere* 146
*benedícere* 167
*benedire* 167
*bere* 143. 146
*bévere* 143. 146
*bevire* f. *bévere* 146
*bibere* f. *bévere* 146
*bisognare* 181
*bolere* f. *volere* 150
*bollire* 133
*cadere* 115. 146
*calere* 164. 178
*cápere* 179
*capire* 179
*cèdere* 158
**cendere* 153
*cercare* 130
*cèrnere* 157
*chèrere* 167
*chièdere* 167
*chièdre* f. *chièder* 127
*chiúdere* 151
**cídere* 153
*cígnere* 160
*cíngere* 160
*circoncídere* 153
*circondare* 171
*circonscrívere* 169
cludere st. claudere 151
*cògliere* 165. 173
*cólere* 179
*comméttere* 158
*commuòvere* 160
*comparere* 156. 183
*comparire* 156. 183
*compiacere* 176
*compiángere* 161
*cómpiere* 182
*comporre* 166
*comprèndere* 154
*comprímere* 158
*comprométtere* 159
*compòngere* 164
*concèdere* 158
*concèpere* 139
*concepire* 139
*conchiúdere* 151
*conclúdere* 151
*concórrere* 157
*concuòcere* 167
condere 156
*condescéndere* 155
*condiscéndere* 155
*condolere* 164
*condolersi* 164
*condúcere* 164
*condurre* 167
*confare* 147
*configgere* 169
*confóndere* 153
*congiúngere* 161
*connèttere* 159
*conóscere* 131. 177
*conquidere* 157
*consúmere* f. *consumare* 115. 166. 179
*contòrcere* 162
*contrad[d]ícere* 167
*contrad[d]ire* 167
*contráere* 168
*contraffare* 147
*contraporre* 166
*contrarre* 168
*convèllere* 165
*convenire* 181
*convèrtere* 155
*convertire* 133. 155
*convincere* 165
*convívere* 160
*coprire* 133. 164
*còrre* 165
*corrèggere* 168
*córrere* 156
*corrispóndere* 154
*corródere* 152
*corrómpere* 148
*coscrívere* 169
*cospárgere* 152
*cospèrgere* 153
*costríngere* 162
*credè* f. *crédere* 118
*crédere* 115. 118. 127
*crederi* f. *crédere* 118
*credre* f. *creder* 127
*créscere* 145
*cresciere* 178
*crocifiggere* 158
*cucire* 132. 133. 141
*cuòcere* 167. 174
**cuòtere* 159
*dare* 170
*deb[b]ere* 139
*decadere* 147
*decídere* 153
*decórrere* 157
*decréscere* 178

*dedúcere* 167
*dedurre* 167
*delúdere* 151
*demèrgere* 152
*deporre* 166
*deprímere* 158
*derídere* 152
*descrívere* 169
*desúmere* 166
*detèrgere* 153
*detráere* 168
*detrarre* 168
*devere* f. *dovere* 139
*devòlvere* 163
*difèndere* 153
*diffóndere* 154
*dighiacciare* 181
*diluviare* 181
*diméttere* 159
*dimoiare* 181
*dipígnere* 161
*dipíngere* 161
*dire* v. *dícere* 143. 167. 175
*dirèggere* 169
*dirígere* 169
*diròmpere* 148
*discéndere* 155
*discèrnere* 157
*dischiúdere* 151
*discígnere* 160
*discíngere* 160
*disciògliere* 163
*disciòrre* 163
*disconóscere* 177
*discoprire* 164
*discórrere* 157
*discútere* 159
*disdire* 167
*disfare* 147
*disgiúngere* 161
*disméttere* 159
*dismuòvere* 160
*dispárgere* 152
*disparire* 183
*dispèndere* 154
*dispèrdere* 156
*dispiacere* 176
*disporre* 166
*dissòlvere* 163
*dissuadere* 152
*distinguere* 162
*distògliere* 165
*distòrcere* 162
*distòrre* 165
*distráere* 168
*distrarre* 168
*distríngere* 162
*distrúggere* 168
*disvalere* 156
*disvòlgere* 163
*disvèllere* 165
*divenire* 149
*divèrre* 165
*divèrtere* 155
*divertire* 133. 155
*divídere* 152
*dolere* 164. 174
*dolire* f. *dolere* 174
*dormi* f. *dormire* 118. 127
*dormire* 115. 118. 127. 133
*dormiri* f. *dormire* 118
*dovere* 139
*dúcere* 167
*eccèdere* 158
*effóndere* 154
*elèggere* 169
*elídere* 151
*elúdere* 151
*emèrgere* 152
*émpiere* 182
*empire* 192
*emúlgere* 152. 161
*emúngere* 161
*equivalere* 156
*erèggere* 169
*erígere* 169
*eròmpere* 148
*esclúdere* 151
*esígere* 140
*esímere* 165
*esístere* 139
*espándere* 154
*espèllere* 157
*esporre* 166
*esprímere* 158
*essare* f. *èssere* 112
*esse* f. *èssere* 112
*èssere* 112. 114. 134
*essire* f. *èssere* 112
*estínguere* 162
*estòllere* 180
*estòrcere* 163
*estráere* 168
*estrarre* 168
*evádere* 152
excercēre f. exercēre 127
*fácere* f. *fare* 147
*fare* 147
*fari* f. *fare* 127
*favorare* f. *favorire* 127
*fedire* 180
*fèndere* 153. 160
*fèrvere* 179
*fígere* 158. 169
*fíggere* 158. 169
*fígnere* 143

*fingere* 161
*fioccare* 181
*fiorire* 132
florire f. florēre 132
*flèttere* 159
*fliggere* 168
*flúere* 159
*fólcere* 162. 179
*folcire* 162. 179
*fóndère* 153
*forbire* 133
*frágnere* 165
*frángere* 165
*frapporre* 166
*friggere* 168
fugire f. fugere 132
*fuggire* 132. 133. 141
*fúlgere* 263. 179
*genuflèttere* 159
*giacere* 131. 143. 145. 176
*gire* 180
*giúgnere* 143. 161
*giúngere* 143. 161
*gloriare* 131
*grandinare* 181
*illúdere* 151
*imbere* 146
*imbévere* 146
*immèrgere* 152
*impèndere* 154
*imporre* 166
*imprèndere* 154
*imprimere* 158
*incèndere* 153
*inchiúdere* 151
*incídere* 153
*incígnere* 160
*incíngere* 160
*inclúdere* 151
*incórrere* 157
*incréscere* 178
*incútere* 159
*indúcere* 167
*indúlgere* 161
*indurre* 167
*infiggere* 169
*infíngere* 161
*inflèttere* 159
*infliggere* 168
*influere* 159
*influire* 159
*infóndere* 154
*infrángere* 165
*infrascrivere* 169
*ingiúngere* 161
*inscrívere* 169
*inserire* 164
*insístere* 139
*insórgere* 162
*intercèdere* 158
*intercídere* 153
*interméttere* 159
*interpórre* 166
*interrómpere* 148
*intígnere* 162
*intíngere* 162
*intraméttere* 159
*intraprèndere* 155
*intrídere* 157
*introdúcere* 167
*introdurre* 167
*introméttere* 159
*intrúdere* 152
*intrúdersi* 152
*invádere* 152
*invalere* 155
*invèrtere* 155
*invèrtire* 133
*invòlgere* 163
*invòlvere* 163
*ire* 180
*irrídere* 152
*irrómpere* 148
*iscrívere* 169
*istare* 171
*lampeggiare* 181
*languire* 133
*lasciare* 131
*látere* 179
*lècere* 179
*lèdere* 151
*ledire* f. *lèdere* 151
*lèggere* 131. 170
*lícere* 179
**lidere* 151
*lúcere* 168. 179
*lúdere* 151
lugire f. lugēre 127
*maledícere* 167
*maledire* 167
*mandere* f. *mandare* 127
*manere* 157
*mangiare* 131
*mentire* 133
*mèrgere* 153
*méscere* 140
*méttere* 158
moderare f. moderari 105
*mòlcere* 179
*mòrdere* 115. 156
*morere* f. *morire* 141
*morire* 133. 141
*mostra* f. *mostrare* 127
*mostrà* f. *mostrare* 127
*múgnere* 161
*múlgere* 152
*múngere* 161
*muòvere* 115. 160. 172
*náscere* 177

*nascóndere* 156
*negare* 138
*negligere* 169
*nèttere* 159
*nevicare* 181
numerare f. numerari 105
*nuòcere* 177
*nutrire* 133
*occórrere* 157
*offèndere* 153
*offerere* 166
*offerire* 166
*offrire* 133. 166
*olire* 180
*om[m]éttere* 159
*opporre* 166
*opprimere* 158
*pagare* 130
*pándere* 150
*parere* 145. 156. 176
*partire* 133
*páscere* 140
*pavere* 179
*pellere* 157
*pèndere* 154
*percórrere* 157
*percuòtere* 159
*pèrdere* 156
*perméttere* 159
*persuadere* 152
*pervèrtere* 155
*pervertire* 155
*pesca* f. *pescare* 127
*pescà* f. *pescare* 127
*piacere* 176
*piángere* 161
*pígnere* 161
*pingere* 161
*piòvere* 147. 181
*plándere* 151
*podere* f. *potere* 140
**pondere* 154
*pónere* 166. 174
*pòrgere* 161
*porre* 143. 166. 174
*possere* f. *potere* 140
*potere* 140
*precèdere* 158
*precidere* 153
*preclúdere* 151
*precognóscere* 178
*preconóscere* 178
*precórrere* 157
*predícere* 167
*prediligere* 170
*predire* 167
*prefiggere* 158
*pregare* 138
*prèmere* 158
*preméttere* 159
*prèndere* 154
*preporre* 166
*prescégliere* 163
*prescrivere* 169
*presúmere* 166
*presupporre* 166
*prevalere* 155
*prevedere* 148
*prevenire* 149
*procèdere* 158
*prodúcere* 167
*produrre* 167
*proferire* 166
*profferire* 166
*profóndere* 154
*prométtere* 159
*promuòvere* 160
*proporre* 166
*prorómpere* 148
*proscrivere* 169
*protèggere* 168
*protráere* 168
*protrarre* 168
*provare* 138
*provenire* 149
*provvedere* 148
*púgnere* 164
*pungare* f. *púgnere* 127
*púngere* 164
**quidere* 157
*raccèndere* 153
*racchiúdere* 151
*raccògliere* 165
*raccòrre* 165
*rádere* 152
*rallegrarsi* 136
*rarefare* 147
*recidere* 153
*rèddere* f. *rèndere* 156
*redimere* 165
*redire* 181
*règgere* 169
*rèndere* 156
*repèllere* 157
*rèpere* 179
*repignere* 161
*repingere* 161
*reprimere* 158
*rescíndere* 160
*rescrivere* 169
*respignere* 161
*respingere* 161
*restere* f. *restare* 127
*restrignere* 162
*restringere* 162
*riaccèndere* 153
*riárdere* 151
*riássumere* 166
*ricadere* 147

*richièdere* 167
*ricídere* 153
*ricígnere* 160
*ricíngere* 160
*ricògliere* 165
*ricomporre* 166
*riconducere* 167
*ricondurre* 167
*riconóscere* 177
*ricorrèggere* 168
*ricorre* 165
*ricórrere* 157
*ricréscere* 181
*ricuòcere* 167
*ridare* 171
*rídere* 115. 152
*ridire* 167
*ridivídere* 152
*ridúcere* 167
*ridurre* 167
*rielèggere* 170
*rifare* 147
*riflèttere* 159
*rifóndere* 154
*rifrángere* 165
*rifúlgere* 163
*rilèggere* 170
*rilúcere* 168
*rimanere* 144. 145. 157. 172
*riméttere* 159
*rimòrdere* 156
*rimpiángere* 161
*rimuòvere* 160
*rinàscere* 177
*rinchiúdere* 151
*rincréscere* 178
*rinfrángere* 165
*ripígnere* 161
*ripíngere* 161
*ripòrgere* 162
*riprèndere* 154
*riprodúcere* 168
*riprodurre* 168
*risalire* 164
*risapere* 150
*riscrívere* 169
*riscuòtere* 159
*risòlvere* 163
*risórgere* 162
*rispóndere* 154
*ristare* 171
*ristrígnere* 162
*ristríngere* 162
*ritígnere* 162
*ritíngere* 162
*ritògliere* 165
*ritòrcere* 163
*ritòrre* 165
*ritráere* 169
*ritrarre* 169
*rivalere* 156
*rivedere* 148
*rivèrtere* 155
*rivertire* 155
*rivívere* 160
*rivòlgere* 163
*ródere* 152
*rómpere* 148
*sagliere* f. *salire* 142
*saglire* f. *salire* 142
*salire* 133. 142. 164
*sapere* 115. 149
*sapire* f. *sapere* 149
*sare* f. *èssere* 112
*savere* f. *sapere* 149
*scalfire* 142
*scégliere* 163. 172
*scéndere* 155
*scèrnere* 157
*scerre* 163
*schifire* f. *schifare* 127
*schiúdere* 151
*scígnere* 161
*scíndere* 160
*scíngere* 161
*sciògliere* 163
*sciòrre* 163
*scire* f. *sapere* 149
*scolpire* 163
*scomméttere* 159
*scomparire* 183
*scompòrre* 166
*sconfíggere* 169
*sconfóndere* 154
*sconnèttere* 159
*sconóscere* 177
*sconvòlgere* 163
*sconvòlvere* 163
*scoprire* 164
*scórrere* 157
*scoscéndere* 155
*scrívere* 169
*scuòtere* 159
*sedere* 141
*sedúcere* 168
*sedurre* 168
*seguire* 133. 142
*sentere* f. *sentire* 127
*sentire* 133
*seppellire* 164
*sere* f. *essere* 112
*sèrpere* 179
*servire* 133
sidere 153
*silère* 179
*sire* f. *essere* 112
*smúngere* 161
*smuòvere* 160
*socchiúdere* 151

*soccórrere* 157
*soddisfare* 147
*sofferire* 166
*soffólcere* 162
*soffriggere* 168
*soffrire* 133. 166
*soggiacere* 176
*soggiúngere* 161
*solere* 143. 179
*sòlvere* 163
*sommèrgere* 152
*somméttere* 159
*sommuòvere* 160
*sonare* 138
sonĕro f. sonare 138
*sopprímere* 158
*sopraffare* 147
*sopraggiúngere* 161
*soprapporre* 166
*soprapprèndere* 155
*soprascrivere* 169
*soprassalire* 164
*soprastare* 171
*sopravvenire* 149
*sopravvivere* 160
*sorbire* 164
*sórgere* 162
*sorprèndere* 155
*sorrídere* 152
*sortire* 133
*soscrivere* 169
*sospèndere* 154
*sospignere* 161
*sospíngere* 161
*sottogiacere* 176
*sottométtere* 159
*sottoscrivere* 169
*sottráere* 169
*sovraggiúngere* 161
*sovrastare* 171
*sovvenire* 149
*sovvèrtere* 133. 155
*sovvertire* 133. 155
*sovvenirsi* 149
*spándere* 154
*spárgere* 152
*sparire* 183
*spegnare* f. *spègnere* 127
*spèndere* 154
*spendre* f. *spender* 127
*spèrgere* 152
*spiacere* 176
*spígnere* 161
*spíngere* 161
*spòrgere* 162
*sprèmere* 158
*sprométtere* 159
*stare* 171
*stínguere* 162
*stòrcere* 162
*stravòlgere* 163
*stridire* f. *strídere* 127
*strígnere* 162
*stríngere* 162
*strúggere* 168
*suadere* 152
*succèdere* 158
*suddivídere* 152
*svègliere* 165
*svèllere* 165
*svèrre* 165
*súggere* 180
sumere 166
*supporre* 166
*sórgere* 162
*súrgere* 162
*svòlgere* 163
*tacciare* 176
*tacere* 144. 176
*tagliare* 181
*tángere* 180
*temere* 115
*tempestare* 181
*tenere* 150
*tenire* f. *tenere* 127
*tèpere* 180
*tèrgere* 153
*tíngere* 162. 165
*tígnere* 162. 165
*toccare* 181
*tògliere* 173
*tollare* *f.* *tògliere* 165. 173
*tòllere* f. *tògliere* 165. 173
*tòllere* = *innalzare* 180
*tòllere* = *sórgere* 180
*tollire* f. *tògliere* 173
*tonare* 138. 181
*tòrcere* 162
*tòrre* 165
*tradúcere* 168
*tradurre* 168
*traere* 168. 175
*trafíggere* 169
*trággere* 168. 175
*tralúcere* 167
*traporre* 166
*trare* f. *trarre* 175
*trarre* 168. 175
*trascégliere* 163
*trascéndere* 155
*trascerre* 163
*trascórrere* 157
*trascrivere* 169
*trasfóndere* 154
*trasméttere* 159
*trasparere* 156. 183
*trasparire* 156. 183

*trasporre* 166
*travòlgere* 163
*tremare* v. tremĕre 115
**trídere* 157
*trovare* 138
*trovere* f. *trovare* 127
trudere 152
*uccídere* 153
*udire* 133. 138. 142
*úgnere* 162
*úngere* 162
*úrgere* 180
*uscire* 133. 138
*vádere* 152
*valere* 155. 171
*vedere* 143. 145. 148
*vedire* f. *vedere* 127. 148
*veggere* f *vedere* 148
*velle* f. *volere* 150
*vèllere* 165
venerare f venerari 105
*venire* 127. 133. 143. 149
*vestire* 133
**vídere* 152
*videre* f *vedere* 148
*víncere* 165
*vivere* 160
*volere* 150
*vòlgere* 163
*volire* f. *volere* 150
*vòlvere* 163

# BERICHTIGUNGEN.

| | | | |
|---|---|---|---|
| Seite 7 | Zeile 7 | lies | *esèndo* st. *esénto* |
| „ 10 | Spalte 5 | „ | *ingégno* st. *ingègno* |
| „ 10 | „ 10 | „ | *aggia* st. *aggio* |
| „ 14 | Zeile 23 | „ | *gènte* st. *gente* |
| „ 16 | „ 26 | „ | *segno* st. *segno* |
| „ 20 | „ 21 | „ | *Mattèi* st. *Mattéi* |
| „ 22 | „ 8 | „ | Anwendung st. Auwendung |
| „ 23 | „ 18 | „ | Tugend st. Jugend |
| „ 31 | letze Zeile | „ | *nocque* st. *nocque* |
| „ 37 | Zeile 3 | „ | *palude* st. *padule* |
| „ 37 | „ 4 | „ | *padule* st. *palude* (*padule*) |
| „ 41 | „ 26 | „ | fehlt die Zahl des Paragraphen (§ 36) |
| „ 42 | Das Wort Echo in der vierten Zeile gehört zur dritten. | | |
| „ 42 | Zeile 24 | lies | *Òrest* st. *òrest* |
| „ 45 | „ 3 | „ | (*lu*) st. (*lu*) |
| „ 63 | „ 23 | „ | *fraudolènto* st. *fraudelènte* |
| „ 67 | „ 23 | „ | Communia st. Cummunia |
| „ 80 | „ 39 | „ | *terza* st. *erza* |
| „ 84 | Genetiv *di noi* st. *di nu* | | |
| „ 84 | Dativ *a noi* st. *a nui* | | |
| „ 84 | Genetiv *di nui* st. *di mi* | | |
| „ 98 | Zeile 13 | lies | *ròsa* st. *òsca* |
| „ 110 | „ 20 | „ | *averia* st. *arevia* |
| „ 113 | „ 21 | „ | *siino* st. *siòno* |
| „ 116 | „ 19 | „ | Flexion st. Fexion |
| „ 119 | „ 10 | „ | Ueberkommene st. Ueberkommende |
| „ 123 | „ 8 | „ | *abbia* st. *abbio* |

Seite 127 Zeile 23—25 lies **are = ere** st. **ere = are**
„ 128 „ 10 lies *troncato* st. *trancato*
„ 135 „ 3 „ *(-e)* st. *(-a)*
„ 135 „ 13 „ *(-a)* st. *(-o)*
„ 145 „ 14 „ *giacqui* st. *gia icqu*
„ 145 „ 24 „ *dièdi* st. *dìèdi*
„ 155 „ 9 „ *condiscéndere* st. *condescéndere*
„ 167 „ 9 „ *concuòcere* st. *coucuòcere*
„ 175 „ 9 „ *adduciate* st. *adducciate*
„ 192 „ 1—2 „ *preterméttere* st. *pretermèttere.*

## ZUSATZ

Seite 16 Zeile 29 ergänze **vi** nach **i**, zur Erklärung des Beispiels *piòggia* v. *pluviam*.

www.ingramcontent.com/pod-product-compliance
Lightning Source LLC
Chambersburg PA
CBHW031359020726
47499CB00005B/1459